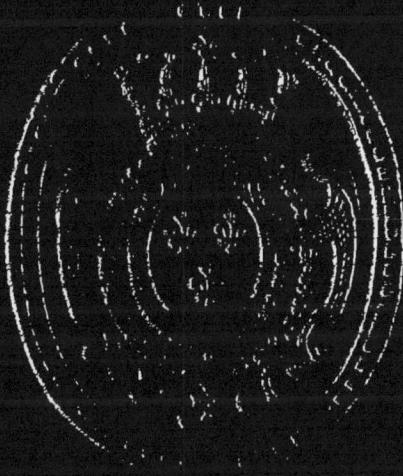

A. 1500

A. 3

REMARQUES

DE

M. DE VAUGELAS

SUR

LA LANGUE

FRANÇOISE.

REMARQUES

DE

M. DÉ VAUGELAS

SUR

LA LANGUE

FRANÇOISE,

Avec des Notes de Messieurs PATRU, *& T.* CORNEILLE.

TOME TROISIE'ME.

A PARIS, rue S. Jacques,

Chez HUART, près S. Severin, à la Justice.

M DCC XXXVIII.

Avec Privilege de Sa Majesté.

REMARQUES
SUR
LA LANGUE
FRANÇOISE.

CCCLXXXI.

Soupçonneux , suspect.

PLusieurs disent *soupçonneux* pour *suspect*, qui est une chose insupportable ; par exemple ils diront , *ce Juge-là est soupçonneux* , au lieu de dire *suspect*. *Soupçonneux* est toûjours un mot actif , & *suspect* est toûjours un mot passif ; *soupçonneux* est toûjours celui qui soupçonne ou qui est enclin à soupçonner , & *suspect* est toûjours celui qui est soupçonné , ou qui le doit

Tome III.   **A**

être. Ce qui eſt cauſe à mon avis de cette faute, c'eſt que l'on dit *ſoupçonné* pour *ſuſpeċt*, & de *ſoupçonné* on a paſſé aiſément à *ſoupçonneux*.

NOTE.

La difference rapportée dans cette remarque entre *ſoupçonneux* & *ſuſpeċt*, eſt très-juſte, mais elle eſt connue de tout le monde, & je ne vois plus perſonne qui diſe *ſoupçonneux*, qui eſt celui qui ſoupçonne, pour *ſuſpeċt*, qui eſt celui qui doit être ſoupçonné, ni *ſuſpeċt*, pour *ſoupçonneux*. Il y a des adjectifs dont on ne détourne pas la ſignification, mais qu'on joint à des ſubſtantifs, auſquels ils ne conviennent pas. Monſieur de Balzac a dit, *je trouve en lui une admiration ſi intelligente de votre vertu.* Celui qui admire peut être intelligent, mais l'admiration ne peut être intelligente. On trouve dans la vie de D. Barthelemi des Martyrs, *tous les pauvres le pleuroient avec des larmes inconſolables.* Celui qui pleure peut être inconſolable, mais comment des larmes feront-elles inconſolables? Ces expreſſions me ſemblent trop hardies, & quoiqu'employées par de grands Auteurs, elles ne ſont pas à imiter, non plus *qu'un prodige & un miracle qui eſt de ſoi tout miraculeux*, puiſque ce qui eſt miracle ne peut jamais être que miraculeux. L'Auteur des Doutes a eu raison de douter sur ces trois endroits.

CCCLXXXII.

Fil de richar.

CE que l'on appelle ordinairement ainsi, est très-mal nommé, & par une corruption qui n'est venue que de ce qu'on a ignoré l'origine de ce mot. Il faut dire *fil d'archal*, & cet *archal* prend sa vraie étymologie du mot Latin *aurichalcum*. Ceux qui ont le génie de l'étymologie des mots, n'ont garde de douter de celle-ci, elle est trop évidente. C'est pourquoi il faut une *l* à la fin. Quelques-uns écrivent *fidarchal* en un mot, sans garder les marques de son étymologie. D'autres le font dériver d'un village nommé *Archat*, d'où cette invention est venue; mais il se faut tenir à *aurichalcum*.

CCCLXXXIII.

Seulement pour *même*, ou *au
contraire.*

C'Eſt une faute aſſez familiere à
beaucoup de gens, & de ceux
même qui font profeſſion de bien parler & de bien ecrire, de ſe ſervir de
l'adverbe *ſeulement*, au lieu de *même*.
Par exemple on demandera, *fait-il bien
chaud?* & on répondra, *il fait bien
froid ſeulement*, pour dire que tant
s'en faut qu'il faſſe bien chaud, que
même il fait froid. Voici encore un autre exemple. *Il ne m'en blâme pas; il
m'en loue ſeulement*, pour dire, *tant
s'en faut qu'il m'en blâme, que même il
m'en loue.*

NOTE.

Monſieur Chapelain dit, que *ſeulement*
pour *même* ou *au contraire* eſt très-bas.
Je croi pouvoir ajouter que cette manière de parler eſt entierement hors d'u-
ſage, & que beaucoup de perſonnes ne
l'entendent pas.

CCCLXXXIV.

Faire signe & donner le signal.

LEs signaux dont on a accoûtumé de se servir à la guerre, ce sont le feu, la fumée, le canon, les cloches, les étendarts, le linge blanc, & autres choses semblables. Que si quand on se sert de quelqu'un de ces signaux, on appelloit cela *faire signe*, ce ne seroit pas bien parler, il faut dire, *donner le signal* ou *donner un signal*. *Faire signe*, est toute autre chose, tant parce qu'il ne se fait que des mains, ou de la tête, ou du corps, qu'à cause qu'il se fait pour quelque sujet ou accident inopiné, & dont il n'a point été convenu entre celui à qui on fait le signe, & celui qui le fait, au lieu que *les signaux* se font ordinairement de concert.

NOTE.

La difference de *signe* & de *signal*, est ce me semble, marquée par le verbe qui les précéde. Comme on ne dit pas *donner signe*, je croi qu'on ne dit pas aussi *faire le signal*. Il doit y avoir du concert dans les *signaux*, aussi que Monsieur

de Vaugelas le remarque , & cela eſt
cauſe qu'on dit *donner le ſignal* , c'eſt-
à-dire , faire la choſe dont on eſt convenu , ſoit en élevant un étendart , ſoit
en tirant un certain nombre de coups
de canon , comme on a accoûtumé de
faire pour marquer le temps où l'on
doit donner un aſſaut , au lieu que *faire*
ſigne , c'eſt ſeulement marquer quelque
choſe d'un coup d'œil ou par un mouvement de la tête , ſans que celui à qui
ce ſigne ſe fait , y ſoit préparé , en ſorte
qu'il a quelquefois peine à ſavoir ce
qu'on veut lui faire entendre. Ainſi l'on
dit , *je lui faiſois ſigne & il ne m'entendoit*
pas.

C C C L X X X V.

Prouesse.

CE mot eſt vieux , & n'entre plus
dans le beau ſtyle qu'en raillerie ,
comme par exemple , ſi je dis , *ſa va-*
nité eſt inſupportable , il ne ceſſe de parler
de ſes prouesses , ou , *je n'aime point les*
gens qui ſe vantent toûjours de leurs
prouesses ; car alors comme on mépriſe
la vanité & l'humeur de ces gens-là , ce
mot étant dit par mépris & par raillerie,
ſe trouve employé de bonne grace en
ce ſujet , tant s'en faut que celui qui en

nfera ainfi puiffe être repris. Mais fi j'é-
crivois férieufement que *plufieurs grands
hommes ont célebré les proueffes d'Alexandre*, je me fervirois mal à propos de
ce mot, qui n'étant plus en ufage, ne
peut être employé que de la façon que
je viens de dire.

NOTE.

Monfieur de la Mothe le Vayer dit,
qu'il y en a qui trouvent plus à redire
que lui dans la façon dont Monfieur de
Vaugelas condamne *prouesse*. Il eft certain que ce mot eft vieux.

CCCLXXXVI.

Esclavage, esclavitude.

MOnfieur de Malherbe difoit &
écrivoit toûjours *esclavitude*, &
ne pouvoit fouffrir *esclavage*; néanmoins *esclavage* eft beaucoup plus ufité
que l'autre; & fi j'avois befoin de ce
mot, je le dirois pluftôt qu'*esclavitude*.
Un homme très-éloquent m'a dit qu'il
ne feroit point de difficulté de fe fervir
d'*esclavage* dans les hautes figures;
mais il faut éviter l'un & l'autre tant
qu'il eft poffible, & je ne fuis pas feul
de cet avis.

N O T E.

Je n'ai jamais entendu condamner *es-clavage*, & je l'ai toujours crû un très-bon mot. Monsieur de la Mothe le Vayer dit, qu'il ne faut point l'éviter, & que ce mot est aussi noble que sa signification est miserable. Pour *esclavi-tude*, Monsieur Chapelain a grande rai-son de dire qu'il ne vaut rien du tout. Il ajoute que c'étoit une des fantaisies de Malherbe, & que personne ne l'a jamais dit que lui.

CCCLXXXVII.

Contre-pointe, courte-pointe.

ON demande lequel des deux il faut dire, *la contre-pointe* ou *la courte-pointe d'un lit*, qui est propre-ment une couverture piquée. Il est certain qu'au commencement on a dit *contre-pointe*, à cause des points d'ai-guille dont ces sortes de couvertures font piquées dessus & dessous, ou de-dans & dehors, comme qui diroit *point contre point*, ou *pointe contre pointe*. Mais depuis par corruption & par abus on a dit *courte-pointe*, contre toute sorte de

raison, & l'Usage l'a ainsi établi, &
en est demeuré le maître.

NOTE.

Selon Monsieur Chapelain *courte-pointe* vient de *coltrepunta* corrompu, non
de *contre-poincte*. Ce mot me fait souvenir qu'on demande quelquefois s'il faut
dire *Haute-contre* ou *Haute-conte* ; *Basse-
contre*, ou *Basse-conte*. Monsieur Menage
rapporte plusieurs exemples de *haute-
contre*, & dit que cette prononciation
est conforme à l'étymologie, *haute-contre* étant la partie de Musique, qui est
contre le dessus, comme *basse contre*,
celle qui est contre la taille, d'où il
conclud que c'est comme il faut parler,
sans s'arrêter à la distinction de ceux
qui veulent qu'on dise *haute-contre* &
basse-contre, en parlant des parties de la
Musique, & *haute-conte* & *basse-conte*, en
parlant de ceux qui chantent ces parties.
Il fait remarquer en suite qu'on dit *une
Basse* au féminin, en parlant du Musi-
cien qui chante la Basse.

CCCLXXXVIII.

Aviſer.

AViſer pour *appercevoir* ou *décou-vrir*, ne peut être abſolument re-jetté comme un mot qui en ce ſens-là ne ſoit pas François ; mais il eſt bas & de la lie du peuple. On n'oſeroit s'en ſervir dans le beau ſtyle, quoiqu'un de nos meilleurs Ecrivains en uſe ſouvent. Pour le faire mieux entendre, il en faut donner un exemple, *j'aviſai un homme ſur une tour ou ſur un arbre*, pour dire, *j'apperçus* ou *je découvris un homme*, &c.

NOTE.

Monſieur Chapelain dit qu'*aviſer* pour *appercevoir* n'eſt point trop bas, & que c'eſt un ſynonyme qu'il ne faut pas per-dre. Monſieur de la Mothe le Vayer qui ne peut ſouffrir qu'on diſe qu'il ſoit de la lie du peuple, prétend que les Princes & les Princeſſes le diſent tous les jours, & qu'il s'écrit de même. Je le croi très-bas, mais *s'aviſer*, pour dire *penſer à une choſe, ſe mettre une choſe dans l'eſprit*, eſt un fort bon mot. *Il s'a-viſa d'un ſtratagême qui lui réuſſit.*

CCCLXXXIX.

Pas & *point*.

CEs particules oubliées aux endroits
où il les faut mettre , ou mises où
elles ne doivent pas être , rendent une
phrase fort vicieuse;par exemple si l'on
dit , *pour ne vous ennuyer , je ne ferai
pas long* , comme parlent & écrivent
presque tous ceux de de-là la Loire ,
c'est très-mal parler , il faut dire , *pour
ne vous point ennuyer.* Et si l'on dit , *il
fera plus qu'il ne promet pas* , ce n'est pas
encore bien parler; car il faut ôter *pas*,
& dire , *il fera plus qu'il ne promet.* Or
de savoir absolument quand il le faut
mettre ou ne le mettre pas , il est assez
difficile d'en faire une règle générale.
Voici ce que j'en ai remarqué.

On ne met jamais ni *pas* ni *point* devant les deux *ni* ; par exemple on dit ,
il ne faut être ni avare ni prodigue , &
non pas , *il ne faut pas être* ou *il ne faut
point être ni avare ni prodigue.*

On ne les met jamais aussi devant le
que qui s'exprime par *nisi* en Latin , &
par *sinon que* en François. Exemples , je

ne ferai que ce qu'il lui plaira, on voit bien que ce *que* se réfout par *nifi* & par *finon que*, comme fi je difois, *je ne ferai finon ce qu'il lui plaira ; je n'ai été qu'une fois à Rome ; je ne joue qu'avec les gens de bien ; je ne mange qu'une fois le jour.* On voit qu'en tous ces exemples le *que* vaut autant à dire que *finon que*, & je n'ai point encore remarqué qu'il y ait d'exception à cette règle ; mais cela se doit entendre, comme j'ai dit, devant le *que* qui fignifie *finon que*, parce que cela n'eft pas vrai devant les autres *que*, .qui fignifient autre chofe ; comme par exemple, on dira fort bien , *je ne penfe pas que vous le faffiez ; je ne veux pas dire que vous ayez tort ; je ne blâme pas ce que j'ignore.*

On ne les met point encore devant *jamais*, comme, *il ne fera jamais fi méchant qu'il a été.*

Ni devant *plus*, comme , *je ne ferai plus comme j'ai fait.* Ni après *plus*, fi une négative fuit ; comme , *il eft plus riche que n'a été celui qui* , &c. Je parle de *plus* , & non pas de *non plus*, qui n'eft pas de même ; car on dit fort bien , *je ne veux pas non plus que vous alliez-là.*

On ne les met point auſſi devant *aucun* ou *nul*, comme, *il ne fait aucun mal*, *il ne fait nul mal*, ni devant *rien*, comme, *il ne peut rien faire*, *il ne veut rien faire*.

Les raiſons que l'on pourroit rendre de cela, car les règles ont quelquefois des raiſons, & quelquefois n'en ont point, feroient, ce me ſemble, que les deux *ni*, *jamais*, *rien*, *nul*, *aucun*, nient aſſez d'eux-mêmes, ſans y ajoûter ni *pas* ni *point*, & que le *que* qui ſignifie *ſinon que*, étant un mot de reſtriction, on ne nie pas abſolument, & ainſi on ne ſe ſert ni de l'un ni de l'autre de ces négatifs, ni devant *plus* auſſi, parce que ce mot a encore plus de vertu que *pas* ni que *point*, en ce qu'il n'exprime pas ſeulement qu'il ne fera pas une choſe, mais qu'il ne fera pas ce qu'il a fait par le paſſé.

On ne les met pas encore après *ſans*, comme, *ſans nuage*, & non pas, *ſans point de nuage*, comme l'a écrit un de nos plus célebres Ecrivains par deux fois de ſuite, dans la meilleure piece qu'il ait jamais faite en proſe, en quoi l a été juſtement repris de tout le monde. En cela il a suivi l'ancienne façon de parler, qui est abolie il y a long-temps ; car on disoit autrefois, *sans point de faute*, & l'on dit maintenant, *sans faute.*

On ne les met point encore ni avant que l'on parle de quelque temps, ni après qu'on en a parlé, comme, *je ne le verrai de dix jours. Il y a dix jours que je ne l'ai vû*, & toutes les fois qu'il est fait mention du temps. J'ai trouvé cette règle sans exception, ce qui pro-cede, comme je crois, de la même rai-son que j'ai alléguée à *sinon que*, qui est que toutes les fois qu'il est question de temps, il y a toûjours restriction de ce même temps-là, qui empêche que l'on ne nie absolument ce qu'ont accoûtu-mé de faire le *pas* & le *point.*

On les supprime d'ordinaire avec le verbe *pouvoir*, comme, *il ne le peut faire, il ne pouvoit mieux faire, il ne peut marcher.* Ce n'est pas que l'on ne pût dire, *il ne le peut pas faire, il ne pouvoit pas mieux faire, il ne peut pas marcher ;* mais il est incomparablement meilleur & plus élégant sans *pas.*

On les supprime encore avec le verbe *savoir* ; quand il signifie *pouvoir*, comme, *il ne sauroit faire tant de chemin en un jour*, *il n'eût sû arriver plustôt*. On y pourroit mettre *pas*, mais l'autre est beaucoup meilleur.

Et avec le verbe *oser*, comme, *il n'oseroit avoir fait cela*, *il n'oseroit dire mot*. Rarement il se dit avec *pas*, surtout au participe ou au gérondif, comme, *n'osant lui contredire en quoi que ce fût*, même quand il y a un autre gérondif devant avec *pas*, comme, *ne voulant pas le flatter*, & *n'osant lui contredire*; car si l'on disoit, & *n'osant pas lui contredire*, ce ne seroit pas si bien dit, il s'en faudroit beaucoup.

Au reste, il est très-difficile de donner des règles pour savoir quand il faut plustôt dire *pas* que *point*, il le faut apprendre de l'Usage, & se souvenir que *point* nie bien plus fortement que *pas*.

Il y a encore cette différence entre *pas* & *point*, que *point* ne se met jamais devant les noms, qu'il ne soit suivi de l'article indéfini *de*, comme, *il n'a point d'argent*, *il n'a point d'honneur*. C'est une faute ordinaire à ceux de delà la Loire, de dire, *il n'a point de l'argent*, avec l'article défini, au lieu de dire, *il n'a point d'argent* ; comme ils difent auffi, *j'ai d'argent*, pour dire, *j'ai de l'argent*. Mais parmi ceux qui parlent le mieux, même à la Cour & à Paris, il y en a qui font une autre faute toute contraire, & qui difent, *il n'y a point moyen*, pour dire, *il n'y a point de moyen*, ou *il n'y a pas moyen*.

Il eſt à noter qu'avec les infinitifs *pas* & *point* ont beaucoup meilleure grace étant mis devant qu'après ; par exemple, *pour ne pas tomber dans les inconveniens*, ou *pour ne point tomber dans les inconveniens*, eſt bien plus élégant que de dire, *pour ne tomber pas*, ou *pour ne tomber point dans les inconveniens*.

N O T E.

Monſieur Chapelain eſt du ſentiment de Monſieur de Vaugelas, & dit que deux *ni, jamais, rien, nul, aucun*, portent leur negative avec eux, ſans avoir beſoin de *pas* à leur ſuite pour la marquer. Il y faut ajoûter *perſonne*. On dit, *perſonne n'ignore que &c. Il ne fait amitié avec perſonne.* Quoique Monſieur de Vaugelas condamne *pas* avec *aucun*, il ne laiſſe pas de les joindre enſemble en beaucoup

beaucoup d'endroits de ſes remarques.
Il dit dans celle qui a pour titre , *ſi par-*
ticule conditionelle , *l'i ne ſe mange point de-*
vant aucune des cinq voyelles , il faut aſ-
ſûrément dire , *l'i ne ſe mange devant au-*
cune des cinq voyelles. Auſſi a-t'il averti
dans ſa Préface qu'on doit s'attacher
aux règles qu'il donne , & non pas à ſa
manière d'écrire. Beaucoup mettent *point*
devant deux *ni.* J'ai lû dans un bon
livre imprimé depuis peu de temps , *la*
réſolution que je fais ne ſera point ébranlée
ni par les efforts du démon ni par la tenta-
tion d'aucun plaiſir. Le *point* étoit inutile
en cet endroit, & il falloit dire ſimplement , *ne ſera ébranlée ni par* , *&c.*

Monſieur de Vaugelas qui veut qu'on
ne mette jamais *pas* ou *point* devant *que* ,
lorſqu'il ſignifie *niſi* en Latin , & *ſinon que*
en François , devoit dire ſeulement lorſqu'il ſignifie *ſinon* , car c'eſt tout ce qu'il
ſignifie , & non pas *ſinon que* dans tous les
exemples qu'il apporte. Il en convient
lui-même en diſant que , *je ne ſerai que ce*
qu'il vous plaira , c'eſt comme ſi on diſoit ,
je ne ſerai ſinon ce qu'il vous plaira. Monſieur Menage fait voir que cette règle
eſt imparfaite en ce qu'il faut un *pas*
ou un *point* devant le *que* en cette ſignification de *ſinon* , lorſqu'il y a un verbe
au ſubjonctif. Il en donne pour exemples , *je ne vous verrai point que le Caréme*
ne ſoit paſſé. Je ne partirai point d'ici que
vous ne ſoyez venu. je ne dirai pas un mot

que vous ne me le commandiez. Il ne fort point qu'on ne le vienne prendre. Il eſt vrai que dans tous ces exemples, *que* ne ſignifie pas ſimplement *ſinon*, mais *ſinon quand*, *je ne vous verrai point, ſinon quand le Carême ſera paſſé ; je ne partirai point d'ici, ſinon quand vous ſerez venu ; il ne ſort point ſinon quand on le vient prendre.* On peut mettre *pas* ſans qu'il ſuive aucun verbe au ſubjonctif, comme *je ne dirai pas un mot que devant mes Juges, il ne voulut pas dire un mot ſur cette affaire que du conſentement des Intereſſez.* Il ſemble que ces exemples ſoient de même nature que ceux-ci, *je ne joue qu'avec des gens de bien, je ne mange qu'une fois par jour.* Cependant il faut mettre *pas* dans les premiers, quoiqu'il n'y ait point de verbe au ſubjonctif après *que*, & on ne le peut mettre dans les autres. La raiſon eſt que *pas un* ſignifie *aucun, je ne dirai aucun mot que devant mes Juges, il ne voulut dire aucun mot ſur cette affaire que du conſentement des Intereſſez.* Si au lieu de, *dire un mot*, on employoit le verbe *parler* dans ces mêmes phraſes, on ne pourroit mettre *pas. Je ne parlerai que devant mes Juges ; il ne voulut parler ſur cette affaire que du conſentement des Intereſſez.*

Le même Monſieur de Vaugelas en parlant de *pas* & de *point*, dit qu'on ne les met ni avant que l'on parle de quel-que temps, ni après qu'on en a parlé ; comme *je ne le verrai de dix jours.* Il y a *dix jours que je ne l'ai vû.* Monsieur Menage fait voir par les exemples qui suivent que cette regle n'est pas moins imparfaite que la précédente, *je l'aimois dans ma premiere enfance, mais depuis l'âge de quinze ans, je ne l'ai point aimé. Il y a plus de dix ans que je ne l'aime point. Je ne sors point depuis huit jours. Il y a huit jours que je ne sors point.* Il a raison de dire que quoiqu'il s'agisse de temps dans toutes ces phrases, ce seroit un barbarisme de n'y pas mettre le *point.*

Je croi qu'il est élégant de supprimer *pas* devant les verbes *pouvoir & oser,* quoique Monsieur de la Mothe le Vayer soûtienne qu'en l'ôtant devant *pouvoir,* il ne reste rien d'incomparablement meilleur, comme le prétend Monsieur de Vaugelas. *Il ne le peus pas faire ; il ne pouvoit pas mieux faire.* Je préférerois, *il ne le peut faire ; il ne pouvoit mieux faire.* On supprime souvent *pas* avec le verbe *savoir,* non seulement quand il signifie *pouvoir ; je ne saurois m'empêcher de dire,* mais aussi quand il signifie *ignorer,* & qu'il est suivi de *si,* ou de *ce que. Je ne sai si on m'accordera ce que je demande ; il ne sait ce qu'il doit faire ?* Il est vrai qu'on dit fort bien, *il ne savoit pas ce que ses ennemis lui prépa. oient,* mais il faut mettre de la différenc , entre *ne savoir,* qui signifie *être incertain & ne savoir pas,* qui signifie *ignorer absolument.* Quand il y a de l'incertitude, il est élégant de supprimer *pas*, *je ne sai si je pourrai aller chez vous aujourd'hui*; *il ne savoit ce qu'il devoit esperer de son procès*. Quand il y a une ignorance entiere, on ajoute *pas*. *Tu ne sais pas ce que ton ami vient de faire*.

On ne met, ni *pas* ni *point* avec les verbes qui sont gouvernez par *empêcher* & par *craindre*. *Il faut empêcher que cela n'arrive*; *je n'empêche point que vous ne preniez vos sûretez*, & non, *que cela n'arrive pas*; *que vous ne preniez point vos sûretez*. *Je crains que mon pere ne meure*. Il faut observer qu'on ne supprime *pas* dans les phrases où le verbe *craindre* est employé, que quand on ne souhaite point que la chose arrive, car si quelqu'un souhaitoit la mort de son pere qu'il verroit malade, il faudroit dire, *je crains que mon pere ne meure pas*.

Prendre garde dans la signification d'*empêcher*, ne souffre point que l'on mette *pas* avec le verbe suivant. *Prenez garde qu'on ne vous trompe*. Quand il signifie *faire réfléxion*, c'est tout le contraire. *Je prends garde que les gens de mauvaise foi ne sont pas long-temps heureux*. *Il prit garde qu'on ne lui faisoit pas si bonne mine qu'on avoit accoûtumé*. Il y auroit trop à dire, si l'on parloit de toutes les phrases, où l'on doit supprimer *pas*.

Monsieur de Vaugelas a eu raison de dire qu'il n'y a que l'usage seul qui puisse apprendre, quand il faut plustôt dire *pas* que *point*. J'ai obſervé qu'on met *pas*, & jamais *point* devant *beaucoup*, *peu* , *mieux* , *plus* , & *moins*. Il n'y avoit pas beaucoup de monde au Sermon. On n'eſt pas peu embaraſſé à le contenter. Il n'a pas mieux parlé que les autres. Il n'a pas moins de bien que votre ami.

CCCXC.

Berlan , brelandier.

ON a preſque toûjours écrit ce premier mot de cette façon ; mais on l'a toûjours prononcé, comme ſi l'on eût écrit *brelan* ; mais aujourd'hui pluſieurs ne prononcent pas ſeulement *brelan* , ils l'écrivent auſſi.

On a toûjours dit & écrit *brelandier*, & non pas *berlandier* , qui eſt encore une raiſon de ceux qui ſoûtiennent qu'il faut toûjours dire & écrire *brelan* , & non pas *berlan*.

N O T E.

On dit , & on écrit preſentement *Bre-lan* & *Brelandier*. On ne dit pas ſeule-ment *brelan* en parlant du Jeu de Car-tes , auquel ce nom a été donné , mais on s'en ſert pour dire avec quelque ſorte de mépris une maiſon où l'on ne fait que jouer. *Sa maison est un brelan.* Monsieur Chapelain dit qu'il y a apparence que *Berlan* vient de *Berlina,* parce qu'on mettoit les pipeurs, joueurs publics & débauchez à la Berline, comme ici au Carcan.

CCCXCI.

Réguelisse, Thériaque, Triacleur.

RÉguelisse est toûjours féminin. On dit, *de la réguelisse,* & non pas, *du réguelisse.* Mais *thériaque* est des deux genres, & l'on dit, *du thériaque & de la thériaque.* Il faut dire *Triacleur,* qui vend de la thériaque, ou qui passe pour un Charlatan, & non pas *Theriacleur.*

NOTE.

Monsieur Menage marque dans ses Observations qu'on dit *du reguelice,* & *de la reguelice,* & que le dernier est le meilleur & le plus conforme à l'origine *glycyriza.* On prononce *reglisse* en trois syllabes. Il ajoute qu'on dit aussi *du Theriaque & de la Theriaque,* & que *du Theriaque* est le meilleur. Il apporte cet exemple du Pere Rapin, qui a dit, *celle que Galien guerit d'une foiblesse d'estomac par son Theriaque.* Tous les Médecins, Apoticaires & Epiciers sont *Theriaque*

féminin. Par tout ailleurs j'entends dire.
le Theriaque, du Theriaque.

CCCXCII.

Ployer, plier. (1)

AUjourd'hui l'on confond bien souvent les deux, qui néanmoins ont deux significations fort différentes; car tout le monde fait que *plier* veut dire, *faire des plis* ou *mettre par plis;* comme, *plier du papier*, *plier du linge*, & *ployer* signifie *ceder, obéir, & en quelque façon succomber,* comme, *ployer sous le faix, une planche qui ploie à force d'être chargée.* Et certainement qui appelleroit cela *plier*, & qui diroit, *plier sous le faix,* parleroit & écriroit fort mal, quoique plusieurs fassent cette faute, trompez, à mon avis, par la prononciation de la Cour, qui prononce la diphtongue *oi* ou *oy* comme la diphtongue *ai,* pour une plus grande douceur, & dit *player* pour *ployer,* &

[1] Tout le monde dit *plier*, hors quelques personnes que ces remarques ont embarrassé. Coëffeteau, Hist. Rom. liv. 1. p. 344. dit, *Ils se déliberent de plier sous la puissance du plus fort.*

de *player*, on a aifément paffé à *plier*. Néanmoins cet abus n'eft pas tellement établi , qu'on puiffe dire que c'eft l'Ufage auquel il faudroit ceder fi la chofe étoit venue à ce point. Il n'y a qu'une feule façon de parler où il femble que l'Ufage l'a emporté , qui eft quand on dit en termes de guerre , par exemple , *que l'infanterie* ou *la cavalerie a plié ;* car c'eft ainfi que prefque tout le monde parle & écrit aujourd'hui. La raifon toutefois veut que l'on dife , *la cavalerie a ployé,* & non pas *plié ,* parce que c'eft une façon de parler figurée qui fe rapporte à celle de *ployer fous le faix, quand on a de la peine à foûtenir une trop grande charge.* Mais hors de cette feule phrafe il faut toûjours dire *ployer* dans la fignification qu'il a. Ainfi il faut dire , *il vaut mieux ployer que rompre ,* & non pas , *il vaut mieux plier ; faire ployer une épée,* & non pas, *faire plier une épée ; ployer les genoux ,* & non pas, *plier les genoux.*

NOTE.

Monfieur Menage fe déclare entierement contre cette remarque. Il veut qu'on dife toujours *plier ,* en quelque fignification

gnification que ce foit, & jamais *ployer*,
& que comme on dit, de l'aveu même
de Monfieur de Vaugelas, *la Cavalerie,*
l'Infanterie a plié, on dife auffi *plier fous*
le faix ; plier les genoux ; une planche qui
plie : Il vaut mieux plier que rompre ; faire
plier une épée ; une épée qui plie ; plier une
branche d'arbre. Il ajoute que l'on trouve dans Malherbe *ployer les genoux*, mais
qu'il n'a pas été fuivi de Monfieur de
Balfac qui a dit, *plier les genoux fous une*
puiffance étrangere. On dit aujourd'hui,
plier la toilette, plier bagage, & non pas
ployer la toilette, quoiqu'il foit vrai que
l'on difoit autrefois *plier & ployer*, indifferemment, ce qui paroît dans le compofé *déployer*, car on dit pluftôt, *tambour*
battant & enfeignes déployées, que *enfeignes*
dépliées. Monfieur Menage obferve encore qu'on n'a jamais dit à la Cour
ployer pour *plier*, mais qu'on y a dit *pléer*,
& que c'eft comme la plûpart des Da-
mes & des Cavaliers prononcent, *pléez-*
moi ce papier, pléez-moi ce linge. Je croi
cette prononciation fort vicieufe, & je
fuis perfuadé qu'il faut dire & écrire,
pliez-moi ce linge.

CCCXCIII.

Veuve.

IL faut écrire *veuve* ou *veufve*, & non pas *vefve*, comme on dit en plufieurs Provinces de France ; car on dit au mafculin *veuf*, *un homme veuf*, & non pas *vef*, & ainfi au féminin il faut dire *veuve* ou *veufve*, qui rime avec *neuve* & *fleuve*, & non pas avec *trefve.* M. de Malherbe ,

O combien lors aura de veuves
La gent qui porte le Turban !
Que de fang rougira les fleuves ,
Qui lavent les pieds du Liban !

NOTE.

On conferve l'f à *veuf*, mais je croi qu'il la faut ôter à *veuve* & à *veuvage.* Quelques-uns écrivent encore *veufve*, mais peu écrivent *veufvage.*

CCCXCXIV.

Vent de midi, vent du midi.

TOus deux font bons, tout de même que l'on dit, *vent de Septentrion* & *vent du Septentrion*, *du côté de
Septentrion* & *du côté du Septentrion*, *du
côté d'Orient*, & *du côté de l'Orient*.

NOTE.

Je fuis perfuadé qu'il faut dire, *il
s'éleva un vent de midi*, & non pas *un
vent du midi*, mais je ne fai s'il ne faut
pas dire pluftôt, *le vent du midi eft celui
qui, &c.* que de dire, *le vent de midi eft
celui qui*. Comme on ne dit point, *ces
peuples font fituez à Septentrion*, *ce pays
regarde Septentrion*, mais *fituez au Septentrion*, *regarde le Septentrion*, j'aimerois
mieux dire *du côté du Septentrion*, que
du côté de Septentrion.

CCCXCV.

Vitupere, vituperer. (1)

CE mot n'eft gueres bon, quoique Monfieur Coëffeteau s'en
foit fervi une fois ou deux dans fon
Hiftoire Romaine, & que Monfieur
de Malherbe a dit,

Et ſi de vos diſcords l'infame vitupere.

Je n'en voudrois uſer qu'en raillerie,
& dans le ſtyle bas. *Vituperer* ne vaut
rien du tout.

N O T E.

Vitupere eſt du plus bas ſtyle, & on ne
s'en peut ſervir que dans le comique où
l'on fait entrer les plus vieux mots avec
grace. *Vituperer & vilipender* ſont du même ſiécle , & ils ne peuvent être employez que lorſqu'on a deſſein de rail-
ler.

[1]. *Vitupére.*] Alain Chartier eſt le premier de nos Auteurs qui a dit *vitupére &
vitupérable.* Calvin après lui a dit *vitupére*;
Coëffeteau & Malherbe enſuite : mais je n'ai
vû *vituperer* nulle part. Il eſt cependant auſſi
bon que *vitupére* , & à mon avis on s'en
peut auſſi ſervir en raillerie ; car en raillerie
on fait ſouvent des mots nouveaux.

CCCXCVI.

Séraphin, remerciment, agrément, viol.

QUoiqu'ils n'ayent rien de commun entre eux, je les mets enſemble, parce qu'il n'y a qu'un mot à

dire fur chacun , & que par diverfes rencontres ils fe préfentent à ma plume tous enfemble. *Seraphin* fe doit écrire en François avec une *n* , bien qu'il y ait une *m* au Latin. *Remerciment* fe doit auffi écrire & prononcer *remerciment* , & non pas *remerciement* avec un *e* après l'*i*. *Agrément* de même , & non pas , *agréement*. Ainfi dans les vers on dit , *pairai* , *lourai* , & non pas *payerai* ni *louerai* , ce font des mots diffyllabes dans la Poëfie. Et *viol* , qui fe dit dans la Cour & dans les armées pour *violement* , eft très-mauvais.

N O T E.

Monfieur de la Mothe le Vayer dit que *Seraphin* n'a point d'*m* en Latin non plus qu'en François, témoin fon génitif & les autres cas tant du fingulier que du pluriel, & que quand il y a une *m* il eft Hebraïque & indéclinable parmi nous. Il croit qu'on ne peut montrer que jamais perfonne ait employé *viol* pour *violement*. Cependant fur ce que Monfieur de Vaugelas remarque qu'il fe dit à la Cour , & dans les armées , Monfieur Chapelain ajoûte qu'il eft auffi du Palais. *Viol* eft affûrément un très-mauvais mot.

CCCXCVII.

Tel pour *quel*.

IL y en a plusieurs qui disent, par exemple, *Dieu est présent en tous lieux, tels qu'ils soient*, c'est mal parler, il faut dire, *quels qu'ils soient.* Quelques-uns croient qu'encore que *quels* soit le meilleur, *tels* néanmoins ne laisse pas d'être bon, mais ils se trompent.

NOTE.

Tel ne gouverne jamais que l'indicatif. *Tel que vous me voyez, il n'est pas tel que vous l'avez cru ; il a acheté ces meubles tels qu'ils étoient.* Ainsi toutes les fois qu'on le trouve avec le subjonctif, il est employé pour *quel*, ou pour *quelque,* & c'est une faute, *je poursuivrai les complices de cette mort, tels qu'ils soient ; de telle façon que vous puissiez l'entendre ; à tel dégré d'honneur que vous l'éleviez.* Il faut dire, *les complices quels qu'ils soient ; de quelque façon que vous puissiez l'entendre ; à quelque dégré d'honneur que vous l'éleviez.*

CCCXCVIII.

Certains régimes de verbes ufitez par quelques Auteurs célebres, qu'il ne faut pas imiter en cela.

IL y a des Auteurs celebres qui font régir à de certains verbes , comme , *fe réconcilier , prier , s'acquitter , s'offen-fer* , des cas qui ne leur conviennent point , & il eft bon d'en donner avis , afin que ceux qui les imiteroient en une infinité d'autres chofes excellentes , ne s'abufent pas en celles-ci. Il y a apparence que ces verbes autrefois ont eu ce régime , , mais ils ne l'ont plus aujourd'hui , *fe réconcilier à quelqu'un , qu'il ne foit point en peine* , dit l'un d'eux , *de fe réconcilier à perfonne ;* il faut dire , *avec perfonne. Prier aux Dieux ,* autrefois on le difoit , il faut dire maintenant , *prier les Dieux ; s'acquitter aux grands* , pour dire , *s'acquitter envers les grands ; s'offenfer de quelqu'un* , au lieu de dire , *s'offenfer contre quelqu'un.* Il eft vrai que l'on dit fort bien , *s'allier avec quelqu'un,* & *s'allier à quelqu'un,* &

même ce dernier paſſe pour plus éle‐
gant.

NOTE.

Le petit peuple dit encore aujourd'hui
je prie à Dieu que, &c. ce qui fait voi
que *prier* a gouverné autrefois le datif.
Prier, demande la particule *de* avec le
verbe qui ſuit à l'infinitif. *Prier de faire*,
prier d'aller, & il ne ſouffre *à* qu'avec le
verbe, *dîner*, *prier à dîner*. On dit auſſi
prier de dîner, mais il y a cette difference,
comme l'obſerve fort bien Monſieur
Menage, que *prier à dîner* marque un
deſſein premedité, comme quand nous
envoyons prier quelqu'un de venir dîner
chez nous, ou que nous l'en prions
nous-mêmes; & *prier de dîner*, eſt un
terme de rencontre & d'occaſion, quand
nous faiſons la même priere à quelqu'un
qui eſt chez nous. Il obſerve encore,
qu'on dit à la Cour *un prié-Dieu*, & non
pas, *un prie-Dieu*, *le Roi eſt à ſon prié-*
Dieu.

On a pû dire *s'offenſer de quelqu'un*,
à cauſe qu'on a accoûtumé de dire *s'of-*
fenſer de quelque choſe. L'expreſſion eſt
hardie, & je ne voudrois pas m'en ſervir, mais il me ſemble que *s'offenſer con-*
tre quelqu'un, que Monſieur de Vaugelas met en la place, n'eſt guere meilleur.
J'aimerois mieux dire, *ſe tenir offenſé de*
quelqu'un; *s'offenſer de ce quelqu'un a dit ou*
fait contre nous.

CCCXCIX.

Des négligences dans le style.

JE ne parle point ici des fautes qui se commettent contre la pureté & la netteté du style. Ce sont des choses toutes distinctes de ce qu'on appelle *négligence.* Il y en a de plusieurs sortes. Voici celles que j'ai remarquées. La principale est quand on répéte deux fois dans une même page une même phrase, sans qu'il soit nécessaire ; car quand il est nécessaire, comme il arrive quelquefois, tant s'en faut que ce soit une faute, que ç'en seroit une de ne le faire pas, outre que la nature des choses nécessaires est telle, comme a remarqué excellemment Ciceron, qu'elles sont toûjours accompagnées d'ornement. Mais quand il n'est pas besoin, c'est une très-grande négligence de répéter une phrase deux fois dans une même page, & de dire deux fois, par exemple, *sans en pouvoir venir à bout.* Que si la phrase est plus noble, la faute est encore plus grande, parce qu'étant plus éclatante, elle se fait mieux remarquer.

La seconde sorte de *négligence*, c'est
de répéter deux fois un même mot spé-
cieux dans une même page, sans qu'il
en soit besoin ; car il faut toûjours excepter cela. Si le mot est simple & commun, il n'en faut pas faire scrupule,
pour peu qu'il soit éloigné du premier,
pourvû néanmoins qu'il ne commence
pas deux périodes ; car alors c'est une
vraie négligence ; comme par exemple,
si l'on met deux fois *cependant* dans une
même page, au commencement de
deux périodes. En ces places-là les
mots se font remarquer, quand ils ne
seroient que d'une syllabe, comme
mais, que la plusspart des Ecrivains répétent trop souvent, quoiqu'ils soient
excusables, à cause du petit nombre de
liaisons que nous avons, & qu'on re-
tranche encore tous les jours. Il ne
faut pas pourtant faire difficulté, après
qu'on a commencé une période par
mais, de se servir de ce même mot deux
ou trois lignes après un autre sens, si
le discours le requiert, pourvû qu'il
soit dans un des membres de la période,
& non pas au commencement. *Or* est
encore un monosyllabe à commencer

une période, dont il ne faut user que
de loin à loin. Je ne voudrois pas avoir
mis à trois lignes proches l'une de l'autre, *dont*, deux fois au lieu du pronom relatif ; & j'ose assurer que ce n'est
point un scrupule, & qu'il n'y a point
d'oreille délicate qui ne soit blessée de
cette répétition si proche, quoique le
mot soit doux & monosyllabe. J'en dis
autant de l'adverbe du lieu *où* ; car
pour l'*ou* disjonctif, c'est une autre
chose ; sa nature est d'être répété plusieurs fois, & ainsi de plusieurs autres.

La troisiéme sorte de *négligence*,
c'est quand on fait trop souvent des
vers communs ou Alexandrins. Je dis
trop souvent, parce qu'il est impossible
qu'il ne s'en rencontre toûjours quelqu'un par-ci par-là, que vous ne sau-
riez la plufpart du temps éviter sans
faire tort à la naïveté de l'expression,
qui est une chose bien plus considerable, & un plus grand bien, qu'il n'y
a de mal à laisser un vers. Jamais nos
meilleurs Ecrivains, anciens & modernes, ne se sont donné cette gêne,
quand exprimant naïvement leur intention, ils ont rencontré un vers, sur-

tout s'il n'eſt pas compoſé de paroles ſpécieuſes & qui ſentent la poëſie. Qui me pourroit blâmer, ſi j'avois écrit en proſe, *je ne ſuis jamais las de vous entretenir ?* Et certainement tous ceux qui ont repris Tacite d'avoir commencé ſes Annales par un vers héxametre, *Urbem Romam à principio Reges habuere,* & Tite-Live d'avoir commencé ſon Hiſtoire Romaine par un demi-vers, *facturuſne operæ pretium ſim,* ne laiſſent pas de paſſer pour des cenſeurs bien ſeveres, quoiqu'à la vérité il n'y ait pas d'apparence de commencer un ouvrage en proſe par un vers. Bocace a auſſi commencé ſon Decameron par un vers,

Humana coſa è haver compaſſione.

& comme il faiſoit de mauvais vers, & que celui-là eſt aſſez bon, on diſoit de lui qu'il ne faiſoit jamais bien des vers que lorſqu'il n'avoit pas deſſein d'en faire. Mais quand le vers n'a du vers que la meſure, & encore bien rude, comme eſt celui de Tacite, & qu'il ſent beaucoup plus la proſe que le vers, on se peut pardonner ; & Tite-Live pour un hemistiche assez déguisé par sa dureté, ne méritoit pas ce reproche. *La négligence* est donc quand on en laisse couler plusieurs ; & s'ils sont de suite, ils sont insupportables. Il y en a même qui les affectent, & en parlant en public & en écrivant; mais cela est un vice formé, & des plus grands, & non pas une simple négligence, qui n'arrive qu'à ceux qui font des vers sans y penser. Nous avons parlé ailleurs amplement *des vers dans la prose.*

La quatriéme espèce de *négligence,* sont les rimes riches ou pauvres, dont il est aussi traité ailleurs bien au long, non seulement quand elles se rencontrent dans la cadence des périodes, mais même proche l'une de l'autre, comme par exemple, si je dis, *cela donne davantage de courage.* Et non seulement *les rimes,* mais aussi *les consonances,* sont à éviter, & c'est une négligence de n'y prendre pas garde, ou de ne s'en soucier pas, comme, *fers, & souhaits, affaire & croire, tache & visage,* & mille autres semblables, s'ils se rencontrent dans une même cadence.

C'eſt encore une autre eſpèce de *négligence* , par exemple de dire , *il diſcourut long-temps ſur l'immortalité de l'ame, ſur le mépris de la vie, ſur la gloire des bonnes aĉtions, & ſur le point de mourir, il témoigna, &c.* c'eſt-à-dire qu'une prépoſition, comme eſt *ſur,* ici ſervant à un ſens, ne doit pas être employée de ſuite à un autre , parce qu'elle engendre de l'obſcurité , & qu'elle trompe le Leĉteur ou l'Auditeur. Il en eſt de même des autres parties de l'oraiſon.

Il y a encore pluſieurs autres ſortes de *négligences,* mais parce qu'elles ſont trop délicates , je les laiſſe , & me contente d'avoir marqué les principales , & qui choquent tout le monde.

Aureſte , j'ai jugé à propos de faire cette Remarque , parce que j'ai pris garde que pluſieurs de nos meilleurs Écrivains qui excellent en la pureté , netteté & élégance du ſtyle , tombent bien ſouvent dans ces négligences , qu'on remarque comme autant de taches ſur un beau viſage ; car en beaucoup d'autres choſes la négligence eſt ſouvent un grand artifice ; mais elle ne le peut jamais être en matière de ſtyle.

La naïveté eſt bien une des premieers
perfeſtions, & des plus grands charmes
de l'éloquence ; mais elle n'a rien de
commun avec la *négligence* dont nous
parlons en cette Remarque ; & ceux
qui penſeroient faire paſſer l'une pour
l'autre , auroient grand tort ; l'une eſt
vice, & l'autre eſt vertu.

N O T E.

Lorſqu'on a commencé une période
par *mais*, Monſieur de Vaugelas permet
qu'on ſe ſerve de ce même mot deux
ou trois lignes après en un autre ſens.
Je ne ſuis pas le ſeul que ce double ſens
de *mais* ait embaraſſé. Voici ce que M.
Chapelain a marqué ſur cet endroit.
*Comment dans un autre ſens ? quel autre
ſens peut avoir* mais *que celui de* toutefois, *ſi ce n'eſt dans la phraſe*, il n'en peut
mais. *Tous les autres* mais , *ont la ſignification adverſative , & par conſéquent pareille , ſi je ne me trompe.*

Quelques-uns ſuppriment le nominatif du verbe après *mais* comme on le
ſupprime après la conjonction *&*, &
parce qu'on dit fort bien, *ils n'eſtiment
que leurs ouvrages, & mepriſent ceux des
autres*, ils diſent de même, *ils ne ſe contentent pas de regarder leurs ouvrages comme des chefs-d'œuvres, mais mepriſent tout
ce que les autres ont fait*. C'eſt une gran-

de négligence, si ce n'est pas une faute. Il est beaucoup mieux de repeter le nominatif, & de dire, *mais ils meprisent.*

Il y a une autre sorte de negligence dans le style qu'on ne doit jamais se pardonner quand on veut écrire avec quelque soin. C'est de se servir deux fois en peu de lignes de la particule, *si* suivie de *que.* En voici un exemple. *Le vent devint si impetueux que les arbres les plus forts n'en pûrent soûtenir la violence ; la grêle se mêla au vent, & tomba en si grande quantité que tous les jardins en furent couverts.* Ces deux *si que* sont trop proches l'un de l'autre. Il y en a qui font une faute encore moins excusable, en mettant deux *si que* dans la même période, comme. *Il étoit si amoureux de cette Dame, que quoiqu'elle dît souvent des choses si éloignées du bon sens que tout le monde en rioit, il avoit l'aveuglement de lui applaudir.*

C'est encore une negligence de style de mettre le verbe *pouvoir* avec *peut-être,* ou avec *impossible.* Quelques-uns disent par exemple, *peut-être avec le secours de ses amis pourra-t'il réussir dans cette affaire.* Après avoir mis *peut-être,* on ne doit pas mettre *il pourra,* parce que c'est dire deux fois la même chose. Ainsi il faut dire simplement, *peut-être réussira-t'il dans cette affaire,* ou bien *je croi qu'il pourra reussir dans cette affaire.* Il y a la même negligence dans cet autre exemple , *il est impossible*

possible qu'on se puisse imaginer la douleur que cette mort lui causa. Le verbe *pouvoir* ne dit rien de plus dans cette phrase que ce qui a été dit par *impossible.* Ainsi il faut dire, *on ne peut s'imaginer,* ou bien *il est impossible de s'imaginer la douleur,* &c.

C C C C.

Septante, octante, nonante.

SEptante n'est François qu'en un certain lieu où il est consacré, qui est quand on dit, *la traduction des Septante,* ou *les septante Interpretes,* ou simplement *les Septante,* qui n'est qu'une même chose. Hors de là il faut toûjours dire *soixante-dix,* tout de même que l'on dit *quatre-vingt,* & non pas *octante,* & *quatre-vingt-dix,* & non pas *nonante.* (I)

N O T E.

Monsieur Menage a aussi observé que dans le discours familier il faut dire *soixante-dix, quatre-vingt, quatre-vingt-dix* mais il demeure d'accord qu'en termes d'Arithmetique & d'Astronomie, on dit fort bien, *septante, octante,* & *nonante.* Il convient encore qu'en parlant des Interprêtes de la Bible on doit dire *les septante*, & que ce seroit mal parler que de les appeller *les soixante-dix*, si ce n'est qu'on ajoûtât, *Interprêtes de la Bible*, selon la Remarque de Monsieur de Balzac, dont parle Monsieur de Girac dans sa replique à Monsieur Costar.

(1) Quand on parle des choses anciennes, on se peut servir de *Nonante*, & autres ; & même il est plus ordinaire & plus élegant de s'en servir, & je dirois plustôt *en la nonantiéme* qu'en *la quatre-vingt-dixiéme Olympiade*. Les Géometres disent *Quart de nonante*. Amyot au Traité de la Création de l'ame, dit par tout *septante, octante, nonante*.

CCCCI.

Suppression des pronoms personnels devant les verbes.

Cette suppression a très-bonne grace, quand elle se fait à propos, comme, *nous avons passé les rivieres les plus rapides, & pris des places que l'on croyoit imprenables, & n'aurions pas fait tant de belles actions si nous étions demeurez oisifs, &c.* Il est bien plus élegant de dire, *& n'aurions pas fait tant de belles actions*, que si l'on disoit, *&*

nous n'aurions pas fait. Il en eſt de même de tous les autres pronoms perſonnels de la ſeconde & de la troiſiéme
perſonne ſinguliere & plurielle, dont
les exemples ſont ſi fréquens dans nos
bons Auteurs, qu'il ſeroit ſuperflu d'en
rapporter ici davantage. Mais pluſieurs
abuſent de cette ſuppreſſion, ſur-tout
ceux qui ont écrit il y a vingt ou vingt-
cinq ans ; car en ce temps-là, ſi nous
en exceptons M. Coëffeteau & peu
d'autres, c'étoit un vice aſſez familier
à nos Ecrivains. L'un des plus célebres,
par exemple, a écrit, *car une choſe*
mal donnée ne ſauroit être bien dûe, &
ne venons plus à temps de nous plaindre,
quand nous voyons qu'on ne nous la rend
point. Il falloit dire, *& nous ne venons*
plus à temps, parce que la conſtruction
change. De même en un autre endroit,
nous ne ſommes pas contens de nous infor-
mer du fonds de celui qui emprunte, mais
fouillons juſques dans ſa cuiſine. Il faut
dire, *mais nous fouillons*, parce que
cette particule *mais*, fait une ſépara-
tion qui rompt le lien de la conſtruction précédente, & en demande une
nouvelle.

D ij

De ces deux exemples on pourroit tirer deux règles pour connoître quand la suppression est mauvaise. L'une, lorsque la construction change tout-à-fait, comme au premier exemple, & l'autre, lorsqu'elle est interrompue par une particule séparative ou disjonctive, comme *mais*, *ou*, & autres semblables. Donnons un troisième exemple de la disjonctive, *ou nous le confesserons*, *ou le nierons*, ne vaut rien, il faut répéter *nous*, & dire, *ou nous le confesserons*, *ou nous le nierons*. On pourroit faire encore d'autres règles semblables tirées des endroits où ces Auteurs ont manqué, selon l'avis même de leurs plus passionnez partisans. Il est certain que ce grand homme dont j'ai rapporté les deux exemples, tenoit encore de l'ancien style cette façon d'écrire ; car les Anciens supprimoient souvent ce pronom, & les modernes qui ont voulu se former sur un modele si estimé, l'ont suivi même aux choses, & qui n'étoient plus en usage.

NOTE.

Monsieur Chapelain doute que dans le premier exemple de Monsieur de Vaugelas, on puiſſe ſupprimer *nous*, & dire, *& n'aurions pas fait tant de belles actions*, ſur-tout en paſſant de l'affirmative à la negative. D'autres prétendent que la ſuppreſſion du pronom perſonnel *nous*, n'a pas bonne grace dans ce même exemple à cauſe du premier *&* qui eſt dans la période. Ils diſent que pour ne point repeter *nous*, il faudroit qu'il y eût ſimplement, *nous avons pris des places que l'on croyoit imprenables, & n'aurions pas fait tant de belles actions ſi, &c.* Leur penſée eſt que pour faire cette ſuppreſſion avec quelque grace, on doit employer fort peu de mots avant la conjonction *&* qui empêche qu'on ne repete le nominatif du verbe, comme en cet exemple, *vous parlez indiſcretement, & dites ſouvent ce qu'il faut taire.* J'ajoûterai à cela que ce qui me bleſſe dans l'exemple de Monſieur de Vaugelas, c'eſt que le ſecond *&* ne fait pas ſouſentendre autant de mots que le premier. Quand après avoir dit, *nous avons paſſé les rivieres les plus rapides*, on ajoute, *& pris des places*, on ne ſupprime pas ſeulement le pronom *nous*, mais encore le verbe *avons* que ce premier *&* fait ſouſentendre, *& nous avons pris.* Dans le ſecond membre de la période, il n'y a que *nous* qui ſoit ſupprimé. On exprime le verbe, & comme il change de temps, je ne doute point qu'il ne faille repeter le nominatif, & dire, *& nous n'aurions pas fait tant*

de belles actions. Si on disoit *nous avons
passé plusieurs rivieres , & pris quantité de
places , & fait tant de belles actions que,&c.*
la phrase seroit bonne , parce que le
verbe ne changeroit point de temps , &
que le second *&* feroit sousentendre
nous avons aussi-bien que le premier, mais
en ce cas il seroit mieux de supprimer
le premier *&* , & de dire , *nous avons
passé les rivieres les plus rapides , pris des
places que l'on croyoit imprenables , & fait
tant de belles actions que , &c.*

Sur cet exemple , *nous ne sommes pas
contens de nous informer du fonds de celui
qui emprunte , mais fouillons jusques dans sa
cuisine,* Monsieur Chapelain a raison de
dire que la construction ne change point;
cependant il convient qu'il faut repeter
le nominatif, & dire , *mais nous fouillons
jusques dans sa cuisine.* Il prétend que
cela vient du passage de la negative à
l'affirmative , qui veut la repetition du
nous , & qui ne la demanderoit pas , si
l'affirmative ou la negative ne passoient
pas dans leur contraire au membre suivant. Je ne croi point cette raison vraie.
Diroit-on , *ils ne s'attachoient pas seulement à décrier sa conduite, mais ne laissoient
échapper aucune occasion de lui faire outra-*
ge ? Il me semble qu'il faudroit repeter le nominatif, & dire , *mais ils ne laissoient échaper.* Voilà pourtant une negative dans le premier membre , qui ne
passe point dans son contraire au mem-

bre fuivant, ce qui fait voir que *mais*, quoiqu'il ferve de liaifon auffi-bien que la conjonction *&*, demande toujours la repetition du nominatif. Je croi que cette raifon du paffage de l'affirmative à la negative peut avoir lieu pour faire repeter le nominatif après *&*, fur-tout quand le fecond verbe change de temps, comme en cet exemple, *il fait fon unique étude de lui plaire*, *& il n'auroit pas pour lui tant de complaifance s'il n'efperoit &c.*

Voici une façon de parler de Monfieur de Vaugelas, que je doute fort qui foit correcte. Sur la fin de la remarque qui a pour titre, *des participes actifs*, il dit en parlant d'*étant*; *quand il n'eft pas auxiliaire, la plûpart tiennent qu'il n'eft jamais participe, & toujours gerondif.* Je croi qu'il faut repeter le verbe, avec fon nominatif, & dire, *la plûpart tiennent qu'il n'eft jamais participe, & qu'il eft toujours gerondif*, à caufe du paffage de la negative à l'affirmative.

CCCCII.

Pleurs.

CE mot a été employé au genre féminin par Monfieur de Malherbe dans fes vers. Il eft vrai que ce n'eft pas dans fes bonnes piéces. Le vers m'est échappé, toutefois j'en suis certain. Il y a eu aussi quelque Poëte de ce temps-là qui l'a fait féminin ; néanmoins tous les Anciens l'ont fait masculin, & l'on trouvera dans Marot *un pleur* ; mais aujourd'hui je ne vois personne qui ne le croye, & ne le fasse masculin, *des pleurs versez ; des pleurs répandus.*

NOTE.

Monsieur Menage donne des exemples de Baïf, & de Desportes, qui font voir que l'on disoit autrefois *un pleur*, mais ce mot n'est plus en usage aujourd'hui qu'au pluriel. Il est masculin, & sur ce que Monsieur de Vaugelas assûre qu'il a été employé au féminin par Malherbe, le même M. Menage dit, que ce qui a trompé M. de Vaugelas, c'est que dans les premieres éditions des ouvrages de Malherbe, il y avoit une faute d'impression ; & qu'on lisoit dans l'Ode sur le voyage de Sedan.

Nos pleurs sont évanouies,
Sedan s'est humilié.

au lieu de

Nos peurs sont évanouies.

CCCCIII.

CCCCIII.

Mercredi , arbre , marbre , plus.

TOus céux qui ont tant soit peu étudié , & qui savent l'étymologie de ce mot qui vient de Mercure , ont de la peine à l'écrire & à le prononcer autrement que *mercredi* avec une *r* après l'*e*. Il y en a d'autres qui tiennent qu'à cause de cette étymologie il faut bien écrire *mercredi* ; mais qu'il faut prononcer *mécredi* sans *r* , tout de même que l'on écrit *arbre* & *marbre* , & néanmoins on prononce *abre* & *mabre* pour une plus grande douceur. A quoi je répons qu'il est vrai qu'autrefois on prononçoit à la Cour *abre* & *mabre* , pour *arbre* & *marbre* , mais mal. Aujourd'hui cela est changé , on prononce l'*r* , comme à *plus* on ne prononçoit pas l'*l* , & aujourd'hui on la prononce. La plus saine opinion , & le meilleur usage est donc non seulement de prononcer , mais d'écrire *mécredi* sans *r* , & non pas *mercredi*.

NOTE.

Ce qui précéde les dernieres lignes de cette remarque, donne lieu de croire que Monſieur de Vaugelas va dire qu'il faut prononcer & écrire *mercredi*, comme on prononce, *arbre, marbre & plus*, en faiſant ſentir l'*r* aux deux premiers, & l'*l* au dernier. C'eſt ce qui a obligé Monſieur Chapelain à dire ſur cet endroit, *Quand M. de Vaugelas dit*, le meilleur uſage eſt donc, *ce donc eſt une conſéquence priſe là au contraire de ce que l'on attendoit. Par ce qui précede d'*arbre*, il paroît, ſi l'analogie avoit lieu, qu'il faudroit prononcer non* mécredi*, mais* mercredi*, & c'étoit ainſi que la ſuite du ſens vouloit que l'on conclût.*

Il eſt vrai que pluſieurs prononcent & écrivent *mécredi*. D'autres tiennent que comme on eſt revenu de la prononciation trop délicate d'*abre* & de *mabre*, pour *arbre* & *marbre*, on doit auſſi prononcer *mercredi* & non pas *mécredi*, & par conſéquent l'écrire. Je croi l'un & l'autre bon. *Mécredi* eſt le plus doux; il eſt auſſi le plus uſité.

CCCCIV.

Le confluent de deux fleuves.

LA jonction ou le mélange de deux fleuves, lorsqu'un fleuve entre dans un autre, se dit fort bien, *le confluent de deux rivieres*, & c'est ce qui est cause qu'il y a tant de lieux en France qu'on appelle *Conflant*, c'est-à-dire, *confluent* ; mais de *confluent* on a fait *conflant*, qui est plus aisé & plus doux à prononcer. J'ose assurer qu'il n'y a point de lieu qui s'appelle ainsi, où il n'y ait une riviere qui entre dans l'autre. Mais il faut dire, *le confluent de deux rivieres*, au singulier, & non pas, *les confluens*, au pluriel, comme disent quelques-uns. Ce n'est pas qu'on ne le dise au pluriel, si l'on parle de *tous les confluens d'un Royaume*.

N O T E.

Quoique le lieu où une riviere se mêle dans l'autre, s'appelle *conflant*, on ne sauroit dire, *le conflant de deux rivieres*. Il faut toujours dire, *le confluent*.

E ij

CCCCV.

Commencer.

CE verbe dans la pureté de notre Langue demande toûjours (1) la préposition *à* après soi ; & pour bien parler François, il faut dire, par exemple, *il commence à se mieux porter*, & non pas, *il commence de se mieux porter* ; & cela est tellement vrai, que même au prétérit défini, à la troisiéme personne singuliere *commença*, il faut dire *à* après, & non pas *de*, comme disent les Gascons & plusieurs autres Provinciaux, & même quelques Parisiens, soit par contagion, ou pour adoucir la Langue, ôtant la cacophonie des deux *a*, ne se souvenant pas de cette maxime sans exception, qu'il n'y a jamais de mauvais son qui blesse l'oreille, lorsqu'un long usage l'a établi, & que l'oreille y est accoûtumée, ce que nous sommes obligez de répéter selon les occasions. Il ne faut donc jamais dire, *il commença de*, mais toû-

_____

(1) *Demande toûjours la préposition à*] J'ai toûjours été, & suis encore de cet avis.

jours , *il commença à* , même quand le verbe qui fuit commenceroit encore par un *a* , tellement qu'il faut dire , par exemple , *il commença à avouer* , & non pas , *il commença d'avouer*. Ce n'eſt pas qu'il ne le faille éviter tant qu'il eſt poſſible ; mais ſi par néceſſité , comme il ſe rencontre quelquefois , la naïveté de l'expreſſion oblige aux trois *à* de ſuite , il n'en faut point faire de ſcru-pule , parce que cette façon de parler étant naturelle, ne peut avoir que bon-ne grace , tant s'en faut qu'elle ſoit rude. Il eſt vrai qu'il y a des verbes qui régiſſent *à* & *de* , d'autres qui ne régiſſent que *de*, & d'autres qu'*à*, com-me celui-ci. Je remarquerai ceux de toutes les trois ſortes , à meſure qu'ils ſe preſenteront.

Par occaſion , puiſque nous parlons du verbe *commencer* , je dirai que plu-ſieurs Pariſiens doivent prendre garde à une mauvaiſe prononciation de ce verbe , que j'ai remarquée même en des perſonnes célebres à la Chaire & au Barreau. C'eſt qu'ils prononcent *commencer*, tout de même que ſi l'on diſoit *quemencer* , comme nous avons

remarqué ailleurs qu'ils difent aufli ;
ajetter pour *acheter* , & qu'ils pronon-
eent l'*r* fimple & douce comme double
& forte , & l'*r* double comme fimple ;
car ils difent *burreau* pour *bureau* , &
arêt pour *arrêt*. Athénes , le fiege &
l'oracle de l'Eloquence Grecque , ne
laiffoit pas d'avoir quelque vice particulier dans fa Langue , & Paris qui ne
lui en doit rien dans la fienne, n'eft pas
exempt aufli de quelques défauts par la
deftinée & la nature des chofes humai-
nes, qui ne fouffrent rien de parfait.

N O T E.

Monfieur Menage dit qu'on emploie
indifferemment *commencer à* , & *commen-*
cer de , & croit même qu'il fe trouve
plus d'exemples de cette feconde locution que de la premiere. Le Pere Bouhours avoue qu'après avoir cru long-
temps que c'étoit une faute de dire , *Il*
commença de fe mieux porter , il a changé
de fentiment en lifant plufieurs bons
livres , où il a trouvé *commencer de*. Il
en cite divers endroits qui font connoître que de fort habiles gens ne font
point perfuadez , comme Monfieur de
Vaugelas le prétend, que le verbe *com-*
mencer dans la pureté de notre Langue,
demande toujours la prépofition *à* après

foi. Il ne faut donc point faire de fcru-
pule de fe fervir de l'un & de l'autre,
particulierement au prétérit indéfini, afin
d'éviter la cacophonie des deux *à* qui
fe rencontre dans, *il commença à parler
fierement* : fur-tout, je ne voudrois jamais
dire, *il commença à avouer*. Il eft quelquefois très-commode de dire en vers
commencer de, mais comme le remarque
très-judicieufement le Pere Bouhours,
ce feroit une licence fort vicieufe que
de mettre dans un même vers *commencer* avec *de*, comme en celui-ci.

> *Il commença de vaincre auffi-tôt qu'à
> paroître.*

Je voi qu'on met auffi *de* & *à* après
le verbe *tâcher*. Il me femble que *de* eft
le meilleur, *tâcher de réuffir*, & qu'il doit
fuivre *effayer*, qui fignifie la même chofe,
& qui demande toujours *de*, *il effaya de
gagner fon amitié.*
   Obliger eft encore un verbe de même
nature. On dit également, *obliger de faire*, & *obliger à faire*. Il femble que quand
le pronom perfonnel eft joint avec ce
verbe, il demande plus ordinairement
la particule *à*, *il s'oblige à faire tout ce que
vous lui ordonnerez.* On dit, *je fuis obligé
de vous avertir*, & non pas *je fuis obligé
à vous avertir.* Il n'y a point en cela d'u-
fage certain, c'eft l'oreille qui décide.
   Plufieurs mettent *à*, après *forcer* & *con-*

traindre, *forcer à être cruel*; Il le contraignît à payer ce qu'il devoit. J'aimerois mieux mettre *de*, *forcer de faire*, *contraindre de faire*, quoiqu'on ne puisse blâmer ceux qui disent, *contraindre à faire*.

Le verbe *engager* me paroît demander *à*. *Je l'ai engagé à me servir*, *je m'engage à faire cela pour vous*. Beaucoup pourtant disent & écrivent, *engager de faire*, *s'engager de faire*. Je ne voudrois mettre *de* qu'afin d'éviter la cacophonie du parfait indéfini. *Il s'engagea d'aller*, pour ne pas dire, *Il s'engagea à aller*.

CCCCVI.

Demain matin, demain au matin.

Tous deux sont bons ; mais il faut dire, *jusques à demain matin*, & non pas, *jusques à demain au matin*, quoique l'on dise fort bien, *jusques à demain au soir*.

NOTE.

Demain matin se dit dans le discours familier, mais je ne crois pas qu'on le doive écrire, ni que *jusqu'à demain matin* ait droit d'exclurre *jusqu'à demain au matin*, qui est la plus correcte façon de parler. J'ai ouï demander s'il falloit dire *à cinq heures de matin* ou *du matin*. C'est

du matin qu'il faut dire , & ceux qu
écrivent *à cinq heures de matin* , *à cinq heu,*
res de foir , comme je l'ai vû fouvent écrit-
font une faute.

Monfieur Menage nous fait remarquer fur le mot *demain* , que l'ufage a
emporté un prefent pour un futur dans
cette phrafe. *Il eft demain fête.* Pour parler jufte , il faudroit dire , *il fera demain*
fête. On dit de même , *quelle fête eft-il*
demain , pour *quelle fête fera-t-il.*

CCCCVII.

Des participes actifs.

DANS la Remarque des gérondifs il
a fallu néceffairement parler des
participes , à caufe qu'une infinité de
gens les confondent l'un avec l'autre.
Mais après avoir fait voir que l'ufage
des gérondifs eft beaucoup plus fréquent en François que celui des participes , nous avons promis une Remarque particuliere fur ces derniers pour
en traiter à plein fond ; car j'ofe dire
que c'eft une des parties de notre
Grammaire qui a été auffi peu connue
jufqu'ici , & qui mérite autant d'être
éclaircie.

Il faut commencer par les deux verbes auxiliaires *avoir* & *être*. Jamais ils ne font participes, quand ils font la fonction du verbe auxiliaire, & qu'ils font joints à un autre verbe, comme *ayant été*, *ayant mangé*, *étant contraint*, *étant aimé*. Ils font toûjours gérondifs, & par conſequent ils ne reçoivent jamais d'*s*, & ne peuvent avoir de pluriel, parce que les gérondifs font indéclinables. D'où il s'enſuit que ceux qui écrivent, par exemple, *les hommes ayans vû*, *les hommes étans contraints*, comme font la pluſpart, n'écrivent pas bien. Il faut dire, *les hommes ayant vû*, *les hommes étant contraints*, ſans *s* après *ayant* & *étant*, à cauſe qu'ils font gérondifs, comme il ſe voit clairement par la conformité des autres Langues vulgaires avec la nôtre; car l'Italienne & l'Eſpagnole diſent, *havendo viſto*, *eſſendo coſtretti*, *haviendo viſto*, *ſiendo forçados*, ainſi que nous avons déja dit en la Remarque des gérondifs; & cette façon de parler par le gérondif avec le participe, eſt inconnue à la Langue Grecque & à la Latine, & n'appartient qu'aux Langues vulgaires.

Ces mêmes mots, *ayant* & *étant*,

doivent encore être confiderez fans participe après eux. Donnons-en des exemples , & parlons premierement d'*ayant* , fous lequel étant ainfi employé , tous les autres participes actifs feront compris , parce qu'ils fe gouvernent tout de même. *Ayant* eft donc gérondif de cettëfaçon,*les hommes ayant cette inclination* , & participe de cette autre forte ; *je les ai trouvez* (1) *ayans le verre à la main.* Mais voici une Remarque nouvelle & fort curieufe , dont je dois la meilleure partie aux Oracles de notre Langue , que j'ai confultez là-deffus. C'eft que le participe *ayant* n'a jamais de féminin, & que les autres participes actifs n'en ufent gueres. L'exemple en eft une preuve convaincante, *je les ai trouvées ayantes le verre à la main.*

---

(1) *Ayant le verre à la main*] A mon avis *ayant* au gerondif eft mieux qu'*ayant* au participe ; & *les hommes ayant cette inclination*, & *j'ai trouvé deux villageois ayant le verre à la main* , c'eft la même chofe. Il faut, autant qu'on peut , reduire toutes ces façons de parler au gérondif, parce que les participes font traînans. Au refte , *je les ai trouvez le verre à la main* , fans y mettre *ayant* ou *ayants* , eft beaucoup mieux dit.

Cette façon de parler seroit barbare & ridicule. Aussi de dire, *ayant le verre à la main*, cela ne se peut non plus, parce qu'*ayant* est masculin, & ne peut être féminin, n'y ayant point d'adjectif en notre Langue, comme presque tous les participes le font, qui se terminent en *ant*, dont le féminin au pluriel ne se termine en *antes*. Il faut donc necessairement (1) avoir recours au gérondif, quand il s'agit du féminin, soit au singulier, soit au pluriel, & dire en l'exemple que nous avons proposé, *je les ai trouvées ayant le verre à la main*, nonobstant l'équivoque d'*ayant*, qui se pourroit rapporter à *je*, aussi-bien qu'*aux femmes*, si le sens ne suppléoit à ce défaut, comme il fait souvent en toutes les Langues & dans les meilleurs Auteurs. Donnons un exemple des participes actifs aux autres verbes, *je les ai trouvées bûvantes & mangeantes*. Qui a jamais oüi parler comme cela ? Il faut dire, *je les ai trouvées bûvant & mangeant*, au gérondif, nonobstant l'équivoque qui est ôtée par le sens, & ne

(1) *Avoir recours au gerondif.* Cela confirme ce qui est dit ci-dessus.

peut même être rapporté à *je*, qu'en lui faisant violence, parce que *bûvant & mangeant* étant proches de *trouvées*, se doivent rapporter naturellement à *trouvées* pluſtôt qu'à *je*, qui en eſt fort éloigné.

Mais on objecte que l'on dit, *changeante, concluante, effrayante, remuante*, & une infinité d'autres de cette ſorte, dont le participe actif, comme *changeant, concluant, effrayant, remuant, &c.* a ſon féminin.

On répond que tout participe actif & paſſif doit être conſideré en deux façons, ou comme participe & adjectif tout enſemble, ou comme adjectif ſeulement. Or il n'eſt jamais participe au féminin, au moins dans le bel uſage, mais ſeulement adjectif, quoique l'on confeſſe qu'il vient du participe ; car s'il étoit participe au féminin, il régiroit ſans doute le même cas que régit le verbe dont il eſt participe, comme il fait au maſculin ; par exemple, on dit fort bien, *je les ai trouvez mangeans des confitures, bûvans de la limonade ;* mais on ne dira jamais en parlant des femmes, *je les ai trouvées mangeantes des confitures* , ni *buvantes de la limonade* , ni *ayantes le verre à la main* , comme nous avons dit.

Que fi l'on replique qu'il y a plufieurs de ces féminins qui régiffent le même cas que leurs verbes , comme , *ces étoffes ne font pas fort belles* , *ni approchantes de celles que je vis hier* , & *fon humeur eft tellement répugnante à la mienne* , *que* , &c. Car le verbe *approcher* , régit *de* , comme , *il n'approche pas de la vertu d'un tel* , & le verbe *répugner* , régit *à* , comme , *cela répugne à mon humeur* , & ainfi d'un grand nombre d'autres. On répond qu'il ne s'enfuit pas pour cela que *approchantes* , *répugnantes* , & leurs femblables , foient participes , parce qu'il y a plufieurs noms adjectifs , & particulierement les verbaux , c'eft-à-dire , ceux qui font formez des verbes , qui gardent le même régime des verbes dont ils font formez , ou dont ils approchent , quoiqu'ils ne foient point participes , & qu'ils n'en aient aucune marque , comme par exemple , *libre, vuide, conforme, femblable* , &c. Car on dira , *libre de tous foins, libre de faire ou de ne pas faire,*

vuide d'argent, *vuide de tous soins*, *con-*
forme ou *semblable à son modele*, qui sont
des régimes des verbes d'où ils viennent ou dont ils approchent.

Il y en a pourtant qui soutiennent
que ce participe actif féminin ne doit
pas être entierement banni de notre
Langue, quoique néanmoins ils demeurent d'accord que l'usage en est
très-rare, & que le gérondif mis en sa
place, sera meilleur sans comparaison.
Quand on leur accorderoit ce participe
féminin de la façon qu'ils le proposent,
il me semble qu'il n'y auroit gueres à
dire entre ces deux propositions, *qu'il*
n'est point du tout de la Langue, ou *qu'il*
en est de sorte, que l'usage en est très-rare,
& qu'encore en ce cas-là le gérondif est
beaucoup meilleur. Voici l'exemple qu'ils
apportent. On dira fort bien, disent-
ils, *cette femme est si pressante & si exa-*
minante toutes choses. Or *examinante* en
cet exemple, ne peut être que participe, puisqu'il régit après soi le même
cas que le verbe, qui est, comme nous
avons dit, la marque infaillible du
participe. On répond premierement
que l'usage n'est point de parler ainsi,

& que l'on dira pluſtôt, *cette femme eſt ſi preſſante, & examine tellement toutes choſes.* Secondement, on ne demeure point d'accord que cela ſoit bien dit, & tous ceux à qui je l'ai demandé, & qui en ſont bons Juges, condamnent abſolument (1) cette façon de parler.

Voici un exemple contraire, qui le fera voir encore plus clairement par la comparaiſon du participe maſculin avec le participe féminin, *ce ſont tous argumens concluans une même choſe.* Cela eſt fort bien dit, & *concluans* ici eſt participe ; mais *ce ſont toutes raiſons concluantes une même choſe,* ce ſera fort mal dit, & l'uſage eſt de ſe ſervir du gérondif, & de dire, *ce ſont toutes raiſons concluant une même choſe,* ou ce qui ſeroit beaucoup mieux, *ce ſont toutes raiſons qui concluent une même choſe* ; car c'eſt avec ce pronom relatif que notre Langue ſupplée au défaut du participe actif féminin, comme il ſe voit dans l'exemple que nous venons d'alleguer, & en celui-ci encore, *je les ai*

(1) *Condamnent abſolument cette façon de parler.*] Et en effet elle ne vaut rien.

trouvées

trouvées qui bûvoient & mangeoient, & ainſi en tous les autres.

Ce n'eſt pas que de dire, *ce ſont toutes raiſons concluantes*, ne ſoit très-bien dit, parce que là il eſt adjectif, & l'uſage parle ainſi; mais ſi l'on penſe en faire un participe qui régiſſe le nom comme ſon verbe, & dire, *ce ſont toutes raiſons concluantes une même choſe*, il ne vaut rien.

Il reſte à parler d'*étant*, quand il n'eſt pas auxiliaire. La pluſpart tiennent qu'il n'eſt jamais participe, & toûjours (1) gérondif, & qu'ainſi il faut dire, par exemple, *les François étant devant Perpignan*, & non pas *étans*. Quelques-uns eſtiment au contraire qu'*étans* ſe peut dire comme participe, quoiqu'ils ne nient pas qu'*étant* comme gérondif, n'y ſoit bon auſſi. De même ils ſoûtiennent que l'un & l'autre eſt bien dit, *les ſoldats étant ſur le point*, & *étans ſur le point*. Que ſi cela eſt vrai, au moins il n'a lieu qu'au ſeul cas de ces exemples; car *étant* ne peut être employé qu'en trois façons, ou comme verbe auxi-

_____

(1) *Et toujoursgerondif.*] Je ſuis abſolument de cet avis.

liaire , lorſqu'il eſt joint au participe paſſif ; par exemple , *étant aſſuré* , ou comme verbe ſubſtantif régiſſant un nom après ſoi , par exemple , *étant malade* , ou ſans participe & ſans nom , comme , *étant ſur le point.* Quand il eſt auxiliaire , nous avons déja fait voir qu'il ne peut être que gérondif. Quand il régit un nom , il eſt auſſi gérondif , & il n'eſt pas beſoin de dire *étans* , pour marquer le pluriel , parce que le nom le marque aſſez, comme lorſque l'on dit, *étant malades* , l's de *malades* montre bien qu'il eſt pluriel ſans mettre *ét.ins*. Il n'y a donc qu'un ſeul cas où l'on puiſſe mettre *étans* , qui eſt lorſqu'il n'a point de nom ni de participe après ſoi , comme quand on dit, *étans ſur le point.* Pour moi , je le trouve bon , parce-qu'il ſert toûjours à éloigner l'équivoque qui ſe peut rencontrer entre le pluriel & le ſingulier ; mais quand il ne fera point d'équivoque , j'aimerois mieux dire *étant* au gérondif.

Au moins il eſt bien certain qu'*étant* participe, n'a point de téminin , & que jamais on n'a dit *étante* , non plus qu'*ayante* , au féminin, ce qui n'eſt pas

un petit indice que les participes actifs
naturellement n'ont point de féminin,
& que tous les féminins que nous
voyons tirez de ces participes, sont
purement adjectifs, & ne tiennent rien
de la nature des participes actifs, que
leur formation.

NOTE.

Beaucoup de personnes qui s'attachent
à la pureté de notre langue, ne demeurent pas d'accord avec Monsieur de Vaugelas, que ces mots *ayant* & *étant*, soient
quelquefois participes, & qu'ils puissent
recevoir une *s* après eux. Ils veulent
qu'ils soient toujours gerondifs, & que
comme on dit, selon les exemples qu'il
apporte, les hommes *ayant cette inclina-*
tion, & non pas *ayans*, on dise aussi, *je*
les ai trouvez ayant le verre à la main,
& non pas, *ayans le verre à la main*. Ils
demandent pourquoi on en veut faire
un participe adjectif, seulement pour le
pluriel masculin, puisqu'*ayant*, & par
conséquent tous les autres participes qui
se gouvernent de même, ne sauroit
avoir de féminin, & qu'on ne dit point
d'une femme au singulier, *je l'ai trouvée*
ayante le verre à la main, ni de plusieurs,
je les ai trouvées ayantes le verre à la main.
Si on reçoit le gerondif pour le féminin, pourquoi fera-t-on scrupule de le

rece voir pour le masculin ? Pour connoître qu'*ayant* doit toujours être gerondif, même avec un masculin pluriel, on
n'a qu'à consulter son oreille. Si après
ayant il suit une voyelle & non pas une
consone, & qu'au lieu de ces mots, *le*
verre à la main, on trouve écrit *un verre*
à la main, il est certain qu'on pronon-
cera, *je les ai trouvez ayant un verre à la*
main, comme s'il y avoit, *ayan-t'un verre*
à la main, & non pas *ayan-z un verre à*
la main, comme s'il y avoitun *z* devant
un. Ce que j'ai entendu dire de plus fort
pour *ayans*, c'est comme si on disoit, *Je*
les ai trouvez ayant le verre à la main, on
ne sait si c'est moi qui avois le verre
à la main, lorsque je les ai trouvez.
J'avoue que cela cause une équivoque,
mais puisqu'il la faut souffrir necessairement dans le feminin, *Je les ai trouvées*
ayant le verre à la main, elle ne doit pas
faire plus de peine dans le masculin.
D'ailleurs si au lieu de *Je les ai trouvez*,
on dit, *nous les avons trouvez ayant le*
verre à la main, la même équivoque sub-
sistera, & on ne peut l'éviter qu'en
tournant la phrase d'une autre façon.
Toutes ces raisons me persuadent, qu'il
faut toujours dire, *ayant*, & non pas
ayans. Je suis de ce même sentiment
pour les autres verbes, & dirois, *ils*
choisirent ce parti, aimant mieux ceder de
bonne grace, &c. & non pas *aimans mieux.*
Etant, quand même il n'est pas auxi-

liaire, ne doit être regardé que comme
gerondif, & on ne dit point, *& les Soldats étans sur le point*, il faut dire, *étant
sur le point.*

CCCCVIII.

Courir sus.

CEtte façon de parler, soit dans le
propre ou dans le figuré, étoit
fort élégante du temps de M. Coëffeteau qui en use souvent ; mais aujour-
d'hui elle commence à vieillir. Nous
avons pourtant quelques-uns de nos
Auteurs modernes, & des meilleurs,
qui s'en servent encore. Ce qu'il y a à
remarquer pour ceux qui s'en voudront
servir, est de ne mettre pas le datif,
que *courir sus* régit devant le verbe,
mais après. Un exemple le va faire entendre. *Il ne faut pas courir sus aux affligez*, est bien dit ; mais si après avoir
parlé des affligez, je dis, *il ne leur faut
pas courir sus*, je parle mal, parce que
je mets *leur* qui est le datif, devant
courir sus, dont il est régi. C'est tout
de même qu'*aller au devant* ; car *aller
au devant de lui*, est fort bon, & *lui
aller au devant*, ne vaut rien.

NOTE.

Monſieur de la Mothe le Vayer, prétend que cette phraſe, *il ne faut pas leur courir ſus*, eſt auſſi bonne que, *il ne faut pas courir ſus aux affligez.* Monſieur Chapelain a dit ſur cette remarque, que *courir ſus* eſt une vieille phraſe, qui ſe conſerve comme en ſon vrai lieu dans les patentes, *il eſt enjoint de leur courre ſus.* Le datif eſt ici devant le verbe dont il eſt regi, ce qui eſt contraire à ce que Monſieur de Vaugelas veut que l'on obſerve. Cette façon de parler eſt vieille, & ceux qui écrivent bien ne s'en ſervent plus.

CCCCIX.

Voiſiné.

Voiſiné pour *voiſinage*, comme, *j'envoie des fruits à tout mon voiſiné*, pour dire, *à tout mon voiſinage*, eſt un mot Provincial, inſupportable à quiconque ſait la pureté de notre Langue.

NOTE.

M. Chapelain dit que *voiſiné* ne méritoit pas d'être marqué, tant il eſt peu connu dans cette terminaiſon.

C C C C X.

De façon que , de maniere que , de mode que , si que.

CEs deux premieres façons de parler, *de façon que* , *de maniere que* , sont Françoises à la vérité , mais si peu élégantes , qu'il n'y a pas un bon Auteur qui s'en serve ; & pour ces deux autres , *de mode que* & *si que* , elles sont tout-à-fait barbares , particulierement *si que* , bien que très-familier à plusieurs personnes qui sont en réputation d'une haute éloquence. Il faut dire , *si bien que* , *de sorte que* , ou *tellement que*. Il n'y a que ces trois qui soient employez par les bons Ecrivains.

N O T E.

Monsieur de la Mothe le Vayer , dit que Monsieur de Vaugelas met *de façon que*, qui est très-bon , en fort mauvaise compagnie , afin de le faire rebuter. Le Pere Bouhours ne condamne ni *de façon que* , ni *de maniere que* , au contraire il dit qu'ils sont aujourd'hui dans la bouche de plusieurs personnes , & que quelques-uns de nos bons Auteurs en usent.

Il cite Monſieur l'Abbé Regnier, qui emploie ſouvent *de maniere que* dans ſa Traduction de Rodriguez. *De ſorte que* eſt la manière de parler la plus uſitée, & je la préfererois *à tellement que*. On ne dit plus aujourd'hui, *ſi que*. On l'avoit pris de l'Italien *ſi che*.

CCCCXI.

Des prétérits de ces verbes, entrer, ſortir, monter, deſcendre.

C'Eſt une faute fort commune de conjuguer les prétérits de ces quatre verbes par le verbe auxiliaire *avoir*, au lieu de les conjuguer par le verbe ſubſtantif *être*. L'exemple le va faire entendre. Pluſieurs diſent, *il a été juſqu'à la porte, mais il n'a pas entré, mais il n'a pas ſorti*, au lieu de dire, *mais il n'eſt pas entré, mais il n'eſt pas ſorti*. De même ils diſent, *il a monté, il a deſcendu*, pour *il eſt monté, il eſt deſcendu*. Il faut obſerver la même choſe en tous leurs autres prétérits.

N O T E.

J'ai marqué en un autre endroit, ſelon l'obſervation de Monſieur Menage, qu'en qu'on dit fort bien, *Monſieur a ſorti ce matin*, pour dire *qu'il eſt ſorti & revenu*. Quoiqu'on diſe ordinairement, *il eſt monté*, le même Monſieur Menage fait voir par les exemples qui ſuivent, qu'on peut dire auſſi *il a monté*. *Auſſi-tôt que Madame eſt venue de la Meſſe, elle a monté en ſa chambre. Un tel Ecolier n'a pas monté en troiſiéme, il eſt demeuré en quatriéme; j'ai monté à cheval ſous Arnolfini.* Je croi qu'on diroit auſſi fort bien, *j'ai fait tout tout ce que j'ai pû pour le convaincre, mais il n'a pas bien entré dans la force de mes raiſons.*

CCCCXII.

Deux mauvaiſes prononciations qui ſont très - communes, même à la Cour.

L'Une de ces mauvaiſes prononcia-tions eſt de dire, *cheuz vous, cheuz moi, cheuz lui*, au lieu de dire, *chez vous, chez moi, chez lui*, & je ne puis comprendre d'où eſt venu cet *u* dans ce mot. L'autre, de prononcer une *ſ* ou un *z* après *on*, devant la voyelle du verbe qui le ſuit, comme, *on za* pour dire, *on a; on z-ouvre*, pour dire, *on ouvre; on z-ordonne*, pour dire, *on or-*

donne. Je ne rapporte pas des exemples des autres voyelles, parce que j'ai remarqué qu'en l'*e*, en l'*i* & en l'*u* on ne fait pas cette faute, & ilme semble que je n'ai point oui dire, *on z-eſtime* pour *on eſtime*, ni *on z-humeĉte* pour *on humecte.* Néanmoins je me pourrois bien tromper ; mais il ſuffit de ſoûtenir que c'eſt un vice de prononciation en toutes les cinq voyelles. Ce vice eſt d'autant moins excuſable, que la lettre *n* qui finit *on*, n'a pas beſoin du ſecours d'une autre conſonne pour ôter la cacophonie de la voyelle ſuivante, puiſqu'elle-même y ſuffit en ſe redoublant, comme nous avons dit en la Remarque de la lettre *h* : car on prononce *on a, on ouvre, on ordonne,* comme ſi l'on écrivoit, *on-n-a, on-n-ouvre, on-n-ordonne,* qui eſt la plus douce prononciation que l'on ſauroit trouver en ces mots-là, ſans en chercher une autre. Il y a encore quelques autres mauvaiſes prononciations que j'ai remarquées ailleurs; en voici encore une.

NOTE.

Il y en a qui prononcent e ncore *cheux*

vous , pour *chez vous* , ce qui eſt très-mal , mais perſonne ne dit plus , *on z'a* , *on z'ouvre* , pour dire , *on a* , *on ouvre*.

CCCCXIII.

De la lettre r , *finale des infinitifs.*

JE ne m'étonne pas qu'en certaines Provinces de France , particuliere-ment en Normandie , on prononce , par exemple , l'infinitif *aller* , avec l'*e* ou-vert , qu'on appelle , comme pour ri-mer richement avec l'*air* , tout de mê-me que ſi l'on écrivoit *allair* ; car c'eſt le vice du pays , qui pour ce qui eſt de la prononciation , manque en une in-finité de choſes. Mais ce qui m'étonne , c'eſt que des perſonnes nées & nourries à Paris & à la Cour , le prononcent parfaitement bien dans le diſcours or-dinaire , & que néanmoins en liſant ou en parlant en public , elles le pronon-cent fort mal , & tout au contraire de ce qu'elles font ordinairement ; car el-les ont accoûtumé de prononcer ces in-finitifs , *aller* , *prier* , *pleurer* , & leurs ſemblables , comme s'ils n'avoient point d'*r* à la fin , & que l'*e* qui précede l'*r* ,

fût un *e* masculin, tout de même que
l'on prononce le participe, *allé*, *prié*,
pleuré, &c. sans aucune différence,
qui est la vraie prononciation de ces
sortes d'infinitifs. Et cependant, quand
la plufpart des Dames, par exemple,
lisent un livre imprimé, où elles trouvent ces *r* à l'infinitif, non seulement
elles prononcent l'*r* bien forte, mais
encore l'*e* fort ouvert, qui sont les
deux fautes que l'on peut faire en ce
sujet, & qui leur sont insupportables
en la bouche d'autrui, lorsqu'elles les
entendent faire à ceux qui parlent ainsi
mal. De même la plufpart de ceux qui
parlent en public, soit dans la Chaire
ou dans le Barreau, quoiqu'ils aient accoûtumé de les bien prononcer en leur
langage ordinaire, font encore sonner
cette *r* & cet *e*, comme si les paroles
prononcées en public demandoient une
autre prononciation que celle qu'elles
ont en particulier, & dans le commerce du monde. Quand j'ai pris la liberté
d'en avertir quelques-uns de mes amis,
ils m'ont répondu qu'ils croyoient que
cette prononciation ainsi forte avoit
plus d'emphase, & qu'elle remplissoit

mieux la bouche de l'orateur & les oreilles des auditeurs ; mais depuis ils se font defabufez & corrigez , quoiqu'avec un peu de peine, à caufe de la mauvaife habitude qu'ils avoient contractée.

N O T E.

Il eft certain que lorfqu'on parle en public, on doit prononcer beaucoup de mots d'une autre maniere qu'on ne les prononce dans la converfation , mais cela ne regarde point les infinitifs des verbes en *er* , où il ne faut jamais faire trop fentir l'*r* finale. Dans le difcours familier on prononce *fthomme* , *fte femme*, & ce feroit une affectation vicieufe de dire *cet homme* , *cette femme*, quoique dans la Chaire on doive prononcer ainfi ces mots. Il y a pourtant d'excellens Predicateurs qui prononcent *ft'action* , *ft'habitude*, mais la plufpart prononcent entierement *cet* & *cette*. On prononce auffi dans le difcours familier *notre* & *votre*, fans y faire prefque fentir l'*r*, & l'on dit *notre deffein* , *votre refolution* , comme fi l'on écrivoit *note deffein* , *vote refolution*. Je connois une perfonne qui fe fait remarquer de tout le monde, à caufe qu'elle fait entierement fentir l'*r* dans ces deux mots. Comme il faut avoir une prononciation plus ouverte lorfque l'on parle en public , & fur-tout lorfqu'on recite des Vers, je croi qu'on doit prononcer *les hommes*, *mes amis*, & non pas *le-z-hommes*, *me-z-amis*, comme je l'entends prononcer à quelques-uns. Je dirois en parlant publiquement, *les François*, *l'Academie Françoise*, & dans la conversation, *les Français*, *l'Académie Française*. Ceux qui disent, *Saint Français*, parlent très-mal, on doit toujours prononcer *François*, quand c'est un nom de baptême.

CCCCXIV.

Quand il faut prononcer le D *aux mots qui commencent par* Ad, *avec une autre consonne après le* D.

IL y en a où il faut prononcer le *d*, & d'autres où il ne le faut pas prononcer, tellement que pour bien faire, il ne faudroit point mettre le *d* aux mots où il ne se prononce point. Aussi est-ce le sentiment de tous ceux qui s'y connoissent ; car à quel propos laisser un *d*, qui n'est là que comme une pierre d'achoppement pour faire broncher le Lecteur ? Par exemple en ces mots, *avenir*, *avis*, &c. pourquoi écrire *advenir*, *advis*, si ce *d* ne se prononce jamais ?

Prenons tous ces mots l'un après l'autre selon l'ordre du Dictionaire, afin de n'en oublier pas un.

Adjacent, *terres adjacentes*, le *d* se prononce.

Adjoindre, *adjoint*, *adjonction*, on prononce le *d*.

Adjourner, *adjournement*, le *d* ne se prononce point.

Adjoûter, il ne se prononce point. On le prononce dans la Ville, & mal, mais non pas à la Cour.

Adjuger, il ne se prononce point.

Adjudication, il se prononce au verbal, quoiqu'il ne se prononce pas au verbe.

Adjurer, *adjuration*, il se prononce.

Adjuster, *adjustement*, il ne se prononce point.

Admis, *admettre*, il se prononce.

Administrer, *administration*, il se prononce.

Admirer, *admiration*, *admirable*, & toute sa suite, il se prononce. Il n'y a que les Gascons qui disent, *amirer*, *amirable*, &c.

Admonester, *admonition*, il se prononce.

G iiij

Par où il se voit que le *d* se prononce toûjours devant l'*m*, sans exception ; car *admodier*, *admodiation*, que
l'on met avec un *d* dans les Dictio-
naires, n'en doivent point avoir, & il
faut écrire *amodier* & *amodiation*. Que
si l'on y mettoit un *d*, il faudroit dire,
que tous les mots qui commencent par
adm, & qui viennent du Latin, comme
sont tous ceux que nous avons marquez, veulent qu'on prononce le *d*,
mais non pas ceux qui ne viennent pas
du Latin comme *admodier*, *admodiation*, & *Admiral*, où il ne faut pas
prononcer le *d*.

Il est vrai qu'il faut non seulement
prononcer, mais écrire *Amiral* sans *d*,
Amirauté, de même, tant parce qu'à
la Cour on ne prononce jamais *Admiral* ni *Admirauté* avec le *d*, qu'à cause
de son étymologie, que Nicod rapporte doctement dans son Dictionaire,
& qu'il n'est pas besoin de transcrire ici.
Il suffit qu'il conclût lui-même qu'il
faut dire *Amiral*. *Advancer* ni *advan-
tage* ne doivent point être mis ici, parce qu'il les faut toûjours écrire sans *d*,
avancer, *avantage*.

Advenir, en tout fens, le *d* ne fe prononce point, ni en *advenement*, ni en *advenue*, ni en *advanture*, ni en *advanturier*.

Adverbe, *adverbial*, il fe prononce.

Adverfaire, il fe prononce.

Adverfité, il fe prononce.

Advertir, *advertiffement*, il ne fe prononce point.

Advis, *advifer*, *advifé*, il ne fe prononce point.

Advouer, *adveu*, il ne fe prononce point.

Advocat, *advocaffer*, il ne fe prononce point.

NOTE.

Cette remarque commence à devenir inutile, à caufe que dans la plûpart des Livres que l'on imprime aujourd'hui, on ôte le *d*, de tous les mots où il ne doit point fe faire fentir. Ainfi comme on trouve écrit *avenir*, *avis*, *avenue*, *ajourner*, *ajouter*, *ajuger*, *ajufter*, &c. on ne fauroit fe tromper à la prononciation de ces mots. Plufieurs font encore fentir le *d* dans *adverfité*, mais tout le monde prononce *averfaire*.

M. Menage obferve qu'on ne prononce plus le *d* dans *adjoint*, & que l'on écrit *ajoint*.

On ôte aussi l's, de tous les mots où
elle ne se prononce point, & l'on écrit
épée, avec un accent sur l'*é*, & non pas
espée. Cela empêche que les Etrangers
ne soient embarassez à savoir quand
il faut prononcer l's. Ils la prononcent
dans *esperance*, *esprit*, *espace*, parce qu'ils
l'y trouvent, & disent *étendue*, *éteindre*,
étude, sans *s*, parce qu'ils n'y en trouvent point. Si l'on écrivoit *espier* comme *espion*, & *descrire*, comme *description*,
comment sauroient-ils qu'il faut prononcer *épier* & *décrire* sans y faire sentir d's, & dire *espion*, *description* en faisant
sonner entierement l's ?

CCCCXV.

Chaire, chaise ou chaize.

L'Un & l'autre est bon, mais il ne
s'en faut pas servir indifféremment;
car on dit, *la chaire de saint Pierre*, *la
chaire du Prédicateur*, *chaire de Droit*,
& non pas *chaise*. Au lieu que l'on dit,
une chaise, & non pas *une chaire*, pour
s'asseoir au Sermon ou ailleurs, ou pour
se faire porter par la Ville. *Des chaises
de paille*, *aller en chaise*, *venir en chaise*,
porteurs de chaises, *louer des chaises*.

NOTE.

J'ai vû plusieurs ouvrages de poëfie, où l'on faisoit rimer *chaire* avec *affaire*, ce qui marque qu'il y a des Provinces où l'on prononce ce mot, comme on prononce le féminin de l'adjectif *cher*, *chere*. Cette prononciation est vicieuse. D'autres le font rimer avec *guerre*, ce qui est mal, quoique la prononciation de *chaire* en approche davantage.

CCCCXVI.

Vouloir pour *volonté*.

C'Est une chose ordinaire en notre Langue, aussi-bien qu'en la Grecque, de substantifier les infinitifs, comme, *le boire*, *le manger*, *&c.* mais de dire *le vouloir* pour *la volonté*, est un terme qui a vieilli, & qui n'étant plus reçû dans la prose, est néanmoins encore employé dans la poëfie par ceux même qui excellent aujourd'hui en cet art.

NOTE.

Monsieur de la Mothe le Vayer veut que *vouloir* pour *volonté* soit encore aussi bon & en Prose & en Vers qu'il fut jamais. Je ne le croi pas. C'est un terme qui a entierement vieilli , & aucun Poëte ne diroit aujourd'hui.

De ce Prince inhumain le vouloir abſolu.

Monſieur Chapelain dit ſur cette remarque , que *ſubſtantifier* , employé par Monſieur de Vaugelas , eſt un mot hardi ; mais bon en cet endroit , & qu'on ne diroit pourtant pas *adjectifier*. Ce ſont de ces mots que l'on appelle *factices* , & dont on ſe ſert pour mieux exprimer les choſes.

CCCCXVII.

Eperdûment , ingénûment , & des autres adverbes terminez en ment.

IL faut dire & écrire ainſi , & non pas *éperduement ingénuement* , comme l'écrivoient les Anciens , & encore aujourd'hui quelques-uns de nos Auteurs. Il eſt vrai que ces adverbes terminez en *ment* , ſe forment de l'adjectif féminin , ſoit participe ou non, comme , *aſſurément* vient d'*aſſurée* ; *effrontément* d'*effrontée* ; *poliment* & *infiniment* de *polie* & *infinie* ; & *abſolument* , *réſolument* d'*abſolue*,& de *réſolue*. C'eſt pourquoi les Anciens écrivoient, *assurée-ment*, *effrontéement*, *poliement*, *infinie-ment*, *absoluement* & *résoluement*, selon leur origine. Mais comme les Langues se polissent & se perfectionnent jusqu'à un certain point, on a supprimé pour une plus grande douceur l'*e*, comme on le supprime en ces mots, *agrément*, *remerciment*, *remercirons*, pour *agrée-ment*, *remerciement*, *remercierons*, &c. & cette suppression est mar-quée par ceux qui écrivent en met-tant un accent sur l'*é*, sur l'*î* & sur l'*û*, à savoir l'accent aigu sur l'*é*, com-me, *assurément*, & l'accent circonfléxe sur l'*î* & sur l'*û*, comme, *polîment*, *ab-solûment* ; & elle est marquée par ceux qui parlent, en prononçant cet *é*, cet *î* & cet *û* long, comme contenant le temps de deux syllabes réduites à une seule. Mais cette règle n'a lieu qu'aux adverbes qui se forment des féminins adjectifs, où l'*e* final est précédé d'une voyelle, comme sont tous ceux dont nous venons de donner des exemples.

Que si l'adjectif féminin n'a point de voyelle devant l'*e*, comme *courtoise*, *civile*, on n'élide rien, on ne fait qu'ajoûter *ment*, *courtoifement*, *civilement*, excepté en ce feul adverbe, *gentiment*, lequel néanmoins fe difoit autrefois, *gentillement*, dans là même règle des autres ; mais depuis on l'a rendu plus doux par l'abréviation. Et fi l'adjectif eft du genre commun, comme *brufque*, *fixe*, qui font mafculins & féminins, c'eft tout de même ; on ne fait auffi qu'ajoûter *ment*, & dire, *brufquement*, *fixement* ; & alors cet *e* eft bref, parce que la raifon qui le fait long aux autres, vient à ceffer en celui-ci, & il faut prononcer *civilement*, *courtoifement*, *brufquement*, *fixement*, d'un *e* bref & ouvert, & non pas *civilément*, *fixément* d'un *é* long & fermé, au mafculin.

Il y a pourtant quelque exception en certains mots, que l'ufage ou l'abus a fait longs contre la raifon & leur origine, comme, *communément*, *expreffément*, *commodément*, *extremément*, *conformément*, & peut-être encore quelques autres, mais peu, qui fe formant de *commune*, *expreffe*, *commode*, *extrême*, *conforme*, doivent de leur nature avoir l'e bref, & non pas long.

Il refte à parler des adverbes formez

des adjectifs féminins qui se terminent en *ante* ou *ente*. *Puissamment* se fait de *puissante*, *insolemment* d'*insolente*, & à cause de cela les Anciens disoient, *puissantement*, *insolentement*, *excellentement*, *ardentement*; mais à mesure que la Langue s'est perfectionnée, on a changé ces trois lettres *nte* en *m*, & l'on a dit, *puissamment*, *insolemment*, *excellemment*, qui dans cette abréviation a beaucoup plus de grace & de douceur, & les autres ne se disent plus, mais passent pour barbares. Par tout ce discours il se voit que tous les adverbes terminez en *ment*, se forment des adjectifs féminins, comme j'ai dit, & non pas des masculins, comme quelques-uns de nos Grammairiens ont crû & publié dans leurs Grammaires.

N O T E.

Je n'ai remarqué que deux adverbes, formez d'ajectifs féminins, en *ente*, qui ne changent point ces trois lettres *nte*, en *m*, mais qui ajoutent *ment*, au féminin. C'est *présentement* & *lentement*, qui se font de *présente* & de *lente*. Il faudroit dire *présemment* & *lemment*, s'ils se formoient comme *récemment*, qui vient de *récente*, & ainsi de tous les autres.

Monsieur Menage observe sur cette remarque, que Monsieur de Vaugelas, qui a fort bien décidé qu'il falloit dire *communément*, *expressément*, *conformément*, avec un *é* long, s'est trompé lorsqu'il a dit, qu'il falloit aussi dire *extrémément*. Il est certain qu'il faut prononcer *extrémement*, & que l'*e*, est bref dans la penultiéme de cet adverbe.

Le Pere Bouhours ajoute à cette observation, que ce qui fait qu'on prononce *extrémement*, & non pas *extrémément*, c'est qu'il vient d'un adjectif qui au masculin a un *e* muet à la fin, *extreme*, *extremement*. Il fait voir que quand l'adjectif masculin a un *é* fermé à la fin, l'adverbe qui lui répond, a aussi un *é* fermé devant *ment*; *aisé*, *aisément*; *demesuré*, *demesurément*; *aveuglé*, *aveuglément*. C'est par-là, qu'on dit *assurément* avec un *e* fermé devant *ment*, parce qu'il vient d'*assuré*, & *surement* avec un *é* muet devant *ment*, parce qu'il vient de *sûr*. Il observe encore que l'on prononce de même, quand l'adjectif d'où vient l'adverbe, a une *s* à la fin. Ainsi l'on dit, *expressément*, *précisément*, *confusément*, parce que les adjectifs masculins, *exprès*, *précis* & *confus*, se terminent par une *s*. *Profondément*, *conformément*, *communément* sortent de la règle, puisque les adjectifs masculins *profond*, *conforme*, *commun*, ne se terminent, ni par un *é* fermé ni par une *s*.

CCCCXVIII.

CCCCXVIII.

Ouvrage.

SOit que l'on se serve de ce mot pour signifier quelque production de l'esprit, ou de la main, ou de la nature, ou de la fortune, il est toûjours masculin, comme, *il a composé un long ouvrage, un ouvrage exquis, c'est le plus bel ouvrage de la nature, c'est un pur ouvrage de la fortune.* Mais les femmes parlant de leur ouvrage, le font toûjours (1) féminin, & disent, *voilà une belle ouvrage, mon ouvrage n'est pas faite.* Il semble qu'il leur doit être permis de nommer comme elles veulent ce qui n'est que de leur usage ; je ne crois pas pourtant qu'il nous fût permis de l'écrire ainsi.

N OT E.

La plûpart des femmes ne se contentent pas de faire *ouvrage* féminin, elles donnent ce même genre à *orage*, & disent, *voilà une grande orage.* Celles qui parlent bien font ces deux mots masculins, & disent, *mon ouvrage est achevé; il y a eu cette nuit un grand orage.* Il y en a quelques-unes qui font aussi *gages* féminin, *je lui donne de grosses gages.* C'est la même faute.

(1) *Le font toujours féminin.*] Amadis liv. 2. ch. 14. dit , *Un coffret damasquin la plus excellente du monde.* Cela fait voir qu'on parloit & qu'on écrivoit autrefois ainsi. Néanmoins je suis de l'avis de l'Auteur.

CCCCXIX.

Mettre.

ON dit par exemple , *allez-vous-en chez un tel , & ne mettez gueres ,* pour dire , *& ne soyez pas long-temps ,* ou *ne demeurez gueres.* A la vérité cette façon de parler est Françoise , mais si basse , que je n'en voudrois pas user , même dans le style médiocre , ni dans le discours ordinaire ; & de fait j'ai vû des femmes de la Cour, qui l'entendant dire à des femmes de la Ville , ne le pouvoient souffrir comme une phrase qui n'est point usitée parmi ceux qui parlent bien ; car c'est une maxime , comme j'ai dit ailleurs , que tous les mots & toutes les façons de parler qui sont basses , ne se doivent jamais dire en parlant , quoiqu'il y ait beaucoup plus de liberté à parler qu'à écrire. Il y a une certaine dignité, même dans le langage ordinaire & familier, que les honnêtes gens sont obligez de garder, comme ils gardent une certaine bienséance en tout ce qu'ils exposent aux yeux du monde.

NOTE.

Ne mettez gueres, pour, *ne soyez pas long-temps*, ne se dit plus du tout, que par le bas peuple.

CCCCXX.

Fureur, furie.

QUoique ces deux mots signifient une même chose, cependant il ne les faut pas toûjours confondre, parce qu'il y a des endroits, où l'on use de l'un, que l'on n'useroit pas de l'autre. Par exemple, on dit *fureur poëtique, fureur divine, fureur martiale, fureur heroïque*, & non pas, *furie poëtique, furie divine, &c.* Au contraire on dit, *durant la furie du combat, la furie du mal, courre de furie, donner de furie*, & l'on ne diroit pas, *la fureur* (1) *du combat, la fureur du mal, courre de fureur*,

(1) *La fureur du combat.*] Je croi qu'on peut dire *la fureur* & *la furie du combat*.

H ij

donner de *fureur*. Il femble que le mot de *fureur*, dénote davantage *l'agitation violente du dedans*, & le mot de *furie*, *les actions violentes du dehors*. Il y a auffi cette difference, que *fureur* fe prend quelquefois en bonne part, comme *fureur poëtique, fureur divine*, & les deux autres épithetes que nous avons nommez enfuite; & *furie*, fe prend ordinairement en mauvaife part. On dit neanmoins l'un & l'autre en parlant des animaux, & même des chofes inanimées, comme, *le lion fe lance en fureur*, ou *en furie, la fureur & la furie des bêtes farouches; la fureur & la furie de la tempête, des vents, de la mer & de l'orage.*

La lecture attentive des bons Auteurs fuppléera au défaut de cette Remarque, & apprendra quelles font les phrafes, où l'on fe doit fervir de l'un & non pas de l'autre, & où l'on fe peut fervir de tous les deux. Il fuffit d'avertir qu'on y prenne garde.

NOTE.

Monfieur de la Mothe le Vayer prétend qu'on dit également bien, *la fureur du combat* & *la furie du combat*. Il approuve auffi *la fureur du mal*. Je croi comme lui que *fureur* en ces endroits, n'est pas moins bon que *furie*.

CCCCXXI.

Gentil, gentille.

CEt adjectif *gentil*, a *gentille* au feminin, qui ne se prononce pas comme *ville*, mais comme *fille*, avec deux *ll*, liquides, & semblables à celles des Espagnols; ce qui est tout particulier à ce mot, n'y en ayant aucun autre de la terminaison de *gentil*, qui prenne deux *ll*, au feminin, & les fasse prononcer comme *fille*; car on dit *subtil*, & *subtile*, & non pas *subtille*; *civil*, & *civile*, & non pas *civille*; *vil* & *vile*, & non pas *ville*. Il est vrai qu'il y a peu d'adjectifs terminez en *il*, & que la plufpart de ceux qui ont *ilis* en Latin, prennent *ile*, en François. Et la difference qui s'y trouve vient de la longueur, ou de la briéveté de la penultiéme syllabe; car tous ceux qui en la Langue Latine d'où ils viennent, ont la penultiéme syllabe breve, comme *fertilis*, *utilis*, en notre Langue prennent un *e*, apres l'*l*, & l'on dit *fertile*, *utile*, mais lorsqu'au Latin, la penultiéme syllabe est longue, comme en ces mots *subtilis*, *gentilis*, *civilis*, il les faut dire en François sans *e*, *subtil*, *gentil*, *civil*. Il en faut excepter *servile*.

NOTE.

La prononciation de *gentille* au feminin, me persuade que le masculin *gentil*, se prononce comme *peril*. Je sai que devant une consonne on prononce *gentil*, comme s'il y avoit *genti*, *un genti garçon*, & qu'il ne garde point l'*l*, comme *civil*, *subtil* & *vil* la conservent; mais devant une voyelle, il me paroît qu'on le prononce comme on prononce les mots qui ont deux *ll* liquides, & qu'on les fait sentir dans *un gentil enfant*, de la même sorte que dans *une fille aimable*. Le mot de *gentil-homme*, en est une preuve : on le prononce comme si on écrivoit *gentill-homme*, avec deux *ll*, liquides, & l'on parleroit mal en prononçant *gentil-homme*, comme l'on prononce *un subtil homme*. Cette *l*, liquide se perd au pluriel, & l'on dit des *gentils-hommes*, comme s'il n'y avoit poit d'*i*, & qu'on écrivît *des gentis-hommes*.

Le P. Bouhours observe que *gentil*, étoit autrefois un mot élegant, que nos Anciens employoient par tout, *le gentil Rossignol*, *le gentil Printemps*, *un gentil exercice une gentille entreprise*; mais qu'aujourd'hui, non seulement on n'en use point dans les

Livres, mais qu'on ne le dit pas trop serieusement dans la conversation. On peut dire d'une femme, *elle n'est ni jeune, ni gentille.* On dira aussi, *c'est un gentil esrit, un gentil Cavalier. Vous êtes gentil,* signifie *vous êtes plaisant.* Le même Pere Bouhours qui a rapporté tous ces exemples, dit que *gentillesse,* peut trouver sa place dans un discours, *la gentillesse de ses mœurs lui avoit acquis l'amitié des François. Vous ne demandez pas des Instructions nues & seches, sans gentillesse, & sans ornement.* Quelques-uns disent, *des gentillesses d'esprit* & on emploie ce mot dans le propre, pour dire de petites choses jolies. *Il a acheté mille gentillesses à la Foire.*

CCCCXXII.

Jumeau, gemeau.

NOnobstant l'origine de ce mot qui vient de *gemellus,* il faut prononcer & écrire *jumeau,* & non pas *gemeau,* pour dire l'un des enfans qui sont nez d'une portée. Que si c'est une fille, on l'appellera *jumelle.* On dit, *ils sont freres jumeaux, il est jumeau, ce sont deux jumeaux, deux freres jumeaux, c'est une jumelle, une cerise jumelle.* Mais quand on parle d'un des signes du Zodiaque,

il faut prononcer & écrire, *gemeaux*, &
non pas *jumeaux*.

CCCCXXIII.
Transfuge.

CE mot eſt nouveau, mais reçu a-
vec applaudiſſement, à cauſe de
la neceſſité que l'on en avoit, parce
que nous n'en avions point en notre
Langue qui exprimât ce qu'il veut dire, & qu'il faloit uſer d'une longue
circonlocution; car *déſerteur*, ni *fugitif*,
n'eſt point cela, on peut être l'un &
l'autre ſans être transfuge. *Transfuge*,
comme en Latin, *Transfuga*, eſt quiconque quitte ſon parti pour ſuivre celui des Ennemis.

NOTE.

Transfuge, qui étoit nouveau du temps de
Monſieur de Vaugelas, s'eſt entierement
établi dans notre langue.

CCCCXXIV.

CCCCXXIV.

Fortuné.

Tantôt *fortuné*, signifie *heureux*, & tantôt *malheureux*. Quand il signifie *heureux*, il est plus noble que le mot d'*heureux*, & n'est pas tant du langage familier. On dit, *un Prince fortuné, un Amant fortuné, les Isles fortunées* ; mais dans la signification de *malheureux* il est bas, comme, *ce pauvre fortuné.*

NOTE.

Monsieur de la Mothe le Vayer, dit que *fortuné*, pour *malheureux*, n'est pas bas ; mais que beaucoup de personnes le tiennent mauvais en cette signification. Le Pere Bouhours a raison de dire, qu'on ne le dit plus en mauvaise part.

CCCCXXV.

Si, pour avec tout cela & outre cela.

ON se servoit autrefois de cette particule *si*, avec beaucoup de grace, ce me semble. Par exemple on disoit, *j'ai fait tout ce que j'ai pû, j'ai remué Ciel & terre, & si je n'ai pû en*

Tome III.   I

REMARQUES

venir à bout, pour dire, *& avec tout
cela je n'ai pû en venir à bout ;* mais aujourd'hui on ne s'en sert plus, ni en
prose ni en vers.

On en usoit encore en un autre sens
un peu différent du premier, pour dire,
non pas *avec tout cela*, mais *outre cela*,
comme il se voit encore dans les écri-
teaux des chambres garnies de Paris,
où l'on ajoute d'ordinaire à la fin, *& si,
l'on prend des pensionnaires,* c'est-à-dire,
& outre cela on prend des pensionnaires.
Mais aujourd'hui ce terme est encore
plus bas & plus vieux que l'autre.

N O T E.

Monsieur Chapelain dit, qu'on se sert
encore de *si*, en parlant & demeurant
un peu sur le *si*, pour dire *avec tout cela*,
mais qu'il est très-bas. Selon Monsieur de
la Mothe le Vayer, *si*, pour *& de plus*,
est en usage, & aussi bon qu'il fut jamais.
On ne le dit plus dans aucun de ces deux
sens, si ce n'est parmi le peuple. *Si fait* &
non fait, pour dire, *cela est, cela n'est pas,*
sont de mauvais termes, dont ceux qui
ont quelque soin de bien parler, ne se doivent point servir.

CCCCXXVI.

Geſtes.

CE mot au pluriel , pour dire , *les faits mémorables de la guerre,* commence à s'apprivoiſer en notre Langue, & l'un de nos plus célebres Ecrivains l'a employé depuis peu en une très-belle Epître liminaire , qu'il adreſſe à un grand Prince. Que ſi l'on s'en ſert en ces endroits-là qui ſont ſi éclatans, & où l'on ne s'émancipe pas comme dans le cours d'un grand ouvrage, d'uſer de mots encore douteux , il y a apparence que dans peu de temps il s'établira tout-à-fait. Ce n'eſt pas tant un mot nouveau qu'un vieux mot que l'on renouvelle & que l'on remet en uſage; car vous le trouvez dans Amyot & dans les Auteurs de ſon temps; mais j'apprens qu'il y a plus de cinquante ans que l'on ne l'a dit que par raillerie, *ſes faits & geſtes.* On mettoit toûjours *faits* devant , comme pour l'expliquer, ou lui ſervir de paſſeport. Il ne faudroit pas en uſer ainſi maintenant , ſi ce n'eſt que l'on répétât le pronom , en diſant, *fes faits & fes geftes* , & non pas *fes faits & geftes* , qui paſſeroit encore pour raillerie.

Au reſte , ceux qui s'en voudront ſervir deſormais pour *les faits remarquables de guerre* , ſe ſouviendront qu'il eſt plus du haut ſtyle que de l'ordinaire, *les geftes* (1) *d'Alexandre le Grand.* Je ſuis obligé d'ajoûter ce que j'ai vû , que la pluſpart ont de la peine à approuver ce mot-là ; & ainſi je ne voudrois pas me hâter de le dire , juſqu'à ce que le temps & l'uſage nous l'ayent rendu plus familier.

N O T E.

Voici ce qu'a écrit Monſieur de la Mothe le Vayer ſur le mot de *geftes.* Les geftes *que Monſieur de Vaugelas ne peut ſouffrir , ont toûjours été un très-beau mot , & qui ſignifie autant que* hautes *ou* grandes & héroïques actions, *comme quand je dis ,* les geftes *d'Alexandre le Grand. Si je ne diſois que les actions d'Alexandre le Grand , cela ne ſignifieroit preſque rien , & ſe pourroit entendre de ſes moindres actions auſſi - bien que des plus relevées.*

Quoique Monſieur de la Mothe le Vayer défende le mot de *geftes* , l'uſage ne nous l'a pas rendu plus familier qu'il l'étoit du temps de Monfieur de Vaugelas. On ne l'emploie gueres que dans le burlefque.

(1) *Les geftes d'Alexandre.*] S'il peut paffer c'eft en cet endroit, mais à mon avis il ne fe dit qu'en raillerie.

CCCCXXVII.

Si Fuir *à l'infinitif & aux prété-rits défini & indéfini de l'indicatif, eft d'une fyllabe ou de deux.*

J'Ai vû plufieurs fois agiter cette queftion parmi d'excellens efprits. Il n'y a que les Poëtes (1) qui y prennent interêt, & qui voudroient tous que *fuir* à l'infinitif, & *je fuis* au prétérit défini, & *j'ai fui* au prétérit indéfini, ne fuffent que d'une fyllabe, parce qu'ils ont fouvent befoin de ce mot-là, & que de le faire de deux fyllabes, il eft languiffant, & fait un mauvais effet, appellé par les Latins *hiatus,* qui eft un fi grand défaut parmi la douceur & la beauté de la verfification,

(1) *Il n'y a que les Poëtes.*] La queftion regarde auffi la profe pour éviter la mefure des vers.

qu'ils aimeroient mieux se passer de le
dire , que de le faire de deux syllabes ;
c'est pourquoi ils opiniâtrent tant, qu'il
n'est que d'une ; car pour ceux qui
parlent ou qui écrivent en prose , il
leur importe peu qu'il soit d'une ou de
deux , parce que dans la prononciation
on a peine à distinguer de quelle façon
on le fait ; & dans la prose il n'y a que
l'orthographe très - exacte qui puisse
déclarer cela , en mettant deux points
entre l'*u* & l'*i* ou l'*y* , *fuir* , *je fuis*, *j'ai*
fuy, lesquels étant oubliez , ne seroient
pas remarquez pour une faute.

Le sentiment de tous les bons Grammairiens est que *fuir* , *je fuis* , *j'ai fui* ,
sont (2) de deux syllabes, & ils se fon-

(2) *Sont de deux syllabes.*] Je ne suis point
de cet avis, & à l'oreille ils ne sont que
d'une syllabe : la même raison, qui fait *fuis*
d'une syllabe en toutes les personnes du
présent de l'indicatif , veut aussi qu'on les
fasse d'une syllabe à l'infinitif , & aux deux
prétérits. En ce verbe comme presque en
tous les autres , l'*U* & l'*I* & l'*Y* ne font
qu'une syllabe, quand ils se suivent ; comme *je suis* du verbe *être* , & du verbe *suivre*,
& *je cuits* : Qui a jamais prononcé *cuire* &
nuire de trois syllabes , *puis* , *nuis* , & autres ?

dent fur des raifons convaincantes.
Parlons premierement des prétérits , à
caufe qu'ils ont des raifons particulieres
qui ne conviennent pas à l'infinitif,
comme l'infinitif en a auffi qui ne conviennent pas aux prétérits.

La premiere eft qu'en toutes les Langues, comme en la nôtre, les temps des
modes qu'ils appellent , ou des conjugaifons (car il faut neceffairement ufer
ici des termes de la Grammaire) fe di-
verfifient toûjours autant qu'il fe peut.
Par exemple , on dit en Latin en la
premiere perfonne du préfent de l'indicatif *amo* , en celle de l'imparfait ,
amabam , au parfait , *amavi* , au pluf-
que-parfait , *amaveram* , & au futur ,
amabo. De même au Grec , τύπτω ,
ἔτυπτον, τέτυφα, ἐτετύφειν, τύψω , & ainfi
en toutes les Langues vulgaires, dont
il feroit ennuyeux & fuperflu de rapporter des exemples. Pourquoi donc (1)

(1.) *Pourquoi donc faudra-t-il ?*] Parce que
l'oreille le veut ainfi , & que *fuir* de deux
fyllabes eft fi traînant qu'on ne le pourroit
fouffrir, & dans la prononciation on ne le
fait que d'une fyllabe. Il y a des irrégula-
ritez dans toutes les Langues.

faudra-t-il que cette règle ſi générale ,
ſi naturelle & ſi raiſonnable de la diverſité des temps , qui fait la clarté ,
la richeſſe & la beauté des Langues ,
n'ait pas lieu en ce verbe *fuir* , au prétérit défini , *je fuis* , puiſqu'elle le peut
avoir en faiſant *je fuis*, au préſent d'une
ſyllabe , & *je fuis* , au prétérit, de deux?
En ces matieres l'analogie eſt un argument invincible , dont les plus grands
hommes de l'antiquité ſe ſont ſervis
toutes les fois que l'Uſage n'avoit pas
décidé quelque choſe dans leur Langue. *Analogiam* , dit un grand homme , *loquendi magiſtram ac ducem ſequimur ; hæc dubiis vocibus moderatur ,
aut veteribus , aut ſi quæ noſtro aliis-ve
ſæculis naſcuntur.* Et Varron qu'on appelle le plus ſavant des Romains , eſt
dans ce même ſentiment , qu'il établit
par des raiſons admirables. Mais outre
ce rapport général que les verbes ont
entre eux , il y a encore une analogie
toute particuliere entre ce verbe *fuir* ,
& deux autres verbes de la même conjugaiſon , & compoſés de même nombre de lettres ; ce qui confirme entierement notre opinion , & ne laiſſe plus

aucun lieu de repliquer. Ces deux verbes (1) font *oüir* & *haïr*, qui font de
deux fyllabes à l'infinitif, au prétérit
défini & au prétérit indéfini, & ne font
que d'une fyllabe au préfent de l'indicatif ; car on dit, *oüir*, *j'oüis*, *j'ai oüi*,
j'ois ; *haïr*, *je haïs*, *j'ai haï*, & *je hais*.
Pourroit-on trouver au monde deux
exemples plus parfaits, plus conformes
& plus convaincans ni concluans que
ceux-là ?

Mais comme j'écrivois ceci, un des
plus beaux efprits de ce temps à qui je
le communiquai, ne voulut pas néanmoins fe rendre à la force de ces raifons, qu'on pourroit appeller démonf-
trations. Pour toute défenfe, il ne leur
oppofa que l'*Ufage*, qui, à ce qu'il
foutint, ne fait *fuir* ni tous fes autres
temps dont il s'agit, que d'une fyllabe.
A cela je répondis que fi l'*Ufage* ne le
faifoit que d'une fyllabe, il n'y avoit

---

(4) *Oüir & haïr.*] Ces deux verbes font de
deux fyllabes à l'oreille & à la prononciation,
aux deux prétérits & à l'infinitif, & *j'ois*
du prefent fe prononce d'une feule fyllabe,
comme *Rois*, *bois*, *boire*, où l'*oi* ne fait
qu'une fyllabe.

rien à dire, que ces Remarques étoient
pleines de l'entiere déférence qu'il falloit rendre à l'Ufage, au préjudice de
toutes les raifons du monde. Mais c'eſt
la queſtion de favoir fi l'Ufage les fait
d'une ou de deux fyllabes ; car s'il l'a-
voit décidé, il n'y auroit plus de doute, & de le mettre aujourd'hui en queſtion, eſt une preuve infaillible qu'il ne
l'a pas décidé ; car il faut confiderer
qu'encore que l'Ufage foit le maître
des Langues, il y a néanmoins beaucoup de chofes où il ne s'eſt pas bien
déclaré, comme nous l'avons fait voir
en la Préface par plufieurs exemples
qui ne peuvent être contredits. Alors
il faut néceſſairement recourir à la raifon qui vient au fecours de l'ufage. Par
exemple, en ce mot *fuir*, non plus qu'en
tous les autres mots de cette nature, on
ne peut découvrir l'Ufage qu'en trois
façons, en la prononciation, en l'orthographe & en la mefure des vers.
Pour la prononciation, on ne fauroit
difcerner fi on le fait d'une fyllabe ou
de deux. Pour l'orthographe, on le
pourroit connoître par les deux points
qu'il faudroit mettre fur l'*u* ou fur l'*i*,

en écrivant *fuïr* ainſi ; car ces deux
points marquent toûjours deux ſyllabes ; mais les Imprimeurs ni les Auteurs ne ſont pas ſi exacts. Et pour la
meſure des vers , les Poëtes n'en doivent (1) pas être Juges , parce qu'ils
ſont parties , & n'ont garde de le faire
que d'une ſyllabe. La raiſon en eſt évidente. *Fuir* eſt un mot dont ils peuvent
ſouvent avoir beſoin , ſoit à l'infinitif ,
ſoit au prétérit ; c'eſt pourquoi ayant
à s'en ſervir , ils ne manqueront pas de
le faire d'une ſyllabe , & ne le feront
jamais de deux , à cauſe de cet entre-
bâillement que font les voyelles *u* & *i*,
ſéparées , & que la douceur de notre
poëſie ne peut ſouffrir , qui par cette
même raiſon bannit la rencontre des
voyelles en deux mots différens. Ils ne
devroient pas pourtant trouver *fuïr* de
deux ſyllabes plus rude que *ruïne* &
bruïne , où l'*u* & l'*i* font deux ſyllabes
diſtinctes.

(1) *Les Poëtes n'en doivent pas.*] Les
Poëtes qui font *fuir* d'une ſyllabe, font *oüir*
& *haïr* de deux , par les raiſons ci-deſſus.
Il en eſt de même de *ruine* & *bruine* dont
l'Auteur parle enſuite.

Nous avons donc fait voir que *je fuïs* au prétérit défini eſt de deux ſyllabes. S'il l'eſt au prétérit défini, il l'eſt auſſi au prétérit indéfini, *j'ai fuï*, parce qu'en toutes les quatre conjugaiſons des verbes, ſoit réguliers, ſoit anomaux, je vois que jamais ces deux prétérits n'ont plus de ſyllabes l'un que l'autre, ſi ce n'eſt en un ſeul, qui eſt *mourus* & *mort* ; mais encore, dit-on, *je ſuis mort*, à l'indéfini, comme on dit, *je mourus*, au défini, & ainſi ils ſe peuvent dire égaux en ſyllabes.

Maintenant pour l'infinitif, il s'enſuit par l'analogie des verbes, que le prétérit défini étant de deux ſyllabes, comme nous avons fait voir, l'infinitif ne peut pas être d'une ſyllabe, parce qu'en toutes nos conjugaiſons, régulieres ou anomales, il n'y a pas un ſeul verbe ſans exception, dont l'infinitif ne ſoit ou égal en ſyllabes avec le prétérit défini, ou plus long, comme en la premiere conjugaiſon terminée en *er*, *aimer*, *aimai*, en la ſeconde terminée en *ir*, *ſortir*, *ſortis*, en la troiſiéme terminée en *oir*, *prévoir*, *prévis*, & quelquefois plus long, comme *ſavoir*, *sçus*, & enfin en la quatriéme terminée en *re*, *perdre*, *perdis*, *faire*, *fis*, *croire*, *crus*. Il en est ainsi de tous les anomaux.

N O T E.

Il est certain que *haïr* & *oüir* sont tous deux de deux syllabes. Peu de personnes font *fuïr* de deux, non pas même au prétérit indéfini. Il n'y a rien de plus languissant qu'un vers, où ce verbe est compté pour deux syllabes, comme en celui-ci.

On doit fuïr l'amour comme 'une rude peine,

Ce que dit Monsieur de Vaugelas que si *fuïr* est de deux syllabes au prétérit défini, il doit l'être aussi au prétérit indéfini, est mal fondé sur la raison qu'il en donne. Il prétend qu'en toutes les quatre conjugaisons des verbes, soit réguliers, soit anomaux, jamais les deux prétérits n'ont plus de syllabes l'un que l'autre. Cela n'est pas vrai dans les verbes, *nuire*, *conduire*, *produire*, *réduire*. Le prétérit défini, *j'ai nui*, n'a qu'une syllabe, & l'indéfini, *je nuisis*, en a deux. Il n'y en a que deux dans *j'ai conduit*, *produit*, *réduit*, & il y en a trois dans *je conduisis*, *je produisis*, *je réduisis*.

S'enfuir fait au prétérit défini, *je me suis enfui*. Quelques-uns disent, *ils s'en sont enfuis*, ce qui est très-mal; car c'est employer

^deux fois la particule *en*, que l'on joint à *fuir*. D'autres difent, *ils s'en font fuis*, ce que je tiens une faute, il faut dire, *ils se font enfuis*, parce que la particule *en* ne se doit point féparer de *fuir*, & que les deux ne font qu'un feul mot. Il n'en eft pas de même de *s'en aller*, *en* n'eft pas joint avec *aller*, comme dans *enfuir*, & on les écrit toûjours féparément, auffi-bien que dans *s'en retourner*; auffi ne dit-on pas, *il s'eft en allé*, mais *il s'en eft allé. Il s'en eft en allé*, eft la même faute que *il s'en eft enfui*.

CCCCXXVIII.

En Cour.

CEtte façon de parler, qui eft fi commune, eft infupportable. Tant de gens difent & écrivent, & dans les Provinces, & dans la Cour même, *il eft en Cour*, *il eft allé en Cour*, *il eft bien en Cour*, au lieu de dire, *il eft à la Cour*, *il eft allé à la Cour*. C'eft bien affez que l'on fouffre *en Cour*, fur les paquets. De même il faut dire, *Avocat au Parlement, Procureur au Parlement*, & non pas, *Avocat en Parlement* ni *Procureur en Parlement*, comme l'on dit & comme l'on écrit tous les jours.

N O T E.

On dit toûjours & très-bien , *écrire en Cour , être bien en Cour. Avoir bouche à Cour,* est une façon de parler bien plus extraordinaire : cependant il le faut dire , & non pas , *avoir bouche en Cour.*

Le Pere Bouhours fait une très-curieuse remarque sur ces deux prépositions *en &
dans* , dont le rapport & la ressemblance empêchent qu'on ne puisse dire précisément quand il faut mettre l'une pluftôt que l'autre. Il dit qu'on met toûjours *en* devant les noms de Royaumes & de Provinces , quand on ne leur donne point d'article , *en France , en Gascogne* , & toûjours *dans* , quand ces noms ont un article , *dans la France , dans la Gascogne.* On met aussi *dans* à tous les noms masculins qui ont un article sans élision , parce qu'*en* ne s'accommode point avec *le, dans le mouvement, dans le miserable état où je me trouve,* & non pas , *en le mouvement , en le miserable état.* S'il y a une élision, on peut dire, *en l'état où je suis. En* se peut aussi mettre devant l'article féminin *la* , comme , *en la fleur de mon âge* , quoiqu'on dise mieux, *dans la fleur de mon âge.* On dit , *il est allé en l'autre monde* , & non pas , *dans l'autre monde* , pour dire , *il est mort. En & dans* se mettent avec *tout* , soit qu'il y ait un article , soit qu'il n'y en ait point. *Dans tous*

les lieux, dans tous les temps ; en tous les lieux, en tous les temps ; dans tout pays, en tout pays. J'avoue que je dirois pluſtôt, *en tout temps* que *dans tout temps.* Il faut remarquer que quoiqu'on diſe, *dans dix jours* & *en dix jours*, ces deux prépoſitions font un ſens bien différent. *Je ferai mon voyage dans dix jours*, ſignifie, *je partirai après que dix jours ſeront écoulés*, & *je ferai mon voyage en dix jours*, veut dire, *je n'emploierai que dix jours dans mon voyage.* Quand il s'agit d'un lieu où l'on ſerre quelque choſe, on dit d'ordinaire *dans*, il a mis cela *dans ſon coffre, dans ſon cabinet*, & non *en ſon coffre, en ſon cabinet.* On dit, *penſer en ſoi-même*, & non *dans ſoi-même*, quoiqu'on diſe, *rentrer en ſoi-même* & *rentrer dans ſoi-même.*

Le Pere Bouhours, à qui nous dèvons toutes ces remarques, obſerve encore que quoiqu'on puiſſe mettre quelquefois *en* & *dans* indifferemment devant un mot, s'il y a pluſieurs mots ſemblables dans la même période, & que ce ſoit le même ſens & la même ſuite du diſcours, l'uniformité demande que la premiere de ces prépoſitions qu'on a employée, regne par tout. Ainſi il faut dire, *fidele dans ſes promeſſes, inépuiſable dans ſes bienfaits, juſte dans ſes jugemens*, & non pas, *fidele dans ſes promeſſes, inépuiſable en ſes bienfaits.* Il faut dire tout de même, *la gloire d'un Souverain conſiſte bien moins en la grandeur de ſon Etat, en la force de ſes Citadelles & en la magnificence de ſes Palais, qu'en la multitude des peuples*

les aufquels il commande, & non pas, con-
fifte bien moins en la magnificence de fes Pa-
lais, que dans la multitude des peuples. Quard
ce n'eft pas le même ordre & le même fens,
on doit varier, comme en cet exemple,
il paffa un jour & une nuit entiere en une fi pro-
fonde méditation, qu'il fe tint toûjours dans une
même pofture ; la raifon eft qu'*une fi profonde*
méditation & une même pofture, ne font pas
de même efpèce. Il y a de la négligence de
ftyle à dire en parlant de la mort, *nous en-*
trerons tous dans ce moment dans une folitude
éternelle. Il n'y a perfonne qui ne convienne qu'il eft beaucoup mieux de dire, *nous*
entrerons tous en ce moment dans une folitude
éternelle.

On difoit autrefois, *ès mains, ès prifons,*
ès Loix, *ès Arts*, pour dire, *dans les mains,*
dans les prifons. Monfieur Menage a obfer-
vé que ce mot *ès* a été dit par fyncope,
au lieu d'*en les*, *en les mains, en les prifons.*
Il fait remarquer ailleurs que quoiqu'on
ait toûjours dit, *en Arles, en Avignon,*
ainfi qu'*en Jerufalem*, il y a quelques années qu'on a commencé à dire, *à Arles, à*
Avignon, comme on dit, *à Angers, à An-*
goulême, malgré le bâillement des deux
voyelles. Il ajoûte qu'on dit, *dans le Lyon-*
nois, dans le Vendomois, & non pas, *en*
Lyonnois, en Vendomois ; *au Maine, au Per-*
che, au Vexin, dans le Maine, dans le Perche,
dans le Vexin, & non pas, *en Maine, en*
Perche, en Vexin, quoiqu'on dife ; *en Poi-*
tou, en Anjou, en Saintonge. On dit, *en Tur-*

quie, & on ne peut dire, *en Perou*. Il faut dire, *au Perou*, *dans le Perou*.

CCCCXXXIX.

Narration historique.

IL y en a qui tiennent que dans le style historique il ne faut pas narrer le passé par le présent ; comme par exemple , en décrivant une tempête arrivée il y a long-temps , ils ne veulent pas que l'on dise , *mais tout à coup une grêle épaisse , suivie d'une effroyable tempête, déroba la vûe & la conduite aux Nautonniers. Le soldat apprenti dans les fortunes de la mer , trouble l'art des matelots par un service inutile. Les vaisseaux abandonnés du Pilote flottent à la merci de l'orage ; tout cede enfin à la violence du vent*, & ce qui s'ensuit dans cette excellente & nouvelle traduction de Tacite au second livre des Annales , que j'ai bien voulu rapporter ici pour un des plus beaux exemples qu'aucun Historien eût pû me fournir sur ce sujet. Ceux qui sont dans ce sentiment, voudroient que l'on dît , *le soldat apprenti dans les fortunes*

de la mer, troubloit, & non pas *trouble*
l'art des matelots ; les vaisseaux aban-
donnez du Pilote flottoient, & non pas,
flottent à la merci de l'orage ; tout cedoit,
& non pas, *tout cede ;* sur-tout après
avoir employé, disent-ils, le prétérit
défini *déroba*, immédiatement devant
la période qui emploie le temps présent, *trouble*. Mais je ne puis assez m'é-
tonner que des gens, qui d'ailleurs écrivent parfaitement bien, soient tombés
dans cette erreur; car outre que l'exemple des Historiens Grecs & Latins les
condamne, tous les autres n'en usent
point autrement, ni Monsieur de Malherbe, ni Monsieur Coëffeteau, ni
aucun autre. Même en parlant on a
accoûtumé de narrer ainsi, & j'ai vû
force Rélations de gens de la Cour &
de gens de guerre, qui se servent d'ordinaire du présent, comme ayant meilleure grace que le prétérit.

Il est vrai que pour diversifier &
rendre le style plus agréable, il se faut
servir tantôt de l'un & tantôt de l'autre, & savoir passer adroitement & à
propos du prétérit au présent, & du
présent au prétérit ; autrement on se-

roit une faute que plufieurs font , de commencer par un temps & de finir par l'autre , qui eft d'ordinaire un très-grand défaut.

NOTE.

Monfieur de la Mothe le Vayer eft du fentiment de Monfieur de Vaugelas fur l'exemple rapporté dans cette remarque , & dit qu'on a eu tort de reprendre l'ex-preffion du Tacite François qui eft très-bonne. Il y a de l'art à paffer du prétérit au préfent.

CCCCXXX.

D'autant plus.

CE terme étant relatif d'une chofe à une autre , il faut l'employer d'une même façon en toutes les deux chofes ; par exemple , *d'autant plus qu'une perfonne eft élevée en dignité, d'autant plus doit-elle être humble* , & non pas , *d'autant plus qu'une perfonne eft élevée en dignité , d'autant doit-elle être humble* , comme l'a écrit un excellent Auteur , & plufieurs autres auffi. Que fi l'on met *d'autant plus* au premier , il faut mettre *d'autant plus* , au fecond ; fi l'on ne met que *d'autant* au

premier fans *plus* , il le faut mettre au
fecond de même. Et il eft à noter qu'il
ne fuffit pas de répéter *plus* , mais qu'il
faut auffi le mettre en la même place
que l'autre , & ne dire pas, *d'autant
plus qu'une perfonne eft élevée , d'autant
doit-elle être plus humble* , ni , *elle doit
d'autant plus être humble* , mais , *d'autant plus doit-elle être humble.*

N O T E.

Il femble que *plus* ait pris la place de
d'autant plus , & qu'on fe contente aujour-
d'hui de dire , *plus une perfonne eft élevée en
dignité , plus elle doit être humble.* Quand on
emploie *d'autant plus* , on ne le répéte que
lorfqu'il commence le premier membre
de la période , comme dans l'exemple de
cette remarque. S'il eft au milieu , on fait
feulement fuivre *que* ; *on doit être d'autant
plus humble , qu'on eft élevé en dignité.*

CCCCXXXI.

Le verbe auxiliaire avoir *, conju-*
gué avec le verbe substantif &
avec les autres verbes.

Quand le verbe auxiliaire *avoir*
se conjuge avec le verbe substantif *être*, il n'aime pas à rien recevoir
entre deux qui les sépare, non pas que
ce soit absolument une faute, mais c'est
une imperfection à éviter. Par exemple,
si l'on dit, *il a plusieurs fois été contraint,*
il ne sera pas si bon que de dire, *il a*
été plusieurs fois contraint, ou *il a été*
contraint plusieurs fois, en mettant *a*,
& *été* immédiatement l'un auprès de
l'autre. De même, *s'il eût été encore*
malade, est mieux dit, nonobstant la
cacophonie d'*encore* après *été*, que de
dire, *s'il eût encore été malade.* Mais
quand ce même verbe *avoir*, se conjuge avec un autre verbe que le substantif, il n'en est pas ainsi ; car par
exemple, *je l'en ai plusieurs fois assuré*,
est bien mieux dit que *je l'en ai assuré*
plusieurs fois.

N O T E.

Monfieur de la Mothe le Vayer trouve
que, *s'il eût encore été malade*, vaut bien,
s'il eût été encore malade. Je crois que foit
que le verbe *avoir* fe conjugue avec *être*
ou avec un autre verbe, l'oreille feule eft
à confulter fur ces fortes de tranfpofitions.

CCCCXXXII.

Voile.

PEu de gens ignorent, comme je
crois, que ce mot a deux fignifications, & deux genres. Il eft mafculin quand il fignifie *ce dont on fe couvre
le vifage & la tête*, comme, *le voile
blanc*, *le voile noir des Religieufes*, &
un voile devant les yeux, que l'on dit,
& proprement & figurément, & alors
on voit par ces exemples qu'il eft mafculin. Mais il eft féminin quand il fignifie *la toile* ou *autre étoffe dont les matelots fe fervent pour prendre le vent qui
pouffe leurs vaiffeaux*. Néanmoins je vois
une infinité de gens qui font ce dernier
mafculin, & difent, *il faut caler le
voile*, *les voiles enflez*. Soit qu'on s'en
ferve dans le propre ou dans le figuré

en ce dernier sens, il est toûjours féminin.

NOTE.

Monsieur Menage dit que *voile* est masculin, non seulement quand il signifie
couverture de tête, *un voile blanc*, mais
encore quand il signifie un navire, *dix
grands voiles*. On dit, *caler la voile*, & non
pas *le voile*; *les voiles enflées par le vent*, &
non pas *enflez*. En ce dernier sens il est toûjours féminin.

CCCCXXXIII.

Si l'adjectif de l'un des deux genres se peut appliquer à l'autre dans la comparaison.

L'Exemple le va faire entendre. Si
un homme dit à une fille, *je suis
plus beau que vous*, ou qu'une fille
dise à un homme, *je suis plus vaillante
que vous*, on demande si cette façon
de parler est bonne. On répond qu'elle
ne se peut pas dire absolument mauvaise, mais qu'elle n'est pas fort bonne
aussi, & qu'il la faut éviter en se servant d'une autre phrase, comme, *j'ai
plus de beauté que vous*, *j'ai plus de cou-*
rage

vage que vous. Autrement il faudroit dire pour parler régulierement, *je suis plus beau que vous n'êtes belle,* & *je suis plus vaillant que vous n'êtes vaillant;* car en cette phrase l'adjectif regarde les deux personnes de divers sexe, & leur étant commun à tous deux, il doit aussi être du genre commun, & non pas d'un genre qui ne convienne qu'à l'un des deux : c'est pourquoi un homme dira fort bien à une femme, ou une femme à un homme, *je suis plus riche que vous, je suis plus pauvre & plus noble que vous,* parce que tous ces adjectifs, *riche, pauvre, noble,* sont du genre commun, & conviennent également à l'homme & à la femme.

NOTE.

Je suis tout-à-fait du sentiment de Monsieur Chapelain, touchant ce qu'il a écrit sur cette remarque. En voici les termes. *C'est une élégance qui consiste à la sousentente de n'êtes belle ou beau, & il est meilleur que les exemples par lesquels Monsieur de Vaugelas a voulu corriger ceux-ci. L'adjectif, pour ne regarder qu'un des deux sexes, ne laisse pas de convenir à l'autre par la sousentente, qui tacitement le fait du genre qu'il faut, & il n'est*

Tome III. L

point befoin de recourir à un adjectif du genre commun pour rendre la phrafe bonne, la foufentente y remediant élégamment, comme je l'ai dit.

Cette façon de parler eft vicieufe dans un autre fens, à caufe qu'elle fait une équivoque. Quand on dit, *j'aime mieux fouffrir que vous,* cela ne veut pas dire, *j'aime mieux fouffrir que vous n'aimez à fouffrir,* comme, *je fuis plus beau que vous,* fignifie, *je fuis plus beau que vous n'êtes belle,* mais feulement, *j'aime mieux que la fouffrance tombe fur moi que fur vous.* On connoîtra que cette phrafe n'eft pas correcte, fi on donne un régime au verbe qui précede *que.* On ne fauroit dire, par exemple, *j'aime mieux fouffrir cette perte que vous,* il faut dire, *j'aime mieux fouffrir cette perte que de vous la voir fouffrir.*

CCCCXXXIV.

A même.

CEtte façon de parler, *à même,* pour dire *en même temps* ou *à même temps,* comme, *à même que la priere fut faite, l'orage fut appaifé,* eft trèsmauvaife, & je ne confeillerois à qui que ce foit d'en ufer, ni en parlant, ni en écrivant.

NOTE.

A même pour dire *en même temps*, est une façon de parler inconnue présentement, & dont il n'y a personne qui se serve. Quelquefois dans le discours familier on l'emploie à un autre usage qui n'est pas reçû par ceux qui parlent correctement. C'est quand on dit, *boire à même la bouteille.*

Monsieur Menage dit qu'*à même temps*, *au même temps*, *en même temps*, *dans le même temps*, sont des façons de parler très-bonnes & très-naturelles. Le Pere Bouhours permet de les employer indifferemment selon les occasions qui se présentent mais il observe qu'il y a des endroits où l'élégance demande qu'on se serve de l'un pluftôt que de l'autre, comme pour éviter deux *en* ou deux *au. Il leva les yeux au Ciel en même temps*, & non pas *au même temps.* Il observe aussi que quand il s'agit d'une heure précise, & qu'on parle tout-à-fait dans le propre, on doit pluftôt dire *au même temps* ou *à même temps*, qu'*en même temps*, comme en cet exemple, *ayant reçû un paquet à cinq heures du matin, il partit au même temps*, & qu'au contraire quand il ne s'agit pas d'un temps précis, & qu'on parle plus dans le figuré que dans le propre, on dit d'ordinaire, *en même temps. Quand vous envoyez des maux*, dit Tobie à Dieu, *donnez en même temps le courage de les supporter.* Il fait voir encor qu'*en même temps* signifie quelquefois *tout ensemble , tout à la fois.* Il en donne ces exemples. *Il arrive souvent qu'une chose qui est très-sérieuse , est en même temps très-agréable. Des passions diverses & quelquefois contraires , se rencontrent en même temps dans une même personne.* Je crois comme lui , qu'*au même temps* ou *à même temps* ne viendroit pas bien en ces endroits-là.

CCCCXXXV.
Gens.

CE mot a plusieurs significations ; tantôt il signifie *personnes* , tantôt *les domestiques* , tantôt *les soldats* , tantôt *les Officiers du Prince en la Justice* , & tantôt *des personnes qui sont de même suite & d'un même parti.* Il est toûjours masculin en toutes ces significations , excepté quand il veut dire *personnes ;* car alors il est féminin si l'adjectif le précede , & masculin si l'adjectif le suit. Par exemple , on dit , *j'ai vû des gens bien faits , bien résolus ,* vous voyez comme l'adjectif *bien faits* après *gens* est masculin. Au contraire on dit , *voilà de belles gens , ce sont de sotes gens , de fines gens , de bonnes gens , de dangereuses* (1) *gens,* & ainsi l'adjectif devant *gens* est féminin. Il n'y a qu'une seule exception en cet adjectif *tout*, qui étant mis devant *gens*, y est toûjours masculin, comme, *tous les gens de bien, tous les honnêtes gens*, jusques-là que l'on ne dit point *toutes les bonnes gens*, ce mot *toutes*, ne se pouvant accommoder devant *gens*, avec les autres adjectifs féminins qu'il demande. Nous avons quelques autres mots en notre Langue qui se gouvernent de même avec les adjectifs. Voyez *ordres*, je ne me souviens pas des autres.

N O T E.

Il est certain que *gens*, dans la signification de *personnes* est masculin, quand il est suivi de l'adjectif, & feminin quand il en est precedé, surquoi le Pere Bouhours fait une remarque fort particuliere, qui est que dans la mesme phrase, ce mot est masculin & feminin, & que le premier adjectif mis au feminin, n'oblige point à mettre le second adjectif qui suit au même genre. Ainsi il faut dire, *il y a de certaines gens qui sont bien sots*, & non pas, *bien sotes. Ce sont les meilleures gens que j'aye jamais vûs*, & non pas *que j'aye jamais vûes*. Il dit encore, sur ce que Monsieur Menage a tres-bien remarqué que *gens* ne se dit point d'un nombre déterminé, par exemple, *quatre* gens, *six gens* que quand on joint *gens à cent & à mille*, c'est seulement pour signifier un nombre indéterminé, comme *il y a cent gens dans cette maison, j'ay vû aujourd'hui mille gens*, & que s'il y avoit justement cent personnes dans une maison, ou que l'on eût vû mille personnes de compte fait, ce seroit mal parler que de dire, *il y a cent personnes, j'ay vû cent personnes ou mille hommes*. Monsieur Menage blâme Monsieur d'Ablancourt d'avoir dit dans son Marmol, *Ali quise douta de ce que c'étoit, prit son ami nommé Yahia, & dix autres jeunes gens de sa faction*. Le Pere Bouhours doute avec raison que ce soit mal dit, & croit que quand on met un adjectif devant *gens*, on peut joindre un nombre déterminé, *dix jeunes gens, quatre honnêtes gens*. C'est une chose particuliere que l'adjectif *tout*, se mette au masculin devant *gens*, *tous les gens de bien*. Il se met aussi devant quelques adjectifs, comme *tous les habiles gens, tous les honnêtes gens, tous les jeunes gens*, mais il faut observer que c'est seulement devant les adjectif qui ont le masculin & le feminin semblables, car quoiqu'on dise bien, *tous les jeunes gens*, on ne sauroit dire *tous les vieilles gens*, n'y *toutes les vieilles gens*, non plus que *les savantes gens*, parce que dans *vieil & savant*, le masculin & le feminin ne sont pas semblables. Monsieur Menage ajoûte aux remarques de Monsieur de Vaugelas que ce mot *gens*, en la signification de *Nation*, se disoit autrefois au singulier, *la Gent qui porte le Turban*, & qu'il peut encore avoir grace dans un poëme Epique, comme en cet endroit du cinquiéme de l'Enéide de Monsieur Segrais.

De cette gent farouche adoucira les
   mœurs.

(1) *De dangereuses gens.*] Marot p. 340. en son Cantique *à la Déesse Santé*, le fait féminin, quoique l'adjectif suive. *Les vieilles gens tu rends fortes & vives, les jeunes gens tu fais recreatives, à chasse, à vol, à tournois intentives.*

CCCCXXXVI.

Futur.

CE mot pris du Latin, pour dire, *à venir*, est plus de la Poësie que de la bonne prose ; car en style de Notaire on dit bien, *futur époux* & *futur épouse*, *futurs conjoints*, & les Gramairiens disent bien, *le temps futur* pour *le temps à venir* ; mais je ne sache point d'endroit dans le beau langage où il puisse être employé. Les Poëtes s'en fervent magnifiquement, comme Monſieur de Malherbe ,

Que direz-vous , races futures ?

N O T E.

Le Pere Bouhours n'eſt point de l'avis de Monſieur de Vaugelas qui bannit *futur* du beau ſtyle , & il a raiſon de n'en être pas. On dit fort bien *les preſages de ſa grandeur future , les biens de la vie future.* M. de la Mothe le Vayer ne ſauroit non plus ſouffrir que l'on banniſſe *futur* de la Proſe. Il approuve *les races futures , les aſſemblées futures ,* & autres ſemblables.

CCCCXXXVII.

Fatal.

CE mot le plus ſouvent ſe prend en mauvaiſe part , comme , *le jour fatal , l'heure fatale , le tiſon fatal , le cheveu fatal , fatal à la République , Scipion fatal à l'Afrique , Hannibal fatal à l'Italie.* Mais il ne laiſſe pas de ſe prendre quelquefois en bonne part ; comme Monſieur de Malherbe a dit , *dans le fatal accouplement ;* un autre ,

& c'étoit une chose fatale à la race de Brutus de délivrer la République.

NOTE.

Fatal en mauvaise part, signifie *malheureux*, *funeste*, mais il ne signifie point *heureux* dans un sens contraire ; & lorsqu'il est pris en bonne part selon les adjectifs auxquels il est joint, il veut dire seulement que la chose dont il s'agit a été ordonnée par une puissance supérieure, à laquelle l'homme est en quelque façon assujetti. Ainsi *le fatal accouplement* de Malherbe veut dire qu'il a été fait par l'ordre de la destinée. Selon le sens naturel il devroit signifier *un accouplement funeste.*

CCCCXXXVIII.

Incognito.

DEpuis quelques années nous avons pris ce mot des Italiens pour exprimer une chose, qu'ils ont les premiers introduite fort sagement, afin d'éviter les cérémonies auxquelles les Grands sont sujets quand ils se font connoître ; car par ce moyen on exempte d'une importune obligation, & ceux qui doivent recevoir ces honneurs, & ceux qui les doivent rendre.

Aujourd'hui toutes les Nations se servent d'une invention si commode, & empruntent des Italiens, & la chose, & le mot tout ensemble. Nous disons, *il est venu incognito, il viendra incognito*, non pas qu'en effet on ne soit connu, mais parce qu'on ne le veut pas être. Mais ce qui est digne de remarque, c'est que si nous parlons d'une femme, ou d'une Princesse, nous ne laisserons pas de dire, *elle vient incognito*, & non pas *incognita* ; & si nous parlons de plusieurs personnes, comme de deux ou trois Princes, nous dirons aussi, *ils viennent incognito*, & non pas *incogniti*, parce qu'*incognito* se dit en tous ces exemples adverbialement, comme qui diroit *incognitamente*, & ainsi il est indéclinable. Seulement il seroit à desirer que la plufpart des François qui prononcent ce mot, ne missent point l'accent sur la derniere syllabe, disant *incognitò*, au lieu de dire *incógnito*, en mettant l'accent sur l'antepenultiéme.

NOTE.

Monsieur de la Mothe le Vayer prétend qu'on ne dira jamais que très-mal en par-

Iant d'une Princeſſe, *elle vient incognito*, & qu'on dira, *elle vient* ou *paſſe comme inconnuë*. Il ajoûte que ſi l'on vouloit ſe ſervir alors du terme Italien, de même qu'on fait en parlant d'un homme, il faudroit former une phraſe, & dire, *elle veut paſſer à l'incognito*, comme on dit, *à l'improviſte*. Monſieur de la Morhe le Vayer n'a pas raiſon. Il eſt certain qu'*incognito* ſe dit adverbialement, & que n'ayant ni nombre ni genre, il ſe dit auſſi-bien d'une femme que d'un homme.

Nous employons pluſieurs mots Latins en notre Langue, auſquels on ne donne point de pluriel. On n'en donne point ſurtout aux mots terminez en *a. Un Opera*, *deux Opera*; *un errata*, *un duplicata*, *deux errata*, *deux duplicata*. Monſieur Menage croit qu'il faut dire, *un acacia*, *deux acacia*, & non pas *deux acacias*. Il fait auſſi obſerver que les lettres de l'Alphabet ne ſe déclinent point, à l'imitation des lettres Grecques & Latines, & qu'on dit deux *a*, comme deux *alpha*. On dit de même, *cinq Pater* & *cinq Ave*, & non pas, *cinq Paters* & *cinq Avez*. Je ne crois pas non plus qu'on puiſſe donner un pluriel à *recepiſſé*, & je dirois, *on m'a mis entre les mains trois recepiſſé*, & non pas, *trois recepiſſez*. Il en eſt de même d'*alibi*, *les alibi ne ſont pas reçûs*. On dit, *deux in-folio*, *deux in-quarto*, *deux in-octavo*, & non pas, *deux in-folios*, *deux in-quartos*, *deux in-octavos*, comme on le pourroit dire par le même abus qui fait dire à quelques-uns *inpromptus* au pluriel. Ce qu'il y a de particulier, c'est qu'en parlant des autres sortes de volumes de Livres, on ne garde que le premier mot Latin *in*, ce qui fait une façon de parler moitié Latine & moitié Françoise. Tous ces mots sont aussi sans pluriel, *des in-douze*, *des in-seize*, *des in-vingt-quatre*, & non pas, *des in-douzes*, *des in-seizes*, *des in-vingt-quatres*. *Placet* & *debet* sont mots d'un si grand usage, que quoique Latins, ils ont pris un pluriel: *Il y a un jour reglé où l'on présente les Placets au Roi. Les debets de compte.* Pour les mots en *um*, comme, *factum*, *dictum*, *rogatum*, on leur donne un pluriel, non pas seulement en y ajoûtant une *s* comme aux autres mots, mais en écrivant, *des factums*, *des dictons*, *des rogatons.* Monsieur Menage veut pourtant qu'on dise, *deux Te Deum*, & non pas, *deux Tedeons.* Je suis de son sentiment Comme il n'y a pas si souvent occasion d'employer ce mot au pluriel que les autres mots Latins qui sont de même terminaison, l'oreille n'est pas si accoûtumée à entendre *Tedeons* que *factons* & *rogatons.* On dit seulement, *Le Te Deum fut chanté dans toutes les Eglises pour une telle victoire*, & non pas, *on chanta des Tedeons*, parce qu'en des rencontres semblables on n'en chante qu'un dans chaque Eglise. Il est vrai qu'on pourroit présentement donner un pluriel à ce mot, après le grand nombre de *Te Deum* que l'amour ardent

des Peuples pour notre Augulte Monar-
que a fait chanter plulieurs fois dans toutes les Eglifes du Royaume en actions de
graces du recouvrement de fa fanté. Je
fuis encore pour Monfieur Menage qui
dit *des inpromptu* au pluriel, quoiqu'on ne
puiffe blâmer *inpromptus*, après que des
célebres Auteurs l'ont écrit de cette forte

CCCCXXXIX.

*Que conjonctive, répétée deux fois
dans un même membre de période.*

PAr exemple, *Je ne faurois croire,
qu'après avoir fait toutes fortes d'efforts, & employé tout ce qu'il avoit d'amis,
d'argent & de crédit pour venir à bout
d'une fi grande entreprife, qu'elle lui puiffe
réuffir, lorfqu'il l'a comme abandonnée.*
Je dis qu'il ne faut pas répéter le *que*,
encore qu'il y ait trois lignes entre
deux, & qu'ayant dit, *qu'après avoir
fait toutes fortes d'efforts, &c.* il ne faut
pas dire, *qu'elle lui puiffe réuffir*, mais
feulement, *elle lui* (1) *puiffe réuffir*, par-

(1) *Elle lui puiffe réuffir.*] Cela eft vrai,
mais à mon avis il faut toujours faire la
repetition dont parle l'Auteur fur la fin.
Autrement, & fi ce *que* porte trop loin, l'efprit fe trouve comme embaraffé à chercher
la conftruction, & notre Langue aime fur-
tout la clarté.

ce que le premier *que* suffit pour tous les deux , quand même la distance du régime seroit plus grande. Il est vrai qu'en ce cas-là , lorsqu'elle est trop longue , on a accoûtumé pour soulager l'esprit du Lecteur ou de l'Auditeur , de reprendre les premiers mots de la période , & de dire , comme en cet exemple , *je ne saurois croire qu'a-près avoir fait toutes sortes d'efforts , & employé tout ce qu'il avoit d'amis , d'argent & de crédit pour venir à bout d'une si grande entreprise, & qu'après que tontes les Puissances s'en sont mêlées , les unes sous main , & les autres ouverte-ment ; je ne saurois , dis-je , croire qu'elle lui puisse réussir , &c.* Alors il faut nécessairement répéter le *que* , & non pas autrement. Il n'en est pas comme de *ce* , qui aime à être répété , encore que les deux soient proches , & qui le veut être absolument lorsqu'ils sont éloignez. Je n'en donne point d'exemple, parce qu'il y en a (2) une Remarque particuliere.

NOTE.

La faute que reprend ici Monsieur de Vaugelas , est fort ordinaire , & on ne la commet qu'à caufe que la plufpart de ceux qui écrivent ne s'attachant point à écrire purement, oublient quand la période eft un peu longue, qu'ils ont employé la particule *que* dans la premiere ligne. Quand on répéte *que* comme dans le dernier exemple de Monfieur de Vaugelas, ce n'eft point à caufe de la grande diftance du régime, mais parce qu'on répéte le verbe *croire*, qui demande toujours *que* après foi; car fi on ne répétoit le verbe, il y auroit une faute à répéter *que*.

(2) C'eft la remarque CCLX.

CCCCXL.

Banquet.

CE mot eft vieux, & n'eft plus gueres en ufage que parmi le peuple. Il fe conferve néanmoins dans les chofes facrées où il eft meilleur que *feftin*; car on dit, *le banquet des fept Sages.* Mais le verbe *banqueter* eft beaucoup moins encore en ufage que *banquet*.

NOTE.

Monfieur Menage a raifon de ne plus trouver le mot de *Banquet* du bel ufage. Il ajoûte aux exemples de Monfieur de Vaugelas, *Le Banquet des Dieux*, *le Ban-*

quet de *Platon*, le *Banquet des Lapithes*, où *Festin* seroit moins bon que *Banquet*. Il fait encore observer que le mot de *Cadeau* n'est que de la Ville, & qu'au lieu de *donner un Cadeau*, on dit à la Cour, *donner un grand repas*, *donner une fête*.

CCCCXLI.

Débarquer, desembarquer.

Tous deux sont bons, mais *débarquer* est plus doux & plus en usage ; car ces verbes composez d'un verbe simple qui commence par *em* ou *en*, laissent d'ordinaire cette premiere syllabe dans leur composition, comme d'*engager* simple, se forme le composé *dégager*, d'*envelopper* se fait *développer*, & d'*embarrasser*, *débarrasser*, quoiqu'il y ait apparence qu'au commencement on a dit *desengager*, *développer* & *desembarrasser* ; mais depuis on a ôté l'*em* ou l'*en*, pour rendre ces mots plus courts & plus doux. Et de fait, il y en a fort peu qui ayent gardé l'une ou l'autre de ces syllabes ; car d'*embourser* on a dit *débourser* ; d'*embrouiller*, *débrouiller* ; d'*emmaillotter*, *démaillotter* ; d'*emmancher*, *démancher* ; d'*empaqueter*, *depaqueter* ; d'*empêtrer*, *dépêtrer*.

Il n'y a qu'*emparer* qui fait *defemparer*, & *embarquer* qui fait *defembarquer*; mais *débarquer*, comme nous avons dit, eſt beaucoup meilleur. Et pour *en*, d'*enchevêtrer* ſe fait *déchevêtrer*; d'*encourager*, *décourager*; d'*engraiſſer*, *dégraiſſer*; d'*enlacer*, *délacer*; d'*enrouiller*, *dérouiller*; d'*enraciner*, *déraciner*; & à mon avis, il n'y a d'excepté que *defenyvrer* d'*enyvrer*, *defennuyer* d'*ennuyer*, & *defenforceler* d'*enforceler*; car pour les verbes de deux ſyllabes, ils ne tombent pas ſous cette règle, parce que du ſimple *emplir*, on ne ſauroit faire que *defemplir*, ni d'*enfler* que *defenfler*.

Par où il ſe voit que *débarquer* & *defembarquer* ont cela de particulier, que l'un & l'autre ſe dit, quoique l'un ſoit meilleur que l'autre; au lieu que de tous ceux que nous avons nommez, qui ſont à peu près tout ce que nous en avons dans notre Langue, je n'en vois pas un qui ſe puiſſe dire de deux façons. Au reſte, on ſe ſert de ce verbe, & en actif & en neutre; car on dit *débarquer ſon armée*, pour dire, *la faire deſcendre* ou *la mettre hors du navire*, & *l'armée* a débarqué *en un tel lieu.*

NOTE.

On ne dit plus *defembarquer* , mais feulement *débarquer*. Outre *defemparer* , *defenyvrer* , *defennuyer* & *defenforceler* , qui gardent *em* ou *en* de leurs fimples , voici encore d'autres verbes qui le gardent, *defembaumer* , *defenfumer* , *defenchanter* , *defenvenimer* & *defentêter*. Le Pere Bouhours dit que ce dernier mot eft nouveau , & plus heureux que *defaveugler* , *defappliquer* & *defoccuper*, qui ne réuffiffent point dans le monde. *Defaveugler* me paroît un fort bon mot. Quoique de celebres Ecrivains fe foient fervis des deux autres , ils ne font pas encore bien reçûs , & je ne voudrois pas dire, par exemple, *le temps defapplique des objets dont on eft trop occupé ; toute fon étude étoit de fe defoccuper des foins de la terre*. Quelques-uns difent : *yvrer* , *s'yvrer* , *defyvrer* ; ce font termes de Province , il faut toûjours dire , *enyvrer* , *s'enyvrer* , *defenyvrer*.

CCCCXLII.

Pluriel.

JE dois cette petite Remarque non feulement au Public , mais à moi-même pour ma propre juftification ; car dans le cours de cet Ouvrage , où il faut fouvent ufer de ce mot , je mets

toûjours *pluriel* avec une *l*, quoique
tous les Grammairiens François ayent
toûjours écrit *plurier* avec une *r*, au
moins jufqu'ici je n'en ai pas vû un
feul qui ne l'ait écrit ainfi. La raifon fur
laquelle je me fonde, eft que venant du
Latin *pluralis*, où il y avoit une *l* en la
derniere fyllabe, il faut neceffairement qu'il la retienne en la même fyllabe au François, parce que je pofe
en fait que nous n'avons pas un feul
mot pris du Latin, foit adjectif ou fubftantif, qui ne retienne l'*l*, quand elle
fe trouve en la derniere ou penultiéme
fyllabe Latine où il y ait une *l*. Pour
vérifier cela, je penfe avoir jeté les
yeux fur tous les mots Latins où il y a
une *l* à la derniere ou penultiéme fyllabe, & dont nous avons fait des mots
François, car il y a un certain moyen
de trouver en moins de rien tous ces
mots Latins; mais je n'en ai pas rencontré un qui en notre Langue ne garde l'*l* qui eft dans la Latine. Il feroit
ennuyeux de les mettre tous ici, j'en ai
compté jufques à cent ou environ. Il
fuffit que quiconque ne le croira pas,
en pourra lui-même faire l'expérience;

& si par fortune il s'en trouvoit un ou
deux d'exceptez, ce que je ne crois
point, toûjours la règle subsisteroit
puissamment, ne souffrant au plus
qu'une ou deux exceptions ; & ainsi
quand on dira *pluriel* avec une *l*, ce-
fera selon le règle générale. Outre que
c'est aussi le sentiment général de ceux
qui savent parfaitement notre Langue, lesquels j'ai consultez, & que je
puis opposer à nos Grammairiens qui
manquent bien en d'autres choses. Ce
qui les a trompez, c'est sans doute que
l'on dit *singulier* avec une *r* à la fin, &
ils ont crû qu'il falloit écrire & prononcer *plurier* tout de même, ne songeant
pas que *singulier* vient de *singularis*, où
il y a une *r* à la fin, & que *pluriel* vient
de *pluralis* où il y a une *l*, & non pas
une *r* en la dernière syllabe.

Un excellent esprit m'a objecté que
l'usage est pour *pluriel*, & qu'il ne voit
pas comme je puis soûtenir cette Remarque, faisant profession d'être toûjours pour l'usage contre le raisonnement ; mais je lui ai répondu que lorsque je parle de l'usage, & que je dis
qu'il est le maître des Langues vivan-

tes , cela s'entend de l'ufage dont on
n'eft point en doute , & dont tout le
monde demeure d'accord , ce qui ne
nous apparoît proprement que d'une
façon qui eft quand on parle; cal 'écriture n'eft qu'une image de la parole, &
la copie de l'original; de forte que l'ufage fe prend , non pas de ce que l'on
écrit, mais de ce que l'on dit & que l'on
prononce en parlant. Or eft-il qu'en
prononçant *pluriel*, on ne fauroit difcerner s'il y a une *l* à la fin ou une *r* ,
tellement qu'on ne peut alleguer l'ufage en cette occafion non plus qu'en
plufieurs autres , où l'on eft contraint
d'avoir recours à l'analogie , comme
dit Varron, & comme nous l'avons amplement expliqué en la Remarque de
Fuir, dans la page 101. de ce volume

N O T E.

Monfieur Menage préfere *plurier*, quoiqu'il ne condamne pas *pluriel*, & dit que
ce mot ne vient pas de *pluralis* , parce
qu'on auroit dit ou *plurel*, comme , *tel* &
mortel , de *talis* & de *mortalis* , ou *plural* ,
comme *fatal* & *moral* , de *fatalis* & de *mo-
ralis* , mais qu'il vient de *plurialis* , que les
Auteurs de la baffe Latinité ont dit au lieu

de *pluralis*, & qu'ils ont formé de *pluria*, qui étoit l'ancien mot Latin. En effet s'il vient de *pluralis*, on ne peut dire d'où eſt venu l'*i* qui s'eſt coulé dans *pluriel*, puiſqu'il ne ſe trouve dans aucun mot de tous ceux qui ſont formez des mots Latins en *alis*. *Particularis* a formé *particulier*, *ſingularis*, *ſingulier*, & à cauſe de *ſingulier*, on a donné la même terminaiſon à *plurier*. Meſſieurs de l'Académie Françoiſe prononcent tous *pluriel*, mais ils ne laiſſent pas de recevoir *plurier* dans leur Dictionaire. Le Pere Bouhours admet auſſi *plurier*, & dit que ce mot s'éloigne moins de l'analogie, ſi l'on en croit nos plus habiles Grammairiens. Il eſt certain que c'eſt ſeulement depuis la remarque de Monſieur de Vaugelas, qu'on a commencé à dire *pluriel*. Ainſi le grand uſage a toûjours été auparavant d'écrire *plurier*, & par conſequent on ne peut condamner ceux qui le diſent aujourd'hui. La prononciation de *pluriel* & de *plurier*, n'eſt pas ſi ſemblable, qu'on ne diſtingue aiſément s'il y a une *l* à la fin ou une *r*, ce qui ſeroit contre Monſieur de Vaugelas, qui prétend qu'on ne ſauroit découvrir, ſi l'uſage eſt pour *pluriel*, parce, dit-il, que *pluriel* & *plurier* ſe prononcent de la même ſorte.

CCCCXLIII.

Arc-en-Ciel.

IL faut écrire ainsi *arc-en-ciel*, avec les trois mots dont il est composé, séparé par deux tirets, & non pas écrire *arcenciel*. Et au pluriel, s'il y avoit lieu de l'employer, ce qui ne peut arriver que rarement, il faut dire par exemple, *deux arc-en-ciels*, *plusieurs arc-en-ciels*, & non pas *arc-en-cieux*, ni *arcs-en-ciel*, ou *arcs-en-cieux*, cela étant assez ordinaire en notre Langue aux mots composez, soit noms ou verbes, de ne suivre pas la nature des simples qui les composent, comme il se voit en plusieurs de ces Remarques.

N O T E.

Si l'on écrivoit *Arcenciel*, sans séparer par deux tirets les trois mots qui le composent, cela obligeroit à le prononcer, comme on prononce la seconde syllabe du mot *encenser*, puisque *cen* se prononce comme s'il y avoit une ſ, au lieu d'un *c*, & de la même sorte que la premiere syllabe de *sentiment*, se prononce.

CCCCXLIV.

Faute, à faute, par faute.

ON dit par exemple, *faute d'argent on manque à faire beaucoup de choses*, & *à faute d'argent on manque*, &c. & encore *par faute d'argent on manque*, &c. Tous les trois sont bons ; mais le meilleur c'est de dire *faute d'argent*, après celui-là, *à faute* est le meilleur, & *par faute* est le moins bon des trois. Cela s'entend quand *faute* est devant un nom ; mais quand il est devant un verbe à l'infinitif, il est mieux de dire *à* que *par*, ni que *faute* tout seul, comme, *à faute de payer les interêts il a doublé le principal*, est beaucoup mieux dit que *par faute de payer*, ni que *faute de payer*, quoique ce dernier (1) me semble assez bon.

NOTE.

M. Chapelain dit que *faute* & *à faute*, sont également bons, soit devant un nom ou devant un verbe. Je dirois plustôt, *faute d'argent, faute de payer*, que, *à faute d'argent, à faute de payer. Par faute d'argent*

gent , *par faute de payer* , font des façons de parler qui ne font plus en ufage.

(1) *Faute de payer.*] Je l'aime mieux qu'*à faute.*

CCCCXLV.

Floriſſant , fleuriſſant.

CEtte Remarque eſt curieufe ; car dans le propre on le dit d'une façon, & dans le figuré d'une autre. Dans le propre on dit plus fouvent *fleuriſfant*, comme , *un arbre fleuriſſant*, & dans le figuré on dit pluſtôt *floriſſant*, que *fleuriſſant* , comme , *une armée floriſſante* , *un Empire floriſſant*. Le verbe *fleurir* a auffi de certains temps où l'on emploie (1) pluſtôt l'*o* que l'*eu* dans le figuré, comme dans l'imparfait on dira, *un tel floriſſoit fous un tel regne ; l'éloquence ou l'art militaire floriſſoit en un tel temps.* J'ai dit *dans le figuré* , parce que dans le propre on diroit par exemple , *cet arbre fleuriſſoit tous les ans deux fois* , & non pas *floriſſoit.*

NOTE.

Quoique dans le figuré on diſe fort bien à l'imparfait, *un tel floriſſoit fous un tel regne*, on ne peut dire *floriſſent* au préſent, ni *flo xir* à l'infinitif. *Les beaux Arts fleuriſſent*, & non pas, *floriſſent. Ce Prince qui fit fleurir les beaux Arts*, & non pas, *qui fit florir*. Il en eſt de même du futur, *les beaux Arts fleuriront toûjours dans les Etats qui ſeront bien gouvernez*, & non pas, *floriront. Fleuri* ſe dit agréablement du teint, pour dire, *vermeil*, *un teint fleuri*. On dit auſſi, *un ſtyle fleuri*, *des termes fleuris*, *des manieres de parler fleuries*, ſur quoi le Pere Bouhours a dit qu'à l'égard du ſtyle, *fleuri* ſe prend ordinairement en mauvaiſe part, & il en donne des exemples qui font connoître que *ſtyle fleuri* ſignifie quelquefois un *ſtyle fardé*, un *ſtyle affecté*. Monſieur Menage obſerve au contraire que *ſtyle fleuri* ſe prend toûjours en bonne part, & que les Critiques ne le blâment dans les matieres ſublimes, dans les ſeveres, dans les tragiques où il n'eſt pas propre, que comme ils blâment le ſtyle ſublime dans les petites choſes. Il avoue pourtant qu'un ſtyle qui ſeroit trop fleuri, ne ſeroit pas eſtimable.

(1) *Où l'on emploie l'O.*] Calvin en ſon Inſt. liv. 4. c. 12. n. 26. *L'ancienne Egliſe a plus flori en ſainteté.* On parloit ainſi, mais preſentement il faut dire *fleuri*, & généralement parlant dans le verbe, il eſt mieux par *eu* que par *o* : *Un tel floriſſoit ſous un tel regne*, eſt bien dit ; mais à mon avis *fleuriſſoit* ſeroit encore mieux dit, & l'Auteur lui-même en ſa remarque 490. ſur la fin dit, *les Orateurs qui fleuriſſoient de ſon temps ;*

ellement qu'il n'y a que l'adjectif au figuré,
dont on puisse se servir à mon avis avec l'O,
Armée florissante; mais notre Auteur a raison
de dire qu'au figuré, on dit pluſtôt *florissant*
que *fleurissant*, car il se pourroit trouver
des endroits où *fleurissant* au figuré seroit
très-bien dit.

CCCCXLVI.

Solliciter.

J'Ai déja fait une Remarque (1) ſur
ce mot, où j'allegue un paſſage de
Quintilien, qui m'oblige encore à
faire celle-ci. C'eſt que j'ai dit que ce
grand homme avoit employé le verbe *ſollicitare*, au même ſens que le vul-
gaire l'emploie en notre Langue pour
dire, *avoir ſoin de quelqu'un*, comme
on dit tous les jours à Paris parmi le
peuple, qu'*il faut donner une garde à
un malade pour le ſolliciter*, c'eſt-à-dire,
pour en avoir ſoin & pour le ſervir. Voici le paſſage, *illud verò inſidiantis quò
me validiùs cruciaret, fortuna fuit ut ille
mihi blandiſſimus, me ſuis nutricibus, me
aviæ educanti, me omnibus qui ſollicitare
ſolent illas ætates, anteferret.* Je ne ſais

(1) C'eſt la remarque LXV.

si je me flatte ; mais il me semble que le sens le plus naturel de ces paroles va tout droit à celui que je lui donne , & que c'est leur faire violence , & les tirer , comme on dit , par les cheveux , de les interpreter autrement. En effet *sollicitudo* qui signifie *soin* , venant sans doute de *sollicitare* , est un grand indice que *sollicitare* en bon Latin , veut dire aussi *avoir soin* , & que c'est une de ses significations ; car il en a plusieurs. Néanmoins une personne qui sait aussi-bien la Langue Latine & sa pureté , qu'homme du monde , n'est pas de cet avis,& lisant devant moi ma Remarque déja imprimée,m'a conseillé de refaire le quarton,comme ayant avancé une chose qui ne se pouvoit soûtenir. Son opinion fut encore suivie le même jour par deux autres personnes qui ne me permettoient plus d'en douter. Ayant donc donné les mains , comme j'étois sur le point de suivre leur conseil, j'ai trouvé un homme consommé dans les bons Auteurs , & qui entre admirablement dans leur sens aux passages les plus difficiles, qui maintient que *sollicitare* en cet endroit de Quintilien , se doit entendre felon ma Remarque, & non pas comme l'interpretent ces autres Meſſieurs, pour ſignifier *ſe jouer avec les enfans*, qui eſt un ſens bien forcé au prix du mien, & qui ſemble ne s'accorder gueres bien avec *illas ætates*. Cela m'ayant obligé à conſulter encore d'autres Oracles, j'en ai rencontré pluſieurs du même ſentiment, de ſorte que demeurant en ſuſpens, & ne m'appartenant pas de décider entre tant de grands hommes, j'ai crû que le meilleur parti que je pouvois prendre, étoit de ne pas refaire le quarton, mais de refaire une Remarque pour en laiſſer le jugement au Lecteur.

CCCCXLVII.

Arſenal & Arſenac.

ARcenal eſt le plus uſité. Pluſieurs diſent auſſi *arcenac* avec un *c* à la fin; & il ſemble qu'en parlant on prononce pluſtôt *arcenac* qu'*arcenal*; mais que l'on écrit plus volontiers *arcenal* qu'*arcenac*, *un arcenal bien muni*, *dreſſer un arcenal*, On dit au pluriel, *arcenaux*, & je n'ai jamais oui dire

N iij

arcenacs, qui eſt encore une marque
pour faire voir qu'*arcenal* avec une *l*
au ſingulier eſt le vrai mot. L'Italien
dit *arcenale*, & quelques-uns croient
que nous l'avons pris de là ; car ſi *arce-*
nac étoit auſſi bon, je ne vois pas pourquoi on ne diroit pas *arcenacs* au pluriel auſſi-bien qu'*arcenaux*, comme on
dit *arcs d'arc*.

NOTE.

Monſieur Menage après avoir rapporté
l'endroit d'une lettre de Monſieur de Balzac, dans laquelle le mot d'*Arſenac* eſt
employé, dit qu'il croit contre l'opinion
de Monſieur de Vaugelas, qu'il faut pluſtôt dire *arſenac* qu'*arſenal*, & quoiqu'il
avoue qu'*arſenaux* au pluriel eſt plus uſité
qu'*arſenacs*, il ajoûte qu'avec le temps
arſenacs l'emportera ſur *arſenaux*. Cela n'eſt
point encore arrivé. Tout le monde dit,
arſenaux au pluriel, & je n'entens point
dire *arſenacs*. Il eſt vrai qu'à l'égard de
l'*arſenal de Paris*, on prononce communément *arſenac*, *je m'en vais à l'arſenac*. Les
uns écrivent *arcenal* avec un *c*, & les autres *arſenal* avec une *ſ*.

CCCCXLVIII.

Auparavant, auparavant que.

LE vrai ufage d'*auparavant*, c'eft de le faire adverbe, & non pas prépofition ; par exemple, c'eft de l'employer ainfi ; *il me preffe de telle chofe, mais il y faut fonger auparavant; il ne lui eft rien arrivé que je ne lui aye dit auparavant.* Ceux qui parlent & qui écrivent le mieux, ne s'en fervent jamais que de cette façon ; mais ceux qui n'ont nul foin de la pureté du langage, difent & écrivent tous les jours, par exemple, *auparavant moi, il eft venu auparavant lui,* & en font une prépofition, au lieu de dire, *il eft venu devant moi, j'y fuis devant lui.* C'eft d'ordinaire avec les pronoms perfonnels qu'ils le font fervir de prépofition, comme aux exemples que nous venons de donner ; car devant les noms je n'ai pas remarqué qu'ils le faffent, ni que l'on dife jamais, *auparavant le retour du Roi, auparavant Pâques,* ou *auparavant les fêtes de Pâques. Auparavant que* pour *devant que* ou *avant que,* n'eft

N iiij

plus auſſi du bel uſage. Les bons Ecrivains ne diront jamais par exemple ,
auparavant que vous ſoyez venu , pour
dire , *avant* ou *devant que vous ſoyez.
venu.* Il en eſt comme de *cependant* ,
dont nous avons fait une Remarque ;
car pour bien parler , on ne doit jamais
dire *cependant que* , non plus que *auparavant que.*

N O T É.

Non ſeulement *auparavant lui* & *auparavant que vous ſoyez venu* , ne ſont point
du bel uſage , mais ce ſont des fautes contre la Langue. Il faut dire *avant lui* & *avant
que vous ſoyez venu* , *auparavant* ne pouvant être qu'adverbe. Quoique tout le
monde demeure d'accord que c'eſt comme il faut écrire , quelques-uns tiennent
qu'en parlant il ne faut pas garder tant
d'exactitude. Je ſais que le diſcours familier ne doit pas être arrangé , & qu'il y
a une affectation vicieuſe à vouloir parler
comme on écrit ; mais ſi ceux à qui l'éxac-
titude ne paroît pas néceſſaire dans la con-
verſation , veulent qu'on leur paſſe , *avous
fait* pour *avez-vous fait* , parce que c'eſt
une maniere de parler abrégée , comment
ſe pardonnent-ils *auparavant lui* & *auparavant que* , qui loin d'abréger , rendent le
diſcours plus long ? Il eſt aiſé de s'accoû-
tumer à dire *avant lui* , & *auparavant* pour

avant, bleffe tellement les oreilles délicates, qu'il n'y en a point qui n'en foient choquées.

CCCCXLIX.

Galant, galamment.

G Alant a plufieurs fignifications, & comme fubftantif, & comme adjectif. Je les laiffe toutes pour ne parler que d'une feule, qui eft le fujet de cette Remarque. C'eft dans le fens qu'on dit (1) à la Cour, *qu'un homme eft galant, qu'il dit & qu'il fait toutes chofes galamment, qu'il s'habille galamment*, & mille chofes femblables. On

(1) J'avois cru que ce mot en cette fignification & avec cette orthographe étoit fait de nos jours, mais je le trouve dans Amyot, à la fin de la comparaifon que Plutarque fait d'Ariftophanes & de Menandre. *Ses rufes*, dit-il, parlant d'Ariftophanes, *& fes fineffes ne font point galantes*. Il s'en fert de même au Traité des communes Conceptions contre les Stoïques p. 699. Le Roman de la Rofe, p. 401. vers la fin du Roman, *Quand la douce faifon viendra, Seigneurs galants, qu'il conviendra, Que vous alliez cueillir les rofes, Et les ouvertes, & les clofes*. Il parle d'une jouiffance amoureufe. Villon, *Où font ces gracieux galans ?*

demande ce que c'eſt qu'*un homme ga-*
lant ou *une femme galante de cette ſorte,*
qui fait & qui dit les choſes d'un air ga-
lant & d'une façon galante. J'ai vû autrefois agiter cette queſtion parmi des
gens de la Cour & des plus galans de
l'un & de l'autre ſexe, qui avoient bien
de la peine à le définir. Les uns ſoûte-
noient que c'eſt *je ne ſais quoi,* qui dif-
fere peu de *la bonne grace;* les autres,
que ce n'étoit pas aſſez du *je ne ſais*
quoi ni de *la bonne grace,* qui ſont toutes choſes purement naturelles, mais
qu'il falloit que l'un & l'autre fût accompagné d'un certain air qu'on prend
à la Cour, & qui ne s'acquiert qu'à
force de hanter les Grands & les Dames.
D'autres diſoient que ces choſes exté-
rieures ne ſuffiſoient pas, & que ce
mot de *galant* avoit bien une plus grande étendue, dans laquelle il embraſſoit
pluſieurs qualitez enſemble; qu'en un
mot c'étoit *un compoſé où il entroit du je*
ne ſais quoi ou *de la bonne grace, de l'air*
de la Cour, de l'eſprit, du jugement, de
la civilité, de la courtoiſie & de la gaieté,
le tout ſans contrainte, ſans affectation
& ſans vice. Avec cela il y a de quoi

faire un honnête homme à la mode de la
Cour. Ce sentiment fut suivi comme le plus approchant de la vérité ;
mais on ne laissoit pas de dire que cette
définition étoit encore imparfaite , &
qu'il y avoit quelque chose de plus
dans la signification de ce mot , qu'on
ne pouvoit exprimer ; car pour ce qui
est , par exemple , *de s'habiller galamment , de danser galamment* , & de faire
toutes ces autres choses qui consistent
plus aux dons du corps qu'en ceux de
l'esprit , il est aisé d'en donner une définition ; mais quand on passe (2) du
corps à l'esprit , & que dans la conver-

(2) *Mais quand on passe.*] Outre tout cela ,
galant signifie *amant* ; ce qui emporte presque
toûjours qu'on est favorisé , *c'est son galant*.
En ma jeunesse on disoit , *c'est son ami* , témoin la Chanson , *car un mari sans un ami ce
n'est rien faire qu'à demi*. Depuis *galant* prit sa
place , & maintenant *ami* est revenu à la mode.
Galant se dit pourtant encore , ayant paru
dire les choses un peu trop ouvertement ; au
lieu qu'*ami* qui est équivoque , parle plus cou-
vertement. *Galant* signifie encore *fourbe &
fripon* ; & en ce sens il se dit de toutes personnes , *mon galant n'y a pas manqué : le galant
homme m'a fait le tour*, c'est-à-dire , *le fourbe ,
le fripon m'a fait le tour* ; *la galande m'en a*

sation des Grands & des Dames , &
dans la maniere de traiter & de vivre
à la Cour , on s'y est acquis le nom de
galant, il n'est pas si aisé à définir ; car
cela présuppose beaucoup d'excellentes qualitez qu'on auroit bien de la
peine à nommer toutes , & dont une
seule venant à manquer , suffiroit à faire
qu'il ne seroit plus *galant*. On peut
encore dire la même chose des *lettres
galantes*. En cette sorte de lettres la
France peut se vanter d'avoir une personne à qui tout le monde le cede.
Athenes même ni Rome, si vous en
ôtez Ciceron , n'ont pas de quoi le
lui disputer , & je le puis dire hardiment , puisqu'à peine paroît-il qu'un
genre d'écrire si délicat leur ait été
seulement connu. Aussi tous les goûts
les plus exquis font leurs délices de
ses lettres , aussi-bien que de ses vers &
de sa conversation , où l'on ne trouve
pas moins de charmes. Je tiendrois le
Public bien fondé à intenter action
contre lui pour lui faire imprimer ses
œuvres. Au reste , quoiqu'en une au-

*donné à garder , c'est-à-dire, la sourbe qu'elle
est , ellem'a trompé.*

tre fignification on dife (3) *galand* &
galande avec un *d* auffi-bien qu'avec
un *t* ; cependant en celle que nous trai-
tons il faut dire *galant* & *galante* avec
un *t* , & non pas avec un *d*.

N O T E.

La définition d'*homme galant*, que Monfieur de Vaugelas donne dans cette remarque , nous en fait voir le vrai carac-
tere. Il y a cependant fujet d'admirer la
bizarrerie de notre Langue , en ce que
galant mis après *homme*, fignifie toute autre chofe que quand il eft mis devant. On
dit , *c'eft un homme galant*, pour dire qu'il
a de la bonne grace, & qu'il cherche à
plaire aux Dames par fes manieres com-
plaifantes & honnêtes , & on dit, *c'eft
un galant homme* , pour dire qu'il fait les
chofes avec honneur, & qu'il fait bien fe
tirer de toutes fortes d'affaires.

Galantifer pour fignifier *faire la cour aux
Dames* , eft un terme bas dont on ne fe fert
plus.

(3) *Galand* & *galande* avec un *d* ne fe dit
communément que des jeunes perfonnes , &
il marque qu'il y a dans leur manière de vivre
quelque chofe de trop éveillé , & approchant
du fripon , fans pourtant aller au criminel ;
c'eft un galand , c'eft une galande , c'eft un bon
galand, c'eft une bonne galande ; c'eft ce qu'on

dit autrement , *c'est un éveillé* ou *un bon
éveillé; c'est une éveillé* ou *une bonne éveillée.*
Quand on dit , *c'est un petit galand* ou *petit
éveillé , une petite galande* ou *une petite éveillée ,* cela marque une plus grande jeuneſſe , &
qui n'eſt point de l'enfance. Voyez la page
155.

Au reſte , ce que notre Auteur ſemble dire
que *galand* & *galande* en cette ſignification
s'écrit avec un *t* auſſi-bien qu'avec un *d ;* je ne
le crois pas. Il eſt vrai que *galand* avec un *t*
ou un *d ,* viennent tous deux du vieux mot
galler , qui ſignifie *plaiſanter , ſe réjouir , faire
la débauche ,* honnétement néanmoins ; com-
me *galles* au pluriel ſignifie *réjouiſſance , plai-
ſanterie ou débauche honnête.* Mais l'uſage qui
a diſtingué la ſignification de *galant* avec un
t , & de *galand* avec un *d ,* ſemble deſirer
qu'on les diſtingue par l'orthographe ; & d'autant plus que nous n'avons point de verbe ni
de ſubſtantif qui vienne de *galand* avec un *d ;*
au lieu que de *galant* avec un *t* nous avons
galantiſer & *galanterie.* *Galantiſer une Dame,*
c'eſt-à-dire , *lui faire l'amour.* On diſoit autrefois en ce ſens-là , *mugueter une Dame ,*
qui ſe dit encore , mais en raillerie , *courtiſer
une Dame ,* qui ne ſe dit plus que par le peuple. A l'égard de *galanteries ,* il ſignifie les
mémes choſes que *galant* avec un *t* ; & outre
cela , il ſignifie *amourettes ; il a une galanterie ,* c'eſt-à-dire , *une amourette ; c'eſt ſa
galanterie ,* c'eſt-à-dire , *c'eſt ſon inclination.*

CCCCL.

Réuſſir.

ON ſe ſert plus élégamment de ce verbe au ſens actif, ou avec le verbe auxiliaire *avoir*, qu'au ſens paſ-ſif, ou avec le verbe auxiliaire *être*. Par exemple, il eſt beaucoup mieux dit, *ce deſſein lui a réuſſi*, que non pas, *lui eſt réuſſi* ; *cette entrepriſe lui a réuſſi*, que non pas, *lui eſt réuſſie*, quoiqu'un de nos plus célebres Ecrivains (1) l'ait écrit de cette derniere façon. Nous avons fait une Remarque de la faute contraire que l'on fait en certains ver-bes où l'on emploie le verbe auxiliaire *avoir*, au lieu du verbe auxiliaire *être*, comme, *il a entré, il a ſorti, il a paſſé,* pour *il eſt entré, il eſt ſorti, il eſt paſſé.*

NOTE.

Monſieur de la Mothe le Vayer dit que le célebre Ecrivain dont il eſt parlé dans cette remarque, ſouffre une injuſte cen-ſure, & que *cette entrepriſe lui eſt réuſſie*, eſt auſſi bien dit que, *cette entrepriſe lui a réuſſi.* Je ne ſuis point du tout de ſon ſentiment; au contraire je crois qu'on ne ſauroit dire,

ce deſſein lui eſt réuſſi ſans faire une faute.
Réuſſir ne s'accommode qu'avec le verbe
auxiliaire *avoir. Cette affaire m'a réuſſi*, &
non pas, *m'eſt réuſſie.*

(1) *Lui eſt réuſſi, lui eſt réuſſie,* ne valent
rien du tout.

CCCCLI.

Servir, prier.

SErvir régit maintenant l'accuſatif,
& non pas le datif, comme il faiſoit
autrefois, & comme s'en ſert ordinairement Amyot & les anciens Ecrivains.
Par exemple, ils diſoient, *il faut ſervir à ſon Roi & à ſa patrie*, pour dire,
il faut ſervir ſon Roi & ſa patrie, comme on parle aujourd'hui. M. de Malherbe a encore retenu ce datif, comme
quelques autres phraſes du vieux tems;
le Médecin, dit-il, *ſert* (1) *aux malades*,

(1) *Sert aux malades*, eſt bien dit, & *ſert
les malades*, ſe dit pluſtôt de tous les autres
qui aſſiſtent les malades, que des Médecins,
Apothicaires, Chirurgiens; car à leur égard,
comme à l'égard de beaucoup d'autres choſes,
ſervir ſignifie *aider, être en uſage, employer,*
c'eſt-à-dire, *on l'emploie à cela; la lecture
ſert à l'eſprit*, c'eſt-à-dire, *forme l'eſprit. Ce
valet ſert à cela; ma foi, les beaux habits ſervent bien à la mine*, dit Regnier, c'eſt-à-dire,
au lieu

au lieu de dire , *fert les malades* ; car
ici *fervir* ne fignifie pas *être propre &*
convenable , auquel cas il régiroit le datif , comme , *cela fert à plufieurs chofes,*
mais fignifie *rendre fervice & affifter.* Il
en eft de même de *prier.* Les Anciens
difoient auffi (2) *prier à Dieu* , & même
quelques-uns difent encore , *je prie à*
Dieu , au lieu de dire , *je prie Dieu.*
Favorifer a auffi le même ufage.

aident à faire paroître la beauté. *L'autorité*
fert à beaucoup de chofes , c'eft-à-dire , eft
utile , ou néceffaire , ou d'un grand ufage en
beaucoup de chofes. Ces fignifications revien-
nent à peu près à *propre & convenable* , dont
parle l'Auteur. Mais pour revenir à ce que
nous avons touché, *fervir les malades* , fe dit
proprement de ceux qui leur rendent un fervice affidu , comme , femme , enfans , garde,
domeftiques , Adminiftrateurs des Hôpitaux
Eccléfiaftiques ou laïques. Il fe dit auffi de
ceux qui par dévotion ou par charité rendent
de fois à autres aux pauvres une partie du fervice que les domeftiques leur pourroient rendre , comme de leur fervir leur boire & leur
manger ; *cette Princeffe eft fi charitable,qu'elle*
va aux bonnes Fêtes fervir les malades *à l'Hô-*
tel-Dieu. Et puifque nous en fommes venus
fi avant , *fervir fur table* , fignifie mettre les
plats fur la table ; *on a fervi fur table* , ou fimplement , *on a fervi* , c'eft-à-dire , on étoit

prêt de mettre sur la table ; & ces expressions qui sont vagues , se déterminent par le temps du dîner & autres heures de manger.

Servir à table se dit en deux sens ; le premier , quand on sert à ceux qui sont à table de la viande , du fruit, ou autres choses ; *il est honnête , il sert tous ceux qui sont à sa table.* Au second sens , il se dit des valets qui servent ceux qui sont à la table , qui , par exemple ; leur donnent à boire , & autres choses semblables , *je l'ai vû servir à table chez un tel , ou à , ou tel cabaret.*

Servir un Fief , signifie rendre les devoirs au Seigneur féodal , & faire toutes les choses à quoi le Fief est obligé, comme , lui faire hommage , le suivre à la guerre , &c.

(2) *Prier à Dieu.*] On dit encore , *je prie à Dieu* , par bénédiction & par imprécation ; *je prie à Dieu qu'il soit ainsi , je prie à Dieu qu'il en soit puni.* Et en ces endroits-là il est rès-François ; hors de là , *je prie Dieu* , est comme il faut parler. Marot , page 201. dit , *je prie à Dieu.*

N O T E.

Servir ne demande point le régime du verbe Latin *servire* , & il ne se met avec le datif que dans la signification d'être propre & convenable , *l'Etude sert à tous ceux qui veulent paroître dans le monde.* On a déja marqué cette maniere de parler de parler du peuple , *je prie à Dieu. Favoriser* gouverne toûjours l'accusatif.

CCCCLII.

Quantefois.

CE mot pour dire *combien de fois*, est beau & agréable à l'oreille selon l'avis de beaucoup de gens, tellement que je m'étonne qu'il ait eu une si mauvaise destinée, au moins en vers, où il a très-bonne grace, & où il est très-commode, même après l'exemple de Monsieur de Malherbe, qui l'a si bien mis en œuvre.

Quantefois lorsque sur les ondes
Ce nouveau miracle flottoit, &c.

Car pas un de nos Poëtes n'en voudroit user aujourd'hui, & pour la prose, je ne pense pas qu'il ait jamais été en usage, ni même que Monsieur de Malherbe s'en soit servi.

N O T E.

Quoique Malherbe ait employé *quantefois*, il n'a été suivi de personne. Il faut dire, *combien de fois*. Monsieur Menage condamne comme très-mauvaise cette façon de parler, *quel quantieme du mois avons-nous aujourd'hui*, & veut qu'on dise, *quantiéme du mois.* Il est vrai que *quantiéme* étant un terme de nombre ordinal, *quantiéme du mois avons-nous*, veut dire, *quel nombre des jours du mois avons-nous*, & ainsi *quel* est mis inutilement devant *quantiéme.* Cependant il semble que l'usage ait prévalu. Tout le monde dit, *quel quantiéme*, & ce mot s'est si bien fait substantif, qu'on s'en sert même hors de l'interrogation, en disant par exemple, *Pour trouver l'âge de la Lune, il faut savoir l'épacte, le quantiéme du mois, &c.*

CCCCLIII.

Que non pas.

QUelques - uns de nos modernes Ecrivains le condamnent, & ne veulent pas, par exemple, que l'on dise, comme l'a écrit un excellent Auteur, *ils tiennent plus de l'Architecte & du Maçon, que non pas de l'Orateur*, mais, *ils tiennent plus de l'Architecte & du Maçon que de l'Orateur.* Il est vrai que bien souvent ils ont raison, mais bien souvent aussi *non pas* y a fort bonne grace, & rend l'expression plus forte. Il faut en cela consulter l'oreille; car il seroit mal-aisé d'en faire une règle

certaine : sans doute il est plus élégant
pour l'ordinaire de le supprimer.

N O T E.

Je crois qu'on ne sauroit employer
avec grace *que non pas* dans aucun endroit, & qu'il faut toujours dire simplement *que*. Ces deux mots *non pas* sont su-
perflus.

CCCCLIV.

Arrangement des mots.

L'Arrangement des mots est un des
plus grands secrets du style. Qui
n'a point cela, ne peut pas dire qu'il
sache écrire. Il a beau employer de belles phrases & de beaux mots ; étant mal
placez, ils ne sauroient avoir ni beauté
ni grace, outre qu'ils embarrassent l'expression, & lui ôtent la clarté, qui est
le principal.

Tantùm series, juncturaque pollet.

Un Auteur célebre écrit, *voici pour
une seconde injure, la perte qu'avecque
vous, ou plustôt avecque toute la France;
j'ai faite de Monsieur, &c.* Quelle
oreille n'est point choquée de cette

trrnfpofition ? N'eût-il pas mieux dit, *la perte que j'ai faite avecque vous, ou plustôt avec toute la France, de Monfieur? &c.* A mon avis, ce qui l'a trompé, c'eft qu'il a crû que ce génitif, *de Monfieur*, feroit bien mieux placé auprès de *j'ai faite*, dont il eft régi, qu'auprès de ces mots, *avec toute la France*, avec lefquels il n'a aucune liaifon ; mais il n'a pas pris garde que pour joindre fur la fin de la période les mots qui fe conftruifent enfemble , il a féparé d'une trop longue diftance la conftruction des mots qui étoient au commencement , à favoir, *la perte que*, qui vouloient être joints immédiatement à leur verbe, *j'ai faite* ; car il leur étoit bien plus néceffaire qu'à ces derniers, *de Monfieur*, tant parce que le verbe qui eft conftruit avec le pronom relatif en l'accufatif, comme celui-ci, veut être le plus proche du pronom qu'il fe peut, que parce qu'il y avoit plufieurs mots fans verbe , en quoi confifte un des principaux vices de l'arrangement. En effet fi l'on fait bien placer & entrelaffer le verbe au milieu des autres participes de l'oraifon, on faura un des plus

grands fecrets , & la principale règle
de l'arrangement des paroles. L'autre
règle eſt de ſuivre le même ordre en
écrivant que l'on tient en parlant ; car
on ne dira pas, *la perte qu'avecque vous*
ou pluſtôt avec toute la France, j'ai faite
de Monſieur, mais, *la perte que j'ai faite*
avec vous, ou pluſtôt avec toute la France,
de Monſieur, &c. ni l'on ne dira pas
non plus comme a écrit encore le même Auteur , *je penſe vous avoir conté*
qu'à l'entrée que douze ou quinze jours
auparavant il avoit faite, &c. mais,
qu'à l'entrée qu'il avoit faite douze ou
quinze jours auparavant. C'eſt la ſituation naturelle de ces paroles , au
lieu que l'autre eſt forcée.

   Pluſieurs attribuent aux vers la cauſe
de ces tranſpoſitions , qui ſont des ornemens dans la Poëſie , quand elles
ſont faites , comme celles de Monſieur
de Malherbe , dont le tour des vers eſt
incomparable ; mais pour l'ordinaire,
elles ſont des vices en proſe , je dis *pour*
l'ordinaire, parce qu'il y en a quelques-unes (1) de fort bonne grace. Il

———————————

(1) *Quelques-unes de fort bonne grace.*] Il
en faut néceſſairement dans les diſcours ora-

se pourroit faire que la tiſſure du vers
auroit corrompu celle de la proſe ; mais
combien avons-nous de grands hommes , dont la proſe & les vers ſont également excellens ? Parmi un ſi grand
nombre on voit briller (2) cette vive
lumiere de l'Egliſe , qui par ſes œuvres
chrétiennes s'eſt acquis une double
palme en l'un & en l'autre genre. Eſt-
il rien de plus doux , de plus pompeux
que ſon ſtyle , rien de plus éloquent
que ſa bouche & que ſa plume ?
Et ne ſont-ce point encore de nouveaux ſujets d'admiration, que la quantité , que la diverſité de ſes ouvrages ,
& que la promptitude & la facilité avec
laquelle il les fait ? Certainement ce
n'eſt point pour lui que l'on dit *que les*
les talens ſont partagez , & que le prix
de l'Eloquence n'eſt pas de ceux qui ſe
gagnent à la courſe. Mais cette double
gloire n'eſt-elle pas dûe auſſi à l'Au-

toires , tant pour la force & la beauté , que
pour éviter la répétition d'un mot , en le mettant à la fin de la période ; tellement que dans
la période ſuivante le pronom peut tenir ſa
place , ſans qu'on ſoit obligé de le répéter.

(2) M. Godeau Evêque de Vence.

teur

teur (3) de ce grand Ouvrage qui a aujourd'hui tant d'éclat ? N'eſt-ce point un chef-d'œuvre d'éloquence, de piété, de jugement, & qui va immortaliſer ſur la terre un grand Cardinal déja immortel dans le Ciel ? Se voit-il encore de plus belle proſe ni de plus beaux vers que les lettres & les ſonnets d'un autre (4) excellent eſprit, deſquels il ſuffit de dire pour toute louange, qu'ils ſont dignes du fameux Endymion ? Combien en avons-nous d'autres encore qu'il ſeroit trop long de déſigner, & que je me contente d'honorer d'un ſilence reſpectueux, puiſque leur réputation parle aſſez ?

N O T E.

L'arrangement des mots ne conſiſte pas ſeulement à les placer d'une maniere qui flate l'oreille, mais à ne laiſſer aucune équivoque dans le diſcours. Dans cet exemple, *je ferai avec une ponctualité dont vous aurez lieu d'être ſatisfait, toutes les choſes qui ſont de mon miniſtere*, il n'y a point d'équivoque, mais l'oreille n'eſt pas contente de l'arrangement des mots. Il faut écrire, *Je ferai toutes les choſes qui ſont de mon Miniſtere, avec une ponctualité dont vous aurez lieu d'être ſatisfait.* Dans cet

Tome III.   P

autre exemple, *Il se persuada qu'il repare-*
roit la perte qu'il venoit de faire, en atta-
quant la Ville par divers endroits, l'oreille
ne trouve rien qui lui fasse peine, mais
il y a de l'équivoque. Il semble que la
perte qu'il a faite vient de ce qu'il a attaqué la Ville par divers endroits, au lieu
qu'il ne veut faire cette differente atta-
que, que pour reparer la perte qu'il vient
de faire. L'équivoque sera ôtée, comme
l'a fort judicieusement observé le Pere
Bouhours qui a rapporté cet exemple,
si on arrange les mots de cette sorte. *Il*
se persuada qu'en attaquant la Ville par di-
vers endroits, il repareroit la perte qu'il ve-
noit de faire. Il rapporte ailleurs ces autres
exemples. *Il faut tâcher qu'ils placent tout*
ce qu'ils entendent dire dans leurs cartes. On
leur peut conter quelque Histoire remarqua-
ble sur les principales Villes qui y attache la
memoire Il y a un air de vanité & d'affecta-
tion dans Pline le jeune, qui gâte ses Lettres.
Cet arrangement est vicieux. Il semble
que *dans leurs cartes* se rapporte à *enten-*
dent dire, & non pas à *qu'ils placent,* &
c'est ce qu'on éviteroit en disant, *Il faut*
tâcher qu'ils placent dans leurs cartes tout
ce qu'ils entendent dire. Il en est de même
des deux autres exemples. L'arrangement
sera juste si l'on met, *en leur montrant les*
principales Villes; on leur peut conter quelque
histoire remarquable qui y attache la memoi-
re. Il y a dans Pline le jeune un air de vani-
té qui gâte ses Lettres. On sait par-là que

le relatif *qui* eſt auprès du ſubſtantif auquel il ſe rapporte. C'eſt ce qu'il faut ſurtout obſerver, car il n'y a rien de plus vicieux que d'éloigner *qui* de ſon ſubſtantif, & de le laiſſer auprès d'un autre ſubſtantif, auquel il ne ſe rapporte point. Si je dis, *Il y a un air de vanité dans Pline le jeune qui gâte ſes Lettres ;* il ſemble que ce ſoit Pline le jeune qui gâte ſes Lettres, & non pas, l'air de vanité. Quand le relatif *qui*, mis après un ſubſtantif pluriel, gouverne le verbe qui ſuit au ſingulier, comme en cet exemple, *on leur peut conter quelque hiſtoire remarquable ſur les principales Villes qui y attache la memoire*, on voit aiſément que le relatif *qui* ne ſe rapporte pas à *Villes* qui eſt un pluriel, mais à *hiſtoire*, puiſque le verbe *attache* qui ſuit, eſt au ſingulier. Cependant cela ne laiſſe pas d'être mal conſtruit, ou pluſtôt mal arrangé, & en general, *qui* ne doit jamais être ſeparé de ſon ſubſtantif, ſi ce n'eſt dans des phraſes de cette nature, *Que l'homme eſt heureux qui peut faire dépendre ſon bonheur de ſoi-même !* mais en ce cas on peut dire qu'il eſt auprès de ſon ſubſtantif, puiſqu'il n'y a point d'autre ſubſtantif entre *homme*, & *qui.*

(3) M. Habert Abbé de Cenſy, qui a fait la Vie du Cardinal de Bérulle.

(4) M. de Gombaut, qui a fait le Roman d'Endymion.

CCCCLV.

Au préalable , préalablement.

NOus n'avons gueres de plus mauvais mots en notre Langue. C'étoit l'aversion d'un grand Prince , qui n'entendoit jamais dire l'un ou l'autre sans froncer le sourcil. Il trouvoit qu'ils avoient quelque chose de monstrueux en ce qu'ils étoient moitié Latins & moitié François , quoiqu'en toutes les Langues il y ait beaucoup de mots *ibrides* qu'ils appellent , ou *metifs* , & il étoit encore plus choqué de ce qu'*allable* entroit dans cette composition pour *qui doit aller.* Nous avons *auparavant* , *premierement* , *avant toutes choses* , & plusieurs autres termes semblables. Il faut laisser ces deux autres pour les Notaires & pour la chicane.

NOTE.

Monsieur de la Mothe le Vayer blâme Monsieur de Vaugelas de ce qu'il laisse *préalable* & *préalablement* aux Notaires. Il n'a pas raison. Ces mots ne sont d'aucun usage dans la conversation , & ceux qui les emploient encore quelquefois ,

ne s'en fervent qu'en parlant d'affaires
& de procès.

CCCCLVI.
Beaucoup.

CE mot étant employé pour *plufieurs*, ne doit pas être mis tout
feul ; il y faut ajoûter *perfonnes* ou *gens*,
ou quelque fubftantif, comme, *il donnoit peu à beaucoup*, n'eft pas bien dit,
il faut dire, *à beaucoup de perfonnes* ou
à beaucoup de gens. Il eft vrai que l'on
dit, *nous fommes beaucoup, ils font beaucoup*, pour dire, *nous fommes beaucoup
de gens* ; mais il faut remarquer que cela n'a lieu que quand le pronom perfonnel le précéde, lequel fait voir que ce
beaucoup qui fuit, fe rapporte au même pronom. De même quand on dit,
il y en a beaucoup, cet *en* emporte avec
foi la fignification de *gens* ou de *perfonnes*, comme il fe voit par cette phrafe,
il y en a, qui veut dire entre autres chofes, *il y a des gens*.

Quand *beaucoup* eft adverbe, il y a
une belle remarque à faire, c'eft que
lorfqu'on le met après l'adjectif, il y
faut néceffairement ajoûter *de* devant,

& dire *de beaucoup* ; car fi je dis, *l'efprit de qui la promptitude eft plus diligente beaucoup que celle des aftres*, ce n'eft pas bien dit, quoiqu'il foit échappé fouvent à un célebre Auteur de l'écrire ainfi, il faut dire, *l'efprit de qui la promptitude eft plus diligente* (I) *de beaucoup que celle des aftres*. Mais quand *beaucoup* eft devant l'adjectif, il n'eft pas néceffaire d'y mettre le *de*, même il eft mieux de ne l'y pas mettre, comme, *l'efprit de qui la promptitude eft beaucoup plus diligente*, eft mieux dit que, *l'efprit de qui la promptitude eft de beaucoup plus diligente*.

NOTE.

Selon Monfieur de la Mothe le Vayer, c'eft bien parler que de dire, par exemple, *Beaucoup croient que pour réuffir dans les affaires*, &c. parce qu'on foufentend *gens* ou *perfonnes*. Il n'y a rien qui bleffe l'oreille dans cette phrafe, quoique *beaucoup* ne foit precedé d'aucun pronom perfonnel. Je croi pourtant qu'il eft mieux de dire, *beaucoup de perfonnes croient*. Il eft vrai que *beaucoup* eft employé pour *plufieurs*. Cependant fi au lieu de, *nous fommes beaucoup*, on difoit, *nous fommes plufieurs*, fans que rien fuivît, on ne diroit pas la même chofe. *Nous fommes plufieurs*, ne fait pas entendre un si grand nombre que lorsqu'on dit, *nous sommes beaucoup.* Quand il suit quelque chose, on met indifferemment, *beaucoup* ou *plusieurs; nous sommes plusieurs,* ou bien, *nous sommes beaucoup qui voulons cela.* Si *beaucoup,* pour *beaucoup de gens,* peut être souffert au nominatif, comme, *beaucoup croient que, &c.* il ne peut être employé dans les autres cas, & on ne sauroit dire, *c'est l'avis de beaucoup, j'ai entendu dire à beaucoup, j'en connois beaucoup qui s'imaginent.* Il faut nécessairement ajoûter *de gens* ou *de personnes. C'est l'avis de beaucoup de gens, j'ai entendu dire à beaucoup de gens, je connois beaucoup de gens qui s'imaginent.* On dit également bien, *beaucoup de personnes, beaucoup de gens,* & *plusieurs* ne se joint qu'avec *personnes;* au moins il me semble qu'on ne dit point *plusieurs gens.* Cela me paroît tout-à-fait sauvage.

Quoique Monsieur de la Mothe le Vayer défende celui qui a dit *l'esprit de qui la promptitude est plus diligente beaucoup que celle des Astres,* je tiens qu'il est indispensable de mettre la particule *de* devant *beaucoup,* toutes les fois que *beaucoup* est précedé d'un adjectif comme en cet exemple.

(1) *De* devant *beaucoup,* donne quelquefois de la force ou de la clarté, quelquefois il rompt un vers, tellement que pour s'en servir tantôt d'une maniere & tantôt d'une autre,

il faut confulter l'oreille ; mais dans un difcours uni la remarque de l'Auteur eft prefque
toûjours véritable.

CCCCLVII.

Barbarifme.

ON peut commettre un barbarifme,
c'eft-à-dire parler barbarement, &
hors des bons termes d'une Langue, ou
en une feule parole, ou en une phrafe
entiere. Les barbarifmes d'un feul mot,
comme par exemple, *pache* pour *paction* ; *lent* pour *humide*, & une infinité
d'autres femblables, font aifez à éviter,
& il y a peu de gens nourris à la Cour.
ou verfez en la lecture des bons Auteurs qui ufent d'un mot barbare ; mais
pour les barbarifmes de la phrafe qui
eft compofée de plufieurs mots, il eft
très-aifé d'y tomber. Par exemple, un
de nos meilleurs Ecrivains a dit, *élever
les yeux vers le Ciel.* Cette phrafe n'eft
point Françoife, il faut dire, *lever les
yeux au Ciel.* Quelques-uns difent auffi,
fortir (1) *de la vie* ; cette phrafe n'eft

_____

(1) *Sortir de la vie.*] Je ne faurois condamner cette phrafe, & je crois qu'on la trouvera

pas Françoife non plus , quoique les Latins difent , *vitâ excedere* ; car il n'y a point de confequence à tirer de la phrafe d'une Langue à la phrafe d'une autre , fi l'ufage ne l'autorife.

Ce qui fait que tant de gens font fujets à commettre (2) cette forte de bar-

dans tous nos bons Auteurs en vers & en profe. On dit tous les jours, *je veux fortir de cette affaire ,de cet embarras; fortir de prifon.*

(2) *Cette forte de barbarifme.*] Il n'y a rien de fi fréquent dans nos Auteurs que ces barbarifmes de phrafes. Ils fe découvrent en faifant l'analyfe de la phrafe , & en joignant le verbe avec la prépofition *vers.* Coëffeteau en fon Hift. Rom. dit, *le Pô avoit inondé fur les terres voifines. Inonder* ne s'accorde point avec la prépofition *fur* ; il falloit dire , *avoit inondé les terres voifines.* Ou en joignant le verbe avec le fubftantif, *compofer des differends ou des querelles* , pour dire , *accorder* ; *compofer les affaires des Gaules* , pour donner ordre aux affaires. Toutes ces phrafes qui font de Coëffeteau en fon Hift. Rom. font faites fur le Latin , & ne valent rien en François. Le même Coëffeteau dit en cette même Hift. *acquitter des obligations fur quelqu'un ; la liberté du peuple Romain fut renverfée; épandit des plaintes.* En toutes ces phrafes le verbe ne s'accorde point avec le fubftantif : enfin pour découvrir ces phrafes barbares , il faut joindre l'adjec-

barifme, c'eft que tous les mots dont
la phrafe eft compofée, font François,
& ainfi on ne s'apperçoit point de la
faute, au lieu qu'au barbarifme du mot,
l'oreille qui n'y eft pas accoûtumée, le
rebutte, & n'a garde de fe laiffer fur-
prendre ; mais au barbarifme de la phrafe, l'oreille étant furprife & comme
trahie par les mots qu'elle connoît, lui
ouvre la porte, d'où après il lui eft bien
aifé de s'infinuer dans l'efprit.

tif au fubftantif qui s'y rapporte. Un de nos
Poëtes a dit, *Grand Roi, dont la vertu fidelle*
à fon devoir ; *fidele* ne fe rapporte qu'aux perfonnes, *fidele à fon Roi, fidele à fon mari* ;
mais jamais on n'a dit, *une femme fidelle à*
fon ménage, fidelle à fon devoir, pour dire
qui fait exactement fon devoir.

NOTE.

On ne voit point ce qui a obligé Monfieur de Vaugelas à mettre, *fortir de la vie*
au nombre des barbarifmes. Comme *en-*
trer à la vie, eft fort bien dit pour fignifier *naître* ; *fortir de la vie*, pour dire *mou-*
rir, ne peut être condamné. C'eft le fentiment de Monfieur Menage. Monfieur de
la Mothe le Vayer qui ne veut point que
élever les yeux vers le Ciel foit un barbarifme, fait voir qu'en décrivant ce qui arri-

ve à une personne qui revient d'une dé-
faillance, on dira fort bien, *que reprenant*
ses esprits, elle commença à lever peu à peu ses
yeux vers le Ciel. Il dit que cela explique
beaucoup mieux la langueur de cette personne, au retour de la syncope, que si on
disoit simplement, *qu'elle leva les yeux au*
Ciel par une action momentanée, au lieu
que ce, *vers le Ciel*, témoigne qu'elle ne
les pouvoit porter encore jusque-là, &
que sa débilité l'obligeoit à les arrêter en
chemin.

J'appelle barbarisme *sans point de faute*,
pour dire, *sans faute*. J'appelle encore
barbarisme de dire *à l'envie*, pour dire *à*
l'envi, comme quelques-uns écrivent, *à*
l'envie les uns des autres, au lieu de *à l'envi*
les uns des autres.

On ne peut traiter de barbarisme ni *à*
l'étourdi, ni *à l'étourdie*, car tous deux se
disent. Monsieur Menage a observé qu'on
dit plus communément *à l'étourdi*. Monsieur d'Ablancourt a dit *à l'étourdie. Les*
Assiegez qui les virent venir à l'étourdie, cou-
rurent dessus. Je dirois aussi, *à l'étourdie*,
parce qu'il me semble que notre Langue
veut toutes ces façons de parler adverbiales au feminin, *à la longue, à la legere, à la*
Romaine, à la Siamoise.

On dit aujourd'hui *étourderie* & *étourdi-*
ment. Il a fait une grande étourderie ; il entra
étourdiment. Le Pere Bouhours qui donne
ces deux exemples, dit que ces mots sont
assez nouveaux, & qu'on s'en sert dans le

difcours familier, mais qu'*étourdiment* luî
femble plus en ufage qu'*étourderie*.

· CCCCLVIII.
Découverte ou *découverture*.

PAr exemple, *la découverte* ou *la
découverture du nouveau Monde*, ou
des Terres neuves, font tous deux bons.
Amyot dit *découverture*, & je l'ai auffi
oui dire à des femmes de la Cour & de
Paris. Ceux qui ne veulent pas que l'on
dife *découverte*, ont accoûtumé d'alléguer une mauvaife raifon, qui eft que
découverte eft un adjectif ; car combien
avons-nous d'adjectifs en notre Langue qui ne laiffent pas d'être fubftantifs , & au mafculin & au féminin,
comme, *le couvert*, *le contenu*, *le bril-
lant*, *la retenue*, *la venue*, *l'arrivée*,
l'enceinte, & une infinité d'autres tirez
des participes actifs & paffifs, fans parler de ceux qui ne font point pris des
participes, comme, *chagrin, colere, dé-
pit, facrilege, parricide, &c.*

NOTE.

Le Pere Bouhours a très-bien décidé
que *découverture* eft devenu tout-à-fait

barbare, & qu'on ne dit plus que, *la découverte du nouveau monde, la découverte d'un Pays.* On dit auſſi & fort bien, *faire des découvertes dans la Phyſique, dans la Medecine.* Monſieur Chapelain a écrit ſur cette remarque que comme on dit *la découverte,* quelques-uns diſent auſſi *la couverte,* pour *la couverture du lit,* mais que *la couverture* eſt le ſeul bon.

CCCCLIX.

Et donc , donc.

PLuſieurs croient que de commencer une période par *& donc,* ne ſoit pas parler François, mais Gaſcon, comme en effet les Gaſcons ont ſouvent ce terme à la bouche. Mais Monſieur Coëffeteau & Monſieur de Malherbe en ont uſé, & je l'entens dire tous les jours à la Cour à ceux qui parlent le mieux. Il ſe pourroit bien faire que les Gaſcons l'y auroient apporté avec beaucoup d'autres façons de parler qu'ils ont introduites du temps qu'ils étoient en regne ; & ce qui m'en feroit douter, c'eſt qu'il ne me ſouvient point de l'avoir lû dans Amyot, où j'ai trouvé beaucoup de phraſes que nous croyons nouvelles. Quoi qu'il en foit, l'ufage l'a établi.

On peut auffi commencer une période par *donc*, & il n'eft que bon de s'en fervir ainfi quelquefois pour diverfifier fon ufage ; car la plus commune façon d'en ufer, & qui a le plus de grace, eft à la feconde, ou à la troifiéme ou quatriéme parole de la période.

N O T E.

Monfieur Chapelain eft de ceux qui croient que ce ne foit pas parler François, que de commencer une période par *&* *donc*, & il avoue qu'il ne fauroit fouffrir qu'on mette le Gafconifme de cette phrafe en déliberation. Il permet de commencer par *donc*, ce qui fe fait aujourd'hui affez rarement, fi ce n'eft pour tirer une confequence de ce qui a été dit auparavant.

C C C C L X.

Efpace, intervalle.

CE mot eft toûjours mafculin, quoiqu'on l'ait fait féminin autrefois. Il faut dire *un long efpace*, foit que l'on parle d'*un efpace de temps* ou d'*un efpace de lieu* ; car il fe dit de tous les deux. Et au pluriel il en est de même qu'au singulier, *de grands espaces*, & non pas, *de grandes espaces*. *Intervalle* est de même en tout & par tout.

N O T E.

Monsieur Menage dit, qu'*espace* est feminin en terme d'Imprimerie, & blâme Ronsard, dont il rapporte un exemple, de l'avoir fait de ce même genre. Il est masculin, ainsi qu'*intervalle*.

CCCCLXI.

Celle-ci pour *lettre*.

CElle-ci pour *lettre*, est bas. Néanmoins plusieurs ont accoûtumé d'en user commençant une lettre ainsi, *je vous écris celle-ci*. Il faut dire, *je vous écris cette lettre*, ou simplement, *je vous écris* ; car par *celle-ci*, de sousentendre *lettre*, qu'on n'a point encore dit, il n'y a point d'apparence en notre Langue qui n'aime pas ces suppressions. Les Latins ne sont pas si scrupuleux en plusieurs façons de parler, même en celle-ci, témoin Ovide.

Hanc tua, Penelope, lento tibi mittit Ulysse.

Et dans les Epîtres de Ciceron on trouve souvent , *hanc tibi reddet* , ou *has tibi exaravi* , ou chose semblable , sousentendant tantôt *epistolam* , tantôt *litteras*.

NOTE.

Les Italiens disent , *con questa prima di cambio* , mais nous ne suivons en notre Langue ni les Italiens ni les Latins , & on ne peut mettre *celle-ci* qu'après le mot de *lettre* , comme , *vous devez avoir reçû une de mes lettres , par laquelle je vous ai appris que , &c. Celle-ci vous confirmera , &c.*

CCCCLXII.

Contemptible , contempteur.

CEs deux mots me semblent bien rudes, & particulierement le dernier ; car pour le premier, encore y a-t-il beaucoup de gens qui s'en servent, bien que *méprisable* qui est si bon , ne coûte pas plus à dire. Néanmoins Monsieur de Malherbe s'en est servi en prose & en vers , *nous devenons* , dit-il, *aussi contemptibles , comme nous faisons les contempteurs.* Il est vrai qu'en vers il ne s'est jamais servi de ce dernier , mais seulement de l'autre.

Et

Et qu'étant comme elle est, d'un sexe
    variable,
Ma foi, qu'en me voyant elle auroit
    agréable,
Ne lui soit contemptible en ne me
    voyant pas.

Apparemment il n'a pas mis *mépri-sable* au lieu de *contemptible*, quoiqu'il fût aussi propre au vers que l'autre, parce qu'il eût rimé dans la césure du milieu avec *agréable*.

N O T E.

Contemptible seroit presentement aussi insupportable en Vers qu'en Prose. On ne dit plus du tout *contempteur*.

C C C C L X I I I.

Faisable.

ON demande *si une chose est faisable ou non.* Quand on parle ainsi, on ne veut pas dire *s'il est permis de la faire,* mais *s'il est possible de la faire. Faisable* regarde l'action seulement, & non pas le devoir, & je ne vois personne qui en parlant ou en écrivant l'emploie

Tome III.   Q

à un autre ufage, fi ce n'eft un célebre
Ecrivain qui a donné lieu à cette Remarque, de peur qu'étant imité &
digne de l'être en plufieurs autres chofes, on ne l'imite encore en celle-ci.

CCCCLXIV.

Dévouloir.

POur dire *ceffer de vouloir*, Monfieur
de Malherbe s'eft fervi de ce mot ;
feroit-il poffible, dit-il, *que celui vou-
lût, qui peut dévouloir en un moment ?* Je
ne fai s'il eft l'inventeur de ce mot,
mais je ne l'ai jamais oui dire ni vû ailleurs. Il eft fort commode & fort fi-
gnificatif, & il feroit à defirer qu'il fût
en ufage. Selon l'analogie des mots il
feroit aifé de l'établir, parce que nous
en avons quantité de cette nature en
notre Langue, comme *détromper*, que
j'ai vû venir à la Cour, & que l'on
trouvoit auffi étrange au commencement, qu'on fait maintenant *dévouloir*,
mais qui eft aujourdhui entierement
en ufage. Nous difons donc, *tromper*,
détromper ; *mêler*, *démêler* ; *faire*, *dé-
faire* ; *croître* ; *décroître habiller*, *deshu-*

biller ; car on met une *s* en la compoſition quand le verbe commence par une
voyelle , comme , *armer* , *deſarmer*.
Le nombre de ces compoſez eſt très-
grand , dans leſquels la prépoſition *de*
emporte la deſtruction ou le contraire
de ce que ſignifie le verbe ſimple.

Même cette ſorte de compoſition de
verbes ſemble avoir ce privilege, qu'on
en peut former , & inventer de nouveaux au beſoin, pourvû qu'on le faſſe
avec jugement & diſcrétion , & que
ce ne ſoit que très-rarement. Ce fameux Poëte Italien en a ainſi uſé au
mot de *dishumanare* , quand il a dit
dans le Paſtor fido ,

Che nel dishumanarti
Non diventi una fera, anzi ch'un Dio.

Prens garde , dit-il , *qu'en te deshuma-*
niſant , *tu ne deviennes pluſtôt une bête*
farouche qu'un Dieu. Il s'eſt ſervi de ce
mot le plus heureuſement du monde ,
ſoit qu'il l'ait inventé lui-même , comme je crois , ou qu'il l'ait pris du Dan-
te , qui n'a eu nulle pudeur à en faire
autant de fois qu'il en a eu beſoin, di-

fant par exemple , *immeiare , intuiare , infuiare* , pour dire , *convertir en moi , convertir en toi , convertir en foi* , & une grande quantité d'autres horribles comme ceux-là ; car je n'ai pas remarqué qu'il ait été auſſi heureux que hardi en cette ſorte d'invention. On a fait un mot en notre Langue depuis peu , qui eſt *débrutaliſer* , pour dire , *ôter la brutalité* , ou *faire qu'un homme brutal ne le ſoit plus* , qui eſt heureuſement inventé , & je ne ſaurois croire qu'étant connu , il ne ſoit reçû avec applaudiſſement. Au moins tous ceux à qui je l'ai dit, lui donnent leur voix , & pas un juſques ici ne l'a condamné pour ſa nouveauté, comme on fait d'ordinaire tous les autres. Auſſi a-t-il été fait par une perſonne qui a droit de faire des mots , & d'impoſer des noms , s'il eſt vrai ce que les Philoſophes enſeignent , qu'il n'appartient qu'aux ſages d'une éminente ſageſſe d'avoir ce privilege.

N O T E.

Monſieur Chapelain traite *dévouloir* de mot factice qui n'a nul uſage. C'eſt Madame la Marquiſe de Rambouillet qui a fait *débrutaliſer*.

CCCCLXV.

Dueil pour duel.

CEtte Remarque me sembloit indigne de tenir rang parmi les autres, qui n'attaquent pas des erreurs si grossieres qu'est celle de prononcer ou écrire *dueil* pour *duel* ; mais se rendant commune, il n'est pas inutile de la remarquer. Ce sont pourtant des choses bien différentes, que *dueil* & *duel*, outre que *dueil* est d'une syllabe, & *duel* de deux.

CCCCLXVI.

De cette façon de parler, il sait la Langue Latine & la Langue Grecque.

LE sens de ces paroles se peut exprimer en quatre façons. On peut dire, *il sait la Langue Latine & la Langue Grecque ; il sait la Langue Latine & la Grecque ; il sait la Langue Latine & Grecque ; & il sait les Langues Latine & Grecque.* On demande si ces quatre expressions sont toutes bonnes, & laquelle est la meilleure. Je répons que les deux dernieres sont mauvaises, & que les deux premieres sont bonnes; car *il sait la Langue Latine & Grecque,* ne se peut dire, parce que la construction de cette période ou de cette oraison, pour parler en Grammairien, se doit faire, ou selon les paroles qui sont exprimées, ou selon celles qui sont sous-entendues. Si selon celles qui sont exprimées au singulier, *la Langue,* ne peut convenir à deux Langues entierement différentes, comme sont *la Latine & la Grecque.* Si selon celles qui sont sous-entendues, à savoir *la Langue,* encore qu'on ne dise pas *Langue,* il ne faut pas laisser d'exprimer l'article *la,* qui ne se peut supprimer ni sousentendre, à cause qu'un même substantif, comme est *Langue* en cet exemple, ne peut pas être appliqué à deux choses différentes, qu'on ne lui donne deux articles effectifs qui ne se doivent jamais supprimer. Et pour l'autre expression que nous soutenons mauvaise, *il sait les Langues Latine & Grecque,* cela est si évident à ceux même qui ne savent pas les secrets de notre Langue, qu'il me semble superflu de le prouver. Il reste donc à

favoir lequel de ces deux eſt le meilleur , *il fait la Langue Latine & la
Langue Grecque* , & *il fait la Langue
Latine & la Grecque.* Les opinions font
partagées , les uns croient que de répéter deux fois *Langue* , eſt plus régulier & plus grammatical , & alleguent
que M. Coëffeteau qui écrivoit ſi nettement, en uſoit toujours ainſi. Les autres
aſſurent que celui-ci eſt beaucoup meilleur & plus élégant , *il fait la Langue
Latine & la Grecque* , parce, diſent-ils,
que la répétition des mots , à moins
que d'être abſolument néceſſaire , eſt
toûjours importune, outre qu'en l'évitant on s'exprime avec plus de brieve-
té ; ce qui eſt bien agréable , ſur-tout
aux François.

N O T E.

Les opinions ne ſauroient être partagées qu'entre les deux premieres expreſſions des quatre qui font employées dans
cette remarque , puiſque les deux derni e-
res font abſolument mauvaiſes. Je croi
qu'on dit également bien , *il fait la Langue Latine & la Langue Grecque* , & *il fait
la Langue Latine & la Grecque* , mais on dit
plus communément , *il fait le Latin & le*

Grec, comme on dit, *il fait le Turc, l'Arabe, & la plûpart des autres Langues Orientales.*

CCCCLXVII.

Le pronom relatif le, *devant deux verbes qui le régißent.*

PAr exemple, *envoyez-moi ce livre pour le revoir & augmenter.* C'eſt ainſi que pluſieurs perſonnes écrivent, je dis même des Auteurs renommez; mais ce n'eſt point écrire purement, il faut dire, *pour le revoir & l'augmenter,* & répéter le pronom *le* néceſſairement; & cela eſt tellement vrai, que quand même les deux verbes ſeroient ſynonymes, il ne faudroit pas laiſſer de le répéter, comme *pour l'aimer & le chérir,* & non pas, *pour l'aimer & chérir.* Cette règle ne ſouffre point d'exception.

NOTE.

Il eſt indiſpenſable de repeter *le* dans les exemples de cette remarque. Il en eſt de même des pronoms perſonnels. Il faut dire, *on eſt venu me complimenter, & m'avertir en même temps que,* & non pas, *on eſt venu me complimenter, & avertir que. Je croi qu'on veut vous ſurprendre, & vous obli-*
ger.

ger à dire des choses qui vous pourroient être préjudiciables dans la suite, & non pas, qu'on veut vous surprendre & obliger à dire, &c.

CCCCLXVIII.

D'une heure à l'autre.

UN de nos plus célebres Auteurs a écrit, *il n'y a rien qui se doive conserver avec plus de soin que la mémoire d'un bienfait, il se la faut ramentevoir d'une heure à l'autre*, il faut dire *d'heure à autre*, & *d'une heure à l'autre* n'est pas François. En un autre endroit il écrit encore, *la tristesse s'étant emparée de mon esprit, s'y est tellement fortifiée, & s'y fortifie encore d'un jour à l'autre*, il faut dire, *de jour à autre*, & non pas, *d'un jour à l'autre*; car ce dernier exprime un temps défini, comme par exemple, si je voulois dire qu'un homme qui étoit fort riche, est devenu fort pauvre le lendemain, je dirois que *d'un jour à l'autre*, du plus riche homme de la ville, il étoit devenu le plus pauvre. Ainsi *d'un jour à l'autre*, signifie proprement l'espace de deux jours, ou en tout, ou en partie; car cela n'importe. Que si en ce même exemple, je mettois *de jour à autre*, alors je ne dirois plus que ce grand changement fût arrivé déterminément dans deux jours, mais peu à peu, & dans un espace de temps indéfini. Il est de même, ce me semble, de *d'une heure à l'autre*, & *d'heure à autre*.

NOTE.

Je ne croi pas que la remarque de Monsieur de Vaugelas soit juste, & qu'il faille dire *d'heure à autre*, & *de jour à autre*, dans les deux exemples qu'il condamne. Celui qui a dit qu'il faut conserver avec grand soin la memoire d'un bienfait, a prétendu dire, que pour la bien conserver, il faut y penser à tous momens, ce qui est bien exprimé par ces mots *d'une heure à l'autre*, qui enferment toutes les heures du jour, au lieu que *d'heure à autre*, veut seulement dire *quelquefois*. Ne dit-on pas, lorsqu'on demande si un homme va souvent dans quelque maison, *il y va de fois à autre*, pour dire, *de temps en tems?* Je dis la même chose du second exemple, & croi qu'il faut dire, *la tristesse se fortifie dans mon esprit d'un jour à l'autre*, pour signifier qu'elle s'y fortifie tous les jours. Monsieur Chapelain est du même sentiment, lorsqu'il dit que *de jour à autre*, ne seroit d'aucun sens raisonnable dans cet exemple, parce que la force de ces mots *de jour à autre*, va à dire, *tantôt*

en jour, tantôt l'autre, comme, *il nous vi-
site de jour à autre, mais avec quelque distance entre ces jours-là.* L'exemple que
Monsieur de Vaugelas rapporte pour dire, qu'un homme qui étoit aujourd'hui
fort riche est devenu fort pauvre le lendemain, n'est pas de la même nature que le
premier. *La tristesse se fortifie dans mon esprit
d'un jour à l'autre,* veut dire, *se fortifie tous
les jours,* & *d'un jour à l'autre, du plus riche homme de la ville, il est devenu le plus
pauvre,* signifie qu'en l'espace de deux
jours il a perdu tout son bien.

CCCCLXIX.

Discord pour discorde. (1)

Discord pour *discord*, ne vaut rien
en prose, mais il est bon en vers,

Et si de nos discords l'infâme vitupere.

(1) Je ne le condamne pas absolument ni en
prose ni en vers, mais moins en vers qu'en
prose. Il est certain néanmoins qu'en l'un &
en l'autre il n'en faut user que très-rarement,
& lorsqu'il peut faire quelque bel effet, tellement qu'en cet exemple de Malherbe *discord*
n'est pas meilleur que *vitupere.* Au reste, *discord* signifie *dissension, division,* & on n'en
peut pas faire un personnage, comme on fait
de *discorde, la discorde aux crins de couleu-
vres. Discord* au lieu de *discorde,* en cet endroit, seroit ridicule.

R ij

dit M..de Malherbe. Les autres Poëtes
en ont aussi usé & devant & après lui.
C'est un de ces mots que l'on emploie
en vers & non pas en prose , dont le
nombre n'est pa s grand. Néanmoins je
suis bien trompé si un de nos plus excellens Ecrivains ne l'a employé une
fois dans la paraphrase, qui lui a acquis
tant de réputation. Quoi qu'il en soit,
on ne s'en sert en prose que très-rarement , y ayant quelque lieu où peut-
être il pourroit trouver sa place.

N O T E.

Le Pere Bouhours dit que presentement
discord, ne vaut guere mieux en vers qu'en
prose, & que nos meilleurs Poëtes ne s'en
servent point. Je croi ce mot entierement
hors d'usage.

CCCCLXX.

Construction grammaticale.

PLusieurs croient que cette construction n'est pas bonne , *comme le
Roi fût arrivé , il commanda , &c.* &
qu'il faut dire, *le Roi, comme il fut arrivé , commanda,* mais ils se trompent
fort ; car au contraire l'autre est beau-

coup meilleure & plus naturelle, parce que si je commençois la période par *le Roi*, il faudroit dire, *étant arrivé*, & non pas, *comme il fut arrivé ; le Roi étant arrivé, commanda.* Qui ne voit que cette phrase est beaucoup plus Françoise que cette autre, *le Roi, comme il fut arrivé, commanda ? A l'abord*, dit Monsieur Coëffeteau, *comme Tiridates apperçut Corbulon, il descendit le premier de cheval.* On parle & on écrit ainsi.

N O T E.

Il n'y a pas à douter qu'il ne faille dire, *comme le Roi fut arrivé, il commanda*, plustôt que, *le Roi, comme il fut arrivé, commanda*, mais je suis persuadé que, *le Roi étant arrivé, commanda*, est beaucoup meilleur que les deux autres.

CCCCLXXI.

C'est que, *où il est mauvais.*

CE terme est quelquefois superflu & rédondant ; par exemple, lorsqu'il est employé de cette sorte, *quand c'est que je suis malade.* Une infinité de gens le disent ainsi, & particulierement

R iij

les Parifiens & leurs voifins, pluftôt
que ceux des Provinces éloignées. Il
faut dire fimplement, *quand je fuis malade.* Cela eft hors de doute ; mais on
n'eft pas fi affuré que cette autre façon
de parler foit mauvaife, *quand eft-ce
qu'il viendra ?* car les uns la condamnent, & foutiennent qu'il faut dire,
quand viendra-t-il ? & les autres difent
qu'elle eft fort bonne, & pour moi, je
fuis de cet avis.

N O T E.

Monfieur Chapelain dit, que ceux qui
difent, *quand c'eft que je fuis malade,* le difent fort groffierement. Il n'y a rien de
plus commun que cette expreffion, *quand
eft-ce qu'il viendra ?* Je dirois pluftôt,
quand viendra-t'il ?

CCCCLXXII.

Onguent pour *parfum.*

UN fameux Auteur eft repris, &
avec raifon, d'avoir écrit *onguent,*
en parlant de la Magdeléne, & dit *un
précieux onguent,* au lieu d'*un précieux
parfum.* Nous avons encore plufieurs
de nos Ecrivains & de nos Prédicateurs,

qui font cette faute. Ce qui les trompe, c'eſt que les Latins diſent *unguentum* en cette ſignification, parce que les Anciens ſe ſervoient de certains parfums, comme il y en a encore de pluſieurs fortes parmi nous, dont le vrai uſage étoit de s'en oindre quelques parties du corps, tellement qu'il ſemble qu'on avoit raiſon de l'appeller *onguent*. Mais parce que ce mot ſe prend toûjours pour médicament, il ne s'en faut jamais ſervir pour *parfum*, l'uſage le veut ainſi.

N O T E.

Monſieur Chapelain a dit ſur cette remarque, que ſi l'on avoit à ſouffrir *Onguent*, ce ne ſeroit que dans les choſes ſaintes parmi les Chrétiens où il demeure conſacré. Il ajoûte que cela porte avec ſoi quelque majeſté, de conſerver les vieux mots, *in ſacris*, ſur-tout quand on en ôte l'équivoque par un adjoint, comme ici celui de *precieux*, éloigne d'*onguent*, le ſens de *médicament*.

R iiij

CCCCLXXIII.

Poſte.

QUand c'eſt un terme de guerre, il eſt toûjours maſculin, & ceux qui le font de l'autre genre, parlent mal. Il faut dire, *prendre un bon poſte, garder ſon poſte,* & non pas, *prendre une bonne poſte, ni garder ſa poſte.* Quand il ſignifie *une certaine courſe de cheval,* ou *le lieu où ſont les chevaux deſtinez à cet uſage,* ou *l'eſpace qu'ils ont accoutumé de faire en courant,* chacun ſait qu'il eſt féminin, & que l'on dit, *courre la poſte.* Tous deux viennent de l'Italien, qui appelle l'un *poſta,* & l'autre *poſto.* En faiſant cette différence de genre on parlera ſelon l'uſage, & l'on évitera l'équivoque.

CCCCLXXIV.

Abus du pronom démonſtratif, celui.

PLuſieurs abuſent du pronom démonſtratif *celui* en tout genre & en tout nombre. Ce ſont particuliere-

ment les femmes & les Courtifans,
quand ils écrivent ; & tant s'en faut
qu'ils le veuillent éviter, qu'au contraire ils l'affectent comme un ornement. Ils le trouvent fort commode,
& s'en fervent d'ordinaire pour paffer
d'un difcours à un autre. Par exemple,
ils finiront une période par *joie*, en
mettant un point après, & en com-
menceront une autre, qui n'aura rien
de commun avec la premiere, difant,
celle que j'ai reçûe d'une telle chofe, &c.
voulant dire, *la joie que j'ai reçûe.* Autre exemple, *j'ai parlé à un tel de notre
affaire, il s'y portera avec affection. Celle
que vous m'avez témoignée ces jours paffez*, pour dire, *l'affection que vous
m'avez témoignée ces jours paffez, eft
extraordinaire.* Je dis que cette façon
de parler, ou pluftôt d'écrire, eft vicieufe, & que jamais les bons Auteurs
ne s'en font fervis en aucune Langue,
parce que ce pronom, quand il fe rapporte à des chofes de cette nature, n'a
fon ufage que dans une même période ;
comme par exemple, fi je difois, *il m'a
promis de vous fervir avec la même affection que celle que vous lui avez témoignée ces jours paffez.*

Mais, comme j'ai dit, cette règle n'a lieu que lorsque ce pronom se rapporte à des choses d'une certaine nature, qui sont *les choses morales* ou *intellectuelles*, comme, joie, *affection*, *esperance*, *action*, &c. car *aux matérielles* ou *aux personnes*, il n'y a point de mal de commencer la période par ce pronom, comme si je finis ainsi, *pour payer le cabinet que j'ai acheté*, je puis fort bien recommencer, *Celui qu'un tel vous donna*, &c. De même quand il s'agit d'une ou de plusieurs personnes, *la femme de Septimius*, dit Monsieur Coëffeteau, *pour épouser son adultere, fit proscrire & tuer son mari. Celle de Salaßus alla elle-même querir les soldats pour l'executer.* Il y a bien sans doute quelque belle raison de différence, mais je ne l'ai pas encore cherchée.

N O T E.

Monsieur Chapelain dit, que le pronom démonstratif, dont il est parlé dans cette remarque, étoit la figure favorite de Monsieur de Serizay, & à son imitation de Monsieur l'Abbé de Cerizy, & qu'elle n'est pas vicieuse par tout ni en toute occasion. Il trouve la distinction des choses morales & des materielles plus subtile que solide. Je ne croi pas qu'on puisse blâmer l'exemple qui suit, quoique le pronom démonstratif commence une periode. *On a appris ici votre mariage avec une joie extraordinaire. Celle que j'en ai va au de-là de tout ce que je pourrois vous dire.*

CCCCLXXV.

Adverbe.

CEtte partie de l'oraison veut toûjours être proche du verbe, comme le mot même le montre, soit devant ou après, il n'importe, quoique dans la construction il aille toûjours après le verbe, comme l'accessoire après le principal, ou l'accident après la substance. C'est pourquoi je m'étonne qu'un de nos plus fameux Ecrivains affecte de le mettre si souvent loin de son verbe à la tête de la période ; par exemple, *comme l'on vit que presque leurs propositions n'étoient que celles-mêmes qu'ils avoient faites à Rome*, au lieu de dire, *comme l'on vit que leurs propositions n'étoient presque que celles-mêmes qu'ils avoient faites à Rome*, nonobstant la cacophonie des deux , *que » presque que*, qui n'eſt pas conſiderable, en comparaiſon de la rudeſſe qu'il y a à mettre *presque* au lieu où il le met. Et il pouvoit éviter ces deux *que*, en mettant, *comme on vit que leurs propoſitions étoient à peu près les mêmes*, &c.

Je croi néanmoins qu'il y a quelques adverbes, comme *jamais*, *ſouvent*, & quelquefois *toûjours*, qui ont meilleure grace au commencement de la période qu'ailleurs; mais auſſi je n'en ai gueres remarqué d'autres que ceux-la, ce qui me fait ſoupçonner que ce ſont principalement les adverbes du temps qui ont ce privilege, & encore n'eſt-ce pas toûjours. Le même Auteur dont j'ai allégué l'exemple de *presque*, a écrit, *quand jamais un de ſes bienfaits ne lui devroit réuſſir*. Et en un autre endroit, *il devoit faire en ſorte qu'il n'y eût moyen de jamais les faire ſortir au jour*. Cette tranſpoſition eſt étrange, au lieu de dire, *il devoit faire en ſorte qu'il n'y eût jamais moyen de les faire ſortir au jour*.

NOTE.

Cet arrangement de mots, *comme l'en vit que presque leurs propoſitions*, a quelque

chose de fort vicieux Monsieur Chapelain l'appelle barbare. *Jamais & souvent*,
peuvent se mettre avec grace au commencement d'une periode, quoique se-
parez du verbe, comme en ces exemples.
*Jamais aucun de ceux qui ont possedé la même
charge, ne porta si loin*, &c. *Souvent ceux
qui croient tromper les autres, sont trompez
eux-mêmes*, mais il ne me paroît point
que *toujours*, puisse commencer une periode, & ce seroit un mauvais arrangement de mots que de dire, *toujours les
gens de bien sont persecutez par les méchans.*
L'ordre naturel veut que l'on dise, *les
gens de bien sont toûjours persecutez par les
méchans.* On souffriroit pluftôt, *ordinairement*, au commencement d'une periode,
comme en celle-ci. *Ordinairement ceux qui
aiment les plaisirs, negligent le soin de leurs
affaires.* Je ne croi pas qu'il fût bien de
dire, *quand un de ses bienfaits ne lui devroit
jamais réüssir*, parce que *jamais un*, mis
ensemble signifient *aucun*, ce qui est le
sens de cette phrase. La transposition qui
se trouve dans celle qui suit, est très-cho-
quante, & Monsieur de Vaugelas a eu
raison de la condamner.

CCCCLXXVI.

Perdre le respect à quelqu'un.

CEtte façon de parler eft de la Cour, s'il en fût jamais, toute ma vie je l'ai ainfi ouï dire aux hommes & aux femmes qui la hantent : néanmoins depuis peu je vois tant de gens qui condamnent cette phrafe, ou qui en doutent, que je croi qu'il faut être retenu à en ufer. J'avoue que la conftruction en eft étrange, & qu'il femble qu'on devroit dire, *perdre le respect avec quelqu'un*, ou beaucoup mieux encore, *pour quelqu'un*, & non pas *à quelqu'un*. Mais combien y a-t-il de ces phrafes en toutes les Langues & en la nôtre ? Ordinairement ce font les plus belles & qui ont le plus de grace. Il fe préfente fouvent occafion, comme ici, de redire ce beau mot de Quintilien, *aliud eft latinè, aliud grammaticè loqui.*

Si nous voulions éplucher cette façon de parler, *fe louer de quelqu'un*, & en faire une anatomie, felon que les mots fonnent, ou felon leur conftruction, ne la trouveroit-on pas encore plus étrange que l'autre, pour signifier ce qu'elle signifie ? Car par exemple, quand on dit, *un tel se loue fort des faveurs que vous lui avez faites*, la raison voudroit que l'on dise, *un tel vous loue fort des faveurs que vous lui avez faites*, & non pas *se loue*, qui n'est nullement à propos ; & néanmoins il faut dire, *se loue*, si l'on veut parler François. Toutes les Langues ont de ces façons de parler, comme j'ai dit. Il suffit d'en alléguer un exemple en la Latine, *dabis mihi pœnas,* veut dire en bon Latin, *je vous donnerai le fouet, ou je vous battrai ;* & à le prendre au pied de la lettre, ne semble-t-il pas qu'il veuille dire tout le contraire, à savoir, *vous me donnerez le fouet, ou vous me battrez ?* Mais pour revenir à cette phrase, *perdre le respect à quelqu'un, il lui a perdu le respect ;* ceux qui la condamnent, veulent que l'on dise *manquer* au lieu de *perdre*, comme, *manquer de respect à quelqu'un ; il lui a manqué de respect ;* & c'est le plus sûr, si ce n'est le meilleur. Il est vrai qu'il ne se dit pas tant que *perdre le respect.*

NOTE.

Le Pere Bouhours dit que, *perdre le respect à quelqu'un*, qui étoit autrefois une phrase de la Cour, a beaucoup perdu de sa faveur, & qu'il n'y a plus de bons Auteurs qui l'emploient. Monsieur Chapelain dit au contraire que c'est une des plus exquises élegances de la Langue, que ceux qui veulent tout réduire à la Syntaxe ordinaire ne sauroient sentir ; qu'il en est de même de, *se louer de quelqu'un*, & que *il lui a manqué de respect*, est encore une élegance. Il ajoûte que le droit grammatical seroit, *il a manqué de respect pour lui*, & que l'analogie de la phrase, *il lui a manqué de respect*, seroit *il a manqué de respect à lui*, qui ne seroit pas si bien que *pour lui*, dans la rigueur de la grammaire, ou au moins si usité ni si agréable. *Perdre le respect à quelqu'un*, & *se louer de quelqu'un*, sont des expressions dont je ne crois pas qu'on doive faire difficulté de se servir.

CCCCLXXVII.

Quelque chose, *quel genre il demande.*

ON demande si *quelque chose* veut toûjours un adjectif féminin selon le genre de *chose*, ou bien un adjectif masculin

masculin qui réponde à l'*aliquid* des
Latins, & à ce qu'il signifie. Par exemple, s'il faut dire, *il y a quelque chose*
dans ce livre qui est assez bonne, ou *quel-*
que chose qui est assez bon, *quelque chose*
qui est assez plaisante, ou *qui est as-*
sez plaisant. Les sentimens sont divers ; car j'ai entendu agiter cette
question en la compagnie du monde
qui la pouvoit le mieux décider. Les
uns croient que l'un & l'autre est bon,
les autres, qu'il le faut toûjours faire
féminin, les autres toûjours masculin,
& quelques-uns sont d'avis d'éluder la
difficulté, & de dire, *il y a dans ce*
livre quelque chose d'assez plaisant. Ceux
qui croient que tous deux sont bons, se
fondent sur ce qu'on le peut faire féminin par la règle générale, qui veut
que l'adjectif soit du genre du substantif, & que *chose* étant un mot féminin,
l'adjectif le soit aussi, & qu'on le peut
faire aussi masculin, eu égard, non pas
au mot, mais à ce qu'il signifie, qui
est l'*aliquid* des Latins, & un neutre
que nous n'avons pas en François,
mais que nous exprimons par le masculin qui fait l'office de neutre. Ceux qui

Tome III.   S

le font toûjours féminin, ne peuvent comprendre ni consentir que *chose* qui est féminin, puisse jamais être joint avec un adjectif masculin. Et ceux au contraire qui le font toûjours masculin, disent que ce n'est pas *chose* simplement qu'ils considerent en cette question ; mais ces deux mots ensemble, *quelque chose*, qui font tout un autre effet étant joints, que si *chose* étoit seul, ou qu'il fût accompagné d'un autre mot, comme *une* ; car avec *une* il n'y a point de doute, & l'on ne met point en question qu'il ne faille dire, *une chose qui est assez bonne, & qui est assez plaisante*, & non pas, *assez bon ni assez plaisant*. Or ils soutiennent que *quelque chose*, se doit prendre neutralement, & tout de même que l'*aliquid* des Latins. Même quelques-uns de cette opinion passent jusques-là, que de dire que *quelque chose* ne doit être pris & consideré que comme un seul mot composé de deux, qui voudroit être orthographié ainsi, *quelque-chose*, avec un tiret & une marque de composition, & qu'alors *quelque-chose* n'est plus féminin, mais est un neutre selon les Latins, & un masculin selon nous.

Et quant à ceux qui penfent échapper la difficulté avec la prépofition ou
la particule *de*, devant l'adjectif, ils
ont raifon en certains exemples, comme font les deux que nous avons pro-
pofez : mais cet expédient ne fert pas
toûjours ; car fi je dis, *il y a quelque
chofe dans ce livre qui n'eft pas bon*, ou
qui n'eft pas plaifant, on ne fauroit employer le *de* en cette phrafe ni en toutes les négatives où cet échapatoire ne
vaut rien. De même fi je dis, *il y a
quelque chofe dans ce livre, qui mérite
d'être lû* ou *lûe*, on ne fauroit éviter
ce doute avec la particule *de*, ni une
infinité d'autres phrafes femblables.

On en demeura-là ; mais depuis
ayant médité fur ce fujet, il me femble
qu'il y a des endroits où le féminin ne
feroit pas bien, & d'autres où le mafculin feroit mal. Par exemple, *il y a
quelque chofe dans ce livre qui mérite
d'être lûe*, je ne puis croire que ce foit
bien dit, & qu'il ne faille dire, *quelque
chofe qui mérite d'être lû, quelque chofe
qui mérite d'être cenfuré*, & non pas,
d'être cenfurée. Et fi je dis, *il y a quelque chofe dans ce livre qui n'eft pas tel*

S ij

que vous dites, ou *il y a dans ce livre
quelque chofe qui n'eft pas tel que vous
dites*, quoique quelques-uns l'approu-
vent, j'ai néanmoins peine à croire que
ce foit bien dit, & qu'il ne faille dire,
*il y a quelque chofe dans ce livre qui n'eft
pas telle que vous dites*. D'où l'on peut
former une quatriéme opinion diffé-
rente des autres trois, à favoir qu'il y
a des endroits où il faut néceſſairement
mettre le maſculin, & d'autres où il
faut mettre le féminin, comme font les
deux que nous venons de propoſer.
Mais pour difcerner ces endroits-la, je
ne fai point de règle, ou du moins
d'autre règle que l'oreille. Seulement
je dirai qu'il eſt beaucoup plus fréquent, plus François & plus beau de
donner un adjectif maſculin à *quelque
chofe*, qu'un féminin.

C'eſt une belle figure en toutes les
Langues, & en profe auſſi-bien qu'en
vers, de regler quelquefois la conſtruction, non pas felon les mots qui fignifient, mais felon les chofes qui font fi-
gnifiées. Par exemple, nous avons fait
une remarque de *perfonnes*, où l'on voit
qu'encore que *perfonnes* foit féminin,

néanmoins parce qu'il signifie *hommes & femmes*, quand on a dit *personnes* dans un membre de période, on peut dire *ils* au masculin dans un autre membre de la même période, à cause que cet *ils* se rapporte, non pas au mot signifiant, qui est *personnes*, mais au mot signifié, qui est *hommes*. Mais y a-t-il un plus bel exemple que celui que nous avons déja allégué ailleurs, & qui est tout propre pour cette Remarque ?

Ogni cosa distrage era ripieno,

Et non pas *ripiena*, dit le Tasse dans sa Hierusalem. Voilà un exemple pour le genre, en voici un autre pour le nombre, *j'en ai vû une infinité qui meurent*, &c. *Infinité* est singulier, & *meurent* est pluriel, & cependant il faut dire ainsi, & non pas, *j'en ai vû une infinité qui meurt*, qui seroit très-mal dit, & cela, parce que *meurent* se rapporte, non pas au mot signifiant, qui est *infinité*, & singulier, mais à la chose signifiée, qui est *quantité de personnes*, ou *d'animaux*, qui comme un terme collectif, équipolle le pluriel, tellement qu'on n'a pas égard au mot, mais à la chofe.

NOTE.

J'ai confulté quantité d'habiles gens fur cette remarque. Ils veulent tous que *quelque chofe*, foit un neutre felon les Latins qui le rendent par *aliquid*, & un mafculin felon nous, & ils ne peuvent fouffrir que l'on dife, *il y a dans ce livre quelque chofe qui n'eft pas telle que vous dites.* Il faut donc regarder *quelque chofe*, comme un feul mot qui eft toûjours mafculin. Monfieur Chapelain a raifon de dire qu'on n'élude point la difficulté par *affez*, inferé entre *de* & *bon*, en difant, *il y a dans ce livre quelque chofe d'affez bon*, au lieu de, *quelque chofe qui eft affez bon* ou *affez bonne*, car fi *chofe*, étoit-là confiderée comme feminin, le mot d'*affez* inferé n'empêcheroit pas que *bon*, ne dût fe changer en *bonne*, pour conftruire regulierement. Il eft certain que la force eft dans le mot *quelque*. Il declare qu'il eft de ceux qui ne confiderent *quelque chofe*, que comme un feul mot compofé de deux, fur quoi il ajoûte en parlant de Monfieur de Vaugelas, *nous agitâmes la chofe enfemble plufieurs fois, moi lui expliquant la bizarrerie de ce genre feminin qu'il ne faut pas fuivre, par l'*aliquid *des* Latins, *dont quelque chofe, eft la traduction en deux mots, notre lan-*

gue ne le pouvant rendre en un, comme quic-
quid, *est rendu par* quelque chose, *en un
autre sens,* quelque chose que, *pour tout
ce que, l'un & l'autre neutralement, &
dans le sens Latin.* Il dit encore que dans
cette phrase, *quelque chose qui n'est pas telle que vous dites,* ni *tel* ni *telle* ne valent
rien; & qu'il faut dire, *qui n'est pas comme vous dites,* & non pas, *qui n'est pas tel
que,* ou *telle que vous dites*

Monsieur de Vaugelas a employé *quelque chose,* d'une maniere, qui fait que le
relatif qui suit est au feminin, & que ce
seroit une faute de le mettre au masculin.
C'est lorsqu'il dit dans la remarque qui
a pour titre, *sur sous; si je suis assis sur
quelque chose, & qu'on la cherche.* Il n'auroit pas bien parlé, s'il eût dit, *& qu'on
le cherche.* La raison est que quand on dit,
si je suis assis sur quelque chose, on n'en détermine aucune. C'est la même chose
que si on disoit, *si je suis assis sur une chose,
quelle qu'elle puisse être papier, linge, étoffe,*
ainsi il faut dire ensuite, *& qu'on la cherche,* & non pas, *& qu'on le cherche,* parce que le relatif doit se rapporter au genre de *chose,* puisque c'est une chose in-
déterminée, & que *quelque chose,* ne
veut dire-là que, *une chose*; mais quand
je dis, *il y a dans ce livre quelque chose
qui mérite d'être lû,* j'ai deja connu un
ou plusieurs endroits qui méritent qu'on
les lise. De même si je dis, *je vais vous
montrer quelque chose que vous trouverez*

fort beau, je fai quelle eſt la choſe que je veux montrer, & ce *quelque choſe*, étant déterminé, n'eſt plus qu'un ſeul mot qu'on doit faire maſculin.

CCCCLXXVIII.

Succeder pour *réuſſir*.

LOrſque *ſucceder* veut dire *réuſſir*, il s'emploie au prétérit avec le verbe auxiliaire *avoir*, & non pas avec le verbe auxiliaire *être*; par exemple, il faut dire, *cette affaire lui a bien ſuccedé*, & non pas, *lui eſt bien ſuccedée*. Néanmoins un de nos plus célebres Auteurs a écrit dans le meilleur de ſes ouvrages, *deux combats qui lui étoient glorieuſement ſuccedez*. C'eſt ce qui a donné lieu à cette Remarque, parce que je ne croi pas que cette façon de parler ſoit à imiter. Le même Ecrivain a employé *réuſſir* de la même façon, comme nous l'avons remarqué ailleurs.

NOTE.

On parle auſſi mal en diſant, *cette affaire lui eſt bien ſuccédée*, que quand on dit, *ce deſſein lui eſt bien réuſſi*. Monſieur de la Mothe le Vayer veut pourtant que l'uſage l'usage soit autant pour, *lui est bien succédée*, que pour, *lui a bien succédé*. Personne ne met plus le verbe substantif *être*, avec le préterit de *succéder*, on y met toûjours le verbe *avoir*. Il me semble même qu'on emploie bien moins *succéder* que *réussir*, dans cette signification.

CCCCLXXIX.

Bien que, quoique, encore que.

CES conjonctions ne doivent pas être répétées dans une même période ; par exemple, *bien que l'expérience nous fasse voir tous les jours qu'il n'y a point d'innocence qui soit à couvert de la calomnie ; & quoique les plus gens de bien soient exposez à la persecution, si est-ce*, &c. Je veux dire qu'après avoir commencé la période par *bien que*, il ne faut pas mettre *quoique* ni *encore que* dans le second membre de la même période, mais écrire ainsi, *bien que l'expérience nous fasse voir tous les jours, qu'il n'y a point d'innocence qui soit à couvert de la calomnie, & que les plus gens de bien sont exposez à la persécution.* Je ne me serois pas avisé de faire cette Remarque, si je n'avois trouvé cette

faute dans les œuvres d'un bon Ecrivain.

NOTE.

De la maniere que Monſieur de Vaugelas corrige cette phraſe, pour éviter
la répétition de *bien que*, il ne fait pas
que la conjonction & tienne la place
de *bien que*, car en ce cas, il faudroit
que le verbe qui la ſuit fût au ſubjonctif, & qu'il y eût, *& que les plus gens*
de bien ſoient expoſez à la perſécution, ce
qui voudroit dire, *& quoique les plus*
gens de bien ſoient expoſez; mais quand il
met à l'indicatif, *ſont expoſez*, le *que*,
qui eſt après la conjonction & n'eſt pas
la répétition du *que*, qui eſt dans *bien*
que, mais de celui qui eſt après, *nous*
faſſe voir tous les jours. Ainſi il ne s'agit
point ici de répeter *bien que*, mais de
dire ſimplement, *nous voyons tous les jours*
qu'il n'y a point d'innocence qui ſoit à cou-
vert de la calomnie, & nous voyons tous
les jours que les plus gens de bien ſont ex-
poſez à la perſécution. Ce qu'il y a de
certain, c'eſt que quand on met la conjonction & pour ne pas répeter *quoique*
il faut néceſſairement, comme je l'ai
déja dit, que le verbe ſuivant ſoit au
ſubjonctif. En voici un exemple. *Quoi-*
que je faſſe tout ce que je puis pour éviter
la ſurpriſe, & que je ſois toûjours ſur mes
gardes. Il faut dire, *je ſois* au ſubjonctif,

parce que *& que je fois*, veut dire, *&*
quoique je fois, au lieu que dans l'exemple corrigé par Monfieur de Vaugelas,
& que les plus gens de bien font expofez,
ce *que* eft gouverné par *nous faffe voir*,
& ne veut pas dire *& bien que*, puifque
fi cela étoit, il faudroit dire, *foient expo-*
fez, & non pas, *font expofez*. Voici un
exemple, où fi l'on ne repete point
quoique, il peut y avoir une équivoque.
Bien que l'expérience nous faffe voir que les
plaifirs amoliffent l'homme, & que les loix
divines défendent l'excès en toutes chofes, il
y a des gens fi peu raifonnables, &c. Ce
n'eft point l'expérience qui fait voir que
les loix divines défendent l'excès en toutes chofes. Cependant comme on ne fauroit connoître fi *défendent*, eft à l'indicatif ou au fubjonctif, il femble que ce
fecond membre de la période foit gouverné par *faffe voir*, au lieu que, *& que*
les loix divines défendent, veut dire, *&*
quoique les loix divines défendent. Ainfi il
feroit peut-être mieux de répeter *quoique*,
& de dire, *bien que l'expérience nous faffe*
voir que les plaifirs amoliffent l'homme, &
quoique les loix divines défendent, &c. Il
eft vrai qu'on peut rémédier à cela, en
mettant un verbe où le fubjonctif ne
foit point douteux, comme, *& que les*
loix divines foient contraires à la tolerance
de l'excès. Alors il ne fera point néceffaire de répéter *quoique*, puifqu'il fera
aifé de connoître par ce fubjonctif que

la conjonction *&* s'y rapporte , & non pas à *fasse voir ,* qui gouverne l'indicatif

CCCCLXXX.

Comme ainsi soit.

MOnsieur Coëffeteau use souvent de cette façon de parler à l'imitation d'Amyot, qu'il s'étoit proposé pour le plus excellent patron de son temps , & sur lequel il avoit formé son style avec les changemens & les modifications qu'il y falloit apporter. Dans ses premiers Ouvrages, ce terme ne fut pas mal reçû ; mais bientôt après il vint à un tel décri , que l'autorité d'un si grand homme ne le pût sauver , au contraire on le lui reprochoit comme un crime, ou du moins comme une tache qui souilloit toute cette beauté de langage, en quoi il excelle. La cause de ce décri , c'est que les Notaires ont accoûtumé de s'en servir au commencement de leurs contrats. Néanmoins on a souvent affaire de ces sortes de termes , & celui-ci me sembloit fort grave à l'entrée d'un discours, lorsqu'il est question d'entamer quelque matiere importante ; & nous n'avons pas plus

de mots de cette nature en notre Langue qu'il ne nous en faut. J'avoue
que dans une lettre il feroit exhorbi-
tant ; mais qui ne fait qu'il y a des paroles & des termes pour toutes fortes
de ftyles? Les Italiens n'ont-ils pas leur
confiofiaco faché ou *conciofieco fache* ,
pour dire , *comme ainfi foit* , qui eft
encore bien plus étrange , duquel
néanmoins ils ne laiffent pas de fe fervir depuis plufieurs fiecles au commencement de quelque grave difcours ,
quand ils veulent écrire d'un ftyle ma-
jeftueux ? Avec tout cela il faut aujourd'hui condamner *comme ainfi foit* ,
puifque l'ufage le condamne ; mais il
n'avoit pas encore prononcé l'Arrêt
définitif , quand Monfieur Coëffeteau
s'en fervoit ; c'eft pourquoi il n'eft pas
tant à blâmer de ne s'en être pas abfte-
nu. Il fait affez paroître en tous fes
Ecrits combien il étoit religieux &
exact à ne point ufer d'aucun mot ni
d'aucune phrafe qui ne fût du temps &
de la Cour.

CCCCLXXXI.

Si bien.

SI bien, conjonction, ne se dit jamais, qu'il ne soit suivi immédiatement de *que*, & que l'on ne dise, *si bien que*, qui veut dire *de sorte que*, ou *tellement que*. J'ai ajoûté *conjonction*, parce que *si bien* sans *que* après, est fort bon quand il n'est pas conjonction, mais adverbe, comme par exemple quand on dit, *il est si bien fait, il est si bien né*; mais ce n'est pas de quoi il s'agit. Nous condamnons *si bien*, dont une infinité de gens ont accoûtumé d'user pour *bien que, encore que*, comme quand ils disent, *si bien j'ai dit cela, je ne le ferai pas*. C'est une façon de parler purement Italienne, *se bene l'ho detto*, &c. & je m'étonne qu'un de nos plus célebres Auteurs ait écrit, *si bien ces commencemens nous ont été nécessaires*, au lieu de dire, *bien que ces commencemens*, ou *encore que ces commencemens*, &c.

NOTE.

Entre ceux qui ont ufé de *fi bien*,
pour *encore que*, Monfieur Chapelain dit
que Monfieur de Salles Evêque de Ge-
néve s'en fervoit toûjours, foit en parlant, foit en écrivant, & qu'il avoit contracté ce vice avec les Italiens fes voifins. Les Efpagnols fe fervent auffi de
cette façon de parler, mais elle n'eft
plus en ufage parmi nous.

CCCCLXXXII.

Confideré que.

CE terme de conjonction pour *vû*
que, n'eft plus gueres en ufage.
Néanmoins Monfieur Coëffeteau s'en
fert fouvent après Amyot & avec plufieurs autres bons Ecrivains ; mais je
ne confeillerois pas aujourd'hui à qui
que ce fût de s'en fervir, fi ce n'eft dans
un grand ouvrage de doctrine pluftôt
que d'éloquence. *Attendu que* commence à fe rendre fort commun dans le
beau ftyle ; mais du temps du Cardinal
du Perron & de Monfieur Coëffeteau,
il étoit banni de leurs écrits & de ceux
de tous les meilleurs Auteurs qui l'a-

T iiij

voient relegué dans le pays *d'icelui*, &
de *pour* & *à icelle fin*. Mais l'ufage comme la fortune, chacun en fa jurifdic-
tion, éleve ou abaiffe qui bon lui femble, & en ufe comme il lui plaît.

NOTE.

Attendu que, qui commençoit à fe rendre fi commun du temps de Monfieur
de Vaugelas n'eft guere meilleur aujour-
d'hui, que *confideré que*, & beaucoup
de bons Ecrivains font difficulté de s'en
fervir. Ils difent, *parce que*, *puifque*,
ou tournent la phrafe.

CCCCLXXXIII.

S'attaquer à quelqu'un.

CEtte façon de parler, *s'attaquer à
quelqu'un*, pour dire, *attaquer
quelqu'un*, eft très-étrange & très-Fran-
çoife tout enfemble ; car il eft bien
plus élégant de dire, *s'attaquer à quelqu'un*, qu'*attaquer quelqu'un*. Ce font
de ces phrafes dont nous avons parlé
ailleurs, qui ne veulent pas être éplu-
chées ni prifes au pied de la lettre, parce qu'elles n'auroient point de fens,
ou même fembleroient en avoir un tout

contraire à celui qu'elles expriment,
mais qui bien loin d'en être moins bonnes, en font beaucoup plus excellentes. Voyez la Remarque intitulée,
perdre le respect à quelqu'un.

NOTE.

On ne peut pas dire que *s'attaquer à
quelqu'un*, soit plus élégant que *attaquer
quelqu'un*, puisque ces deux façons de
parler signifient deux diverses choses.
L'une marque le sentiment qui nous fait
entreprendre d'attaquer une personne plus
considerable, & plus puissante que nous;
l'autre signifie l'action même. Ainsi si
l'on vouloit exprimer qu'un homme
ayant rencontré son ennemi dans la rue,
auroit mis l'épée à la main contre lui,
ce seroit mal parler que de dire, *l'ayant
trouvé dans la rue il s'est attaqué à lui.*
Il faudroit dire, *il l'a attaqué.* Mais si
on vouloit marquer la hardiesse que quelqu'un auroit de vouloir attaquer une
personne qu'il devroit craindre, il faudroit alors se servir de cette façon de
parler, *s'attaquer*, comme dans le Cid,
lorsque le Comte dit à Rodrigue,

*Mais t'attaquer à moi ! qui t'a rendu
si vain*
*Toi qu'on n'a jamais vû les armes à
la main ?*

CCCCLXXXIV.

Que le changement des articles a bonne grace.

JE dis que le changement des articles a bonne grace, lorſqu'on emploie deux ſubſtantifs l'un après l'autre avec la conjonction & , tellement que pour avoir cette grace , il faut tâcher autant qu'il ſe peut , de mettre deux ſubſtantifs de divers genre. L'exemple le va faire entendre , *je dois beaucoup à la conduite & au ſoin de cet homme* , eſt dit ſans doute avec plus de grace que , *je dois beaucoup à la conduite & à la diligence de cet homme* , parce que la variété donne beauté & grace à toutes les choſes. C'eſt pourquoi cette variation d'articles , féminin & maſculin , *à la conduite & au ſoin* , eſt bien plus agréable à l'oreille que ne ſeroit l'uniformité d'un ſeul article répété deux fois , *à la conduite & à la diligence.* Je ne doute point que pluſieurs ne diſent que c'eſt un trop grand rafinement , à quoi il ne ſe faut point amuſer. Auſſi je ne blâme point

Ceux qui n'en uferont pas ; mais je fuis
certain que quiconque fuivra cet avis ,
plaira davantage , & fera une de ces
chofes dont fe forme la douceur du
ftyle, & qui charme le Lecteur ou l'Auditeur , fans qu'il fache d'où cela vient.
L'ufage de cet avis ne doit avoir lieu
que lorfque l'on a le choix de plufieurs
mots dont on peut diverfifier le genre ,
& qu'il ne coûte rien d'en ufer ; car je
n'entens pas que l'on fe contraigne en
rien , ni que l'on fe départe pour cela
de la grace de la naïveté & d'une expreffion naturelle.

N O T E.

Il n'y a perfonne qui ne demeure d'accord que la variation d'articles , féminin
& mafculin , eft plus agréable à l'oreille
que l'uniformité d'un feul article répété deux fois , pourvû que cela n'ôte rien
de l'expreffion naïve & naturelle. Monfieur Chapelain dit feulement fur cette
remarque , que lorfqu'on met *à la conduite & au foin* , ce n'eft pas changer
d'article , mais changer la terminaifon
ou le fon du même article.

CCCCLXXXV.

Qu'il est nécessaire de répéter les articles devant les substantifs.

Voici une des principales & des plus nécessaires règles de notre Langue, que la répétition des articles. Je n'avois néanmoins résolu d'en traiter, qu'en passant, selon les occasions qui s'en sont présentées dans ces Remarques, parce que je ne vois presque personne avoir tant soit peu de soin de bien écrire, qui manque à une loi si connue & si établie. Mais outre qu'y ayant pris garde de plus près, j'ai trouvé cette faute moins rare que je ne m'étois imaginé, on m'a conseillé d'en parler à plein fonds, m'assurant que ma peine ne seroit pas superflue.

Donc pour proceder par ordre, la répétition des articles est toûjours nécessaire au nominatif & à l'accusatif, quand il y a deux substantifs joints ensemble par la conjonction &. Exemple, *les faveurs & les graces sont si grandes*, & non pas, *les faveurs & graces*, &c. Mais la faute est bien encore plus grande de ne pas répéter l'article, quand les deux substantifs sont de deux genres différens, comme de dire, *le malheur & misere dont on est accablé*, au lieu de répéter l'article, *le malheur & la misere*, *&c.* Aussi n'y a-t-il que les Ecrivains insupportables qui fassent une faute si grossiere.

Cette même répétition est encore nécessaire au génitif & à l'ablatif, qui sont toûjours semblables en notre Langue, comme le nominatif & l'accusatif le sont. Il faut dire, *l'amour de la vertu & de la Philosophie*, & non pas, *l'amour de la vertu & Philosophie*. A l'ablatif de même, il faut dire, *dépouillé de la Charge & de la dignité qu'il avoit*, & non pas, *dépouillé de la Charge & dignité qu'il avoit*. Il est vrai qu'au génitif on s'en dispensoit autrefois aux mots synonymes & approchans, comme, *j'ai conçû une grande opinion de la vertu & générosité de ce Prince*, au lieu de dire, *une grande opinion de la vertu & de la générosité de ce Prince*; & Monsieur Coëffeteau qui écrivoit si purement, le disoit souvent ainsi sans répéter l'article; mais je pense avoir déjà

dit en quelqu'une de mes Remarques
que cela ne se fait plus aujourd'hui, &
qu'encore que les mots soient synonymes ou approchans, il ne faut pas laisser de répéter l'article. Ainsi de l'ablatif, *je puis esperer cela de la bonté & de
la générosité de ce Prince*, & non pas, *de
la bonté & générosité*. Que si les deux
substantifs sont de divers genre, ce seroit une plus grande faute de ne pas
redoubler l'article, parce que le premier article ne convient pas au second
substantif; par exemple si je disois, *il
jeûne au pain & eau*, au lieu de dire,
au pain & à l'eau; *au dîné & collation*,
pour *au dîné & à la collation*; car l'article *au* ne convient pas à *eau* ni à *collation*. Que si les deux substantifs sont
de même genre, mais que l'un commence par une consonne, & l'autre par
une voyelle, comme, *au Midi & à
l'Orient*, ce seroit encore une grande
faute de dire *au Midi & Orient*, parce
que l'article *au*, quoique masculin, ne
convient pas à l'autre masculin commençant par une voyelle.

Pour le datif, il y en a qui le voudroient excepter, croyant que de dire,

je dois cela à la bonté & générosité de ce Prince, est mieux dit que, *je dois cela à la bonté & à la générosité de ce Prince*, parce que *bonté & générosité* étant approchans des synonymes, il semble qu'ils tombent dans cette belle règle des synonymes ou des approchans, qui ne veulent pas la répétition de plusieurs particules, comme les mots contraires, ou tout-à-fait différens, la veulent absolument avoir; par exemple, *je dois cela à l'adresse & à la force d'un tel ; j'ai égard à la vigueur & à la foiblesse d'un homme*. Mais je ne serois pas de cet avis maintenant, quoique du temps de Monsieur Coëffeteau je confesse que je l'aurois été.

N O T E.

Monsieur Chapelain trouve qu'on feroit une double faute en disant, *au Midy & Orient*, parce que l'article manqueroit au second substantif, & parce que celui qui est au premier, ne conviendroit pas au second. Il tient qu'il seroit plus pardonnable de dire, *à la bonté & générosité*, la rudesse du manquement de l'article étant moindre, peut-être, parce que la répétition de, *à la*, est plus importune que celle de *la* seulement. Pour moi, je croi qu'il eft indifpenfable de dire, *je dois cela à la bonté, & à la générofité de ce Prince.* Il y en a qui difent, par exemple. *On ne fauroit faire fon falut, fi on ne quitte tous les plaifirs & les vanitez du monde.* Quoiqu'en rigueur ce foit bien parler, parce qu'on peut dire que *tous* ne fe rapporte qu'à *plaifirs*, ces deux mots *plaifirs & vanitez* font fi bien liez enfemble, qu'il femble que *tous* fe doive rapporter à l'un & à l'autre. Ainfi je dirois, *il faut quitter tous les plaifirs, & toutes les vanitez du monde*, parce que *tous* qui eft joint avec *plaifirs* mafculin, ne fauroit s'accommoder avec *vanitez* qui eft féminin.

CCCCLXXXVI.

Quel eft l'ufage des articles avec les fubftantifs accompagnez d'adjectifs, avec particules ou fans particules.

LEs articles joints aux fubftantifs, accompagnez d'adjectifs, foit que ces adjectifs foient tout feuls, ou qu'ils ayent quelque particule avec eux, ont le même ufage en tout & par tout que les articles joints aux feuls fubftantifs. Exemples de tous les cas. Au nominatif

tif, *c'eſt le meilleur homme & le meilleur ouvrier du monde.* De même à l'accuſatif, qui eſt toûjours ſemblable au nominatif, *il a vû le meilleur homme & le meilleur ouvrier du monde.* Au génitif & à l'ablatif, *c'eſt le fils du meilleur homme & du meilleur ouvrier du monde.* Ce qui ſe dit du maſculin, s'entend du féminin, & des deux nombres de même.

Il y a exception quand les deux ſubſtantifs ſont ſynonymes ou approchans; car alors on n'eſt pas obligé de répéter ni l'article ni l'adjectif, comme, *c'eſt le fils du meilleur parent & ami que j'aye au monde,* eſt bien dit, quoique ce ſoit encore mieux dit, *le fils du meilleur parent & du meilleur ami;* car cette répétition n'eſt abſolument néceſſaire que quand les deux ſubſtantifs ſont tout-à-fait différens, comme en cet autre exemple, *le meilleur homme & le meilleur ouvrier du monde,* où il ne faut pas dire, *le meilleur homme & ouvrier du monde.* Voilà quant aux articles qui ſont joints à deux noms ſubſtantifs accompagnez d'un même adjectif qui ſert à tous les deux.

Que ſi les deux ſubſtantifs ont cha-

cun leur adjectif différent , comme ,
c'est le bon homme & le mauvais ouvrier,
c'est ainsi qu'il faut dire , & non pas ,
c'est le bon homme & mauvais ouvrier;
c'est-à-dire qu'il faut toûjours répéter
l'article.Enfin le second substantif joint
au premier par la conjonction & , lorsqu'ils ne sont pas synonymes ou approchans , veut être traité tout de même
que le premier ; car si le premier a un
article , le second en veut avoir un ; si
le premier a un adjectif ou une épithete,
le second en veut avoir un aussi , comme s'il étoit jaloux de tout le bien que
l'on fait à l'autre ; au lieu qu'étant synonymes ou alliez,ils s'accordent comme bons amis , & se passent d'un seul
article & d'un seul adjectif pour eux
deux.

Quand les deux adjectifs contraires
ou différens sont accompagnez de la
particule *plus* , il faut toûjours répéter
l'article & la particule *plus* , soit que le
substantif soit devant ou après les adjectifs ; par exemple , *aux contraires* ,
en parlant d'un riche avaricieux , *c'est*
le plus riche & le plus pauvre homme que
je connoisse , & non pas , *c'est le plus*

riche & plus pauvre homme, & moins encore, *c'est le plus riche & pauvre homme, &c.* Et aux différens, *c'est le plus
riche & le plus liberal homme du monde,*
& non pas, *c'est le plus riche & plus liberal homme du monde,* & moins encore, *c'est le plus riche & liberal.* Et
*c'est l'homme le plus riche & le plus liberal
du monde,* & non pas, *le plus riche &
plus liberal,* & encore moins, *le plus
riche & liberal.* Mais quand ils font fynonymes ou approchans, il n'est pas
nécessaire de répéter l'article ni la particule *plus,* comme, *il pratique les plus
hautes & excellentes vertus,* est bien
dit, parce qu'ici *hautes & excellentes*
sont comme synonymes, quoique *il
pratique les plus hautes & les plus excellentes vertus,* non seulement ne soit
pas mal dit, mais soit encore mieux dit
que l'autre, selon l'opinion de Monsieur Coëffeteau qui l'a toûjours écrit
ainsi. *Et promirent d'être obéissans & fi-
deles à de si généreux & de si magnifiques
Empereurs,* dit-il en un lieu, bien que
généreux & magnifiques soient deux
épithetes approchans. La particule *si*
veut être traitée comme *plus* & quel-

ques autres. On le peut encore dire
d'une troisiéme façon, *il pratique les
plus hautes & plus excellentes vertus du
Christianisme*, qui est selon quelques-
uns la meilleure des trois, & celle dont
Monsieur de Malherbe a accoûtumé
d'user. *Devant le plus grand & plus glorieux courage*, dit-il en quelque endroit, tellement que de tout cela on
peut recueillir que cette distinction des
synonymes ou des approchans, & des
contraires ou des différens, est d'un
grand usage ; car elle influe presque
sur toutes les parties de l'oraison, sur
les noms, soit substantifs, soit adjectifs, sur les verbes, sur les prépositions
& sur les adverbes, comme il s'en voit
des exemples en divers endroits de ces
Remarques.

NOTE.

Selon Monsieur Chapelain (& je croi
qu'il a raison) ce n'est pas bien parler
que de dire, *c'est le fils du meilleur Parent
& Ami que j'aye au monde*. Il dit que
nos Anciens même nous l'ont montré
en la phrase de, *en Compére & en Ami*,
par la répétition de la préposition *en*,
qui est du même ordre que l'article,
puisqu'on pourroit dire par cette régle

en *Compére & Ami*, ce qu'on ne dit pas.
On dit pourtant ordinairement en parlant de Meſſieurs les Evêques, *ils étoient
en camail & rochet*, quoique les plus ſcru-
puleux vueillent qu'on diſe , *en camail
& en rochet.* M. de Vaugelas permet
cette phraſe. *Il pratique les plus hautes
& excellentes vertus.* Je croi qu'il faut
répéter l'article avec *plus.* Voici ce qu'a
écrit là-deſſus Monſieur Chapelain. *Et
par conſéquent , Monſieur de Balſac a in-
troduit mal-à-propos la répétition de l'article aux adjectifs ſynonymes ou approchans ,
même ſans* plus *devant , comme ,* il pratique les hautes & les excellentes vertus,
*tous ceux qui l'ont précédé s'étant contentez
de l'article pour l'un & l'autre adjectif , ſynonyme ou approchant ,* il pratique les hautes & excellentes vertus, *ſi l'on en ex-
cepte Monſieur Coëffeteau.* Monſieur Chapelain fait voir par-là qu'il eſt de l'avis
de Monſieur de Balſac qui veut la répétition de l'article. A l'égard de cette
troiſiéme façon de parler, *il pratique les
plus hautes & plus excellentes vertus du
Chriſtianiſme,* il dit qu'elle eſt très-bonne,
parce que la répétition de l'article n'eſt
néceſſaire , que quand les adjectifs ſont
oppoſez ou differens, pour marquer par
cette répétition, l'oppoſition ou la différence. Il ajoûte que, *le Ciel & la Terre,
la Terre & l'Onde, l'un & l'autre,* ou *l'un
ou l'autre* ont eu de tout temps l'article
redoublé par cette raiſon. J'avoue que

je dirois encore, *il pratique les plus hautes & les plus excellentes vertus.*

CCCCLXXXVII.

Reſſembler.

ON demande ſi *reſſembler* régit auſſi bien l'accuſatif que le datif ; car perſonne ne doute qu'il ne régiſſe le datif. Monſieur de Malherbe a écrit en un certain lieu, *gardons-nous de le reſſembler,* & en un autre, *avec ce langage & autres qui le reſſemblent,* & Monſieur Bertaut lui a fait auſſi régir l'accuſatif en cette fameuſe ſtance,

> *Quand je revis ce que j'ai tant aimé,*
> *Peu s'en fallut que mon feu rallumé*
> *Ne fît l'amour en mon ame renaître,*
> *Et que mon cœur autrefois ſon captif*
> *Ne reſſemblât l'eſclave fugitif,*
> *A qui le ſort fait rencontrer ſon maître.*

Il y a beaucoup d'autres Auteurs qui lui donnent l'accuſatif, mais ce ſont les vieux & non pas les modernes. Ce qui fait voir que c'étoit la vieille façon de parler que de lui faire régir l'accufatif, & qu'aujourd'hui il demande toûjours le datif. Il eſt vrai qu'en faveur de la poëſie j'ai oui dire à pluſieurs perſonnes très-ſavantes en notre Langue, qu'en vers ils le ſouffriroient à l'accuſatif auſſi-bien qu'au datif, mais qu'en proſe ils le condamneroient abſolument.

NOTE.

On ne fait plus gouverner l'accuſatif à *reſſembler* ni en Vers ni en Proſe. Ce verbe demande toûjours le datif.

CCCCLXXXVIII.

S'il faut dire cueillera *&* recueillera, *ou* cueillira *&* recueillira. (1)

CEtte queſtion a été agitée en une célebre compagnie, où les voix ont été partagées. Les uns alléguoient

---

(1) *Cueillera* & *recueillera.*] Amadis, liv. 2. ch. 6. *il vous ſecourira & aidera.* Par là il ſe voit quel étoit l'uſage ancien, & que cet uſage a été changé, à cauſe que *ſecourira, cueillera,* & autres futurs des verbes en *ir,* étoient trop rudes à l'oreille. Amadis, liv. 3. ch. 3. & 6. & par-tout, font les temps du

qu'on diſoit autrefois *cueiller* à l'infinitif, au lieu de *cueillir*, & que de *cueiller* on avoit formé le futur *cueillerai*;
verbe *finir*, comme ſi alors on diſoit *finer*, y
finent, pour *finiſſent malheureuſement leurs
jours* : puis *finirent leurs jours*. Cependant au
liv. 2. ch. 9. il dit *finir*, & non *finer*. Lorſque
fine (pour finit) *la gloire. Gloire eſt de finir la
vie*. Ces vers d'une chanſon que fit Amadis en
la Roche pauvre, montrent que les temps du
verbe *finir* ſe faiſoient comme ſi à l'infinitif
on eût dit *finer*. *Mourir* fait *meure* & *meurent*:
de *meurir* on diſoit *meure* pour *meurit* : *que
mauvais eſt li arbre dont li fruits ne meure*,
ne meurit, & rime à écriture. Pierre de Cloy
dans Fauchet, pag. 554. Coëffeteau, Hiſt.
Rom. liv. 1. dit, *Tout le fruit qu'il recueille-
roit de s'être abaiſſé*. Villon, pag. 87. *Frez
cueillez* pour *frais cueillis*.

La plûpart des verbes en *ir* font leur temps
comme ſi l'infinitif étoit en *er*. *Je couvre*,
découvre, & autres, comme la règle qui veut
qu'on diſe, *je couvris*, comme *je ſalis &
ſaillis*, de *ſaillir* & *ſalir*. Amadis l. 3. c. 6.
dit *ils craignerent*, pour *ils craignirent*;
c'eſt pluſtôt une faute d'impreſſion.

Richard de Sommilui dans Fauchet au
Traité des anciens Poëtes p. 570. dit *vieilleſſe
l'accueillera*.

Amyot en l'Epître Dédicatoire à Henri II.
dit, *Vos ſujets en recueilleront ce fruit*, en
parlant ſur la fin de l'utilité des traduc-
tions.

car

car c'eſt ſans doute de l'infinitif que ſe
forme le futur de l'indicatif. Les autres
qui étoient de la même opinion , qu'il
falloit dire *cueillerai* , n'avançoient
point cette raiſon ni aucune autre ,
mais ſe fondoient ſur l'uſage ſeulement,
& aſſuroient que l'on dit en parlant ,
cueillera & *recueillera* , & non pas ,
cueillira & *recueillira* avec un *i* devant
r. Ceux de l'opinion contraire ſoû-
tenoient que l'uſage étoit pour *cueilli-*
ra & *recueillira* avec *i* , & que jamais
ils ne l'avoient lû ni oui dire autrement. Sur quoi il y en eut quelques-uns
qui les accordérent par cette diſtinc-
tion , qu'à la Cour tout le monde dit
cueillira & *recueillira* , & qu'à la Ville
tout le monde dit *cueillera* & *recueille-*
ra ; ce qui à mon avis eſt très-vérita-
ble. Et cela préſuppoſé, que s'enſuit-il
autre choſe , ſinon que *cueillira* & *re-*
cueillira , eſt comme il faut parler, puiſque c'eſt un des principes de notre
Langue , ou pour mieux dire, de toutes les Langues , que lorſque la Cour ,
en quelque lieu du monde que ce ſoit,
parle d'une façon, & la Ville d'une autre , il faut ſuivre la façon de la Cour ?

Tome III.   X

Outre que celle-ci eſt encore fortifiée
par les Auteurs où je n'ai jamais vû
cueillera ni *recueillera* , cela étant ſi
véritable , que la pluſpart même de
ceux qui ſont pour *cueillera* , demeurent d'accord qu'on ne l'écrit pas ainſi,
mais qu'on le dit en parlant , comme ſi
cela ſe faiſoit en notre Langue , ni en
aucune autre , que l'on dît un mot (2)
d'une façon en parlant , & d'une autre
en écrivant , en quoi je n'entens point
parler de la différence de la prononciation & de l'orthographe.

Et quant à ce qu'ils alleguent l'ancien infinitif *cueiller* , ils ne prennent
pas garde que cela fait contre eux ; car
puiſqu'ils tirent une conſequence de
l'infinitif au futur de l'indicatif, qui n'eſt
pas mauvaiſe, étant vrai , comme nous
avons dit, qu'il en eſt formé ; que s'en-

---

(2) *L'on dit un mot d'une façon en parlant.*]
On dit en parlant le *Comte de Cramail*, &
il s'écrit *Carmaing*. Le Pere *Suffren* Jeſuite
ſe prononce *Souffran*. *Moyſe* ſe prononce
Mouyſe, *Pentecoſte Pentecouſte* , *Noé Noué* ,
du Molins du Moulins , *Tholoſe Thoulouſe* ,
Montholon Montlon, *Convent Couvent* , *Monſtier Mouſtier* , *Faremonſtier Faremouſtier* ,
& autres compoſez de *Monſtier*.

fuit-il autre chofe, finon que quand on difoit *cueiller* & *recueiller*, on difoit (& il le falloit dire auffi) *cueillera* & *recueillera*, & qu'à cette heure parce que l'on dit *cueillir*, il faut dire *cucillira* & *recueillira*; car ils ne conteftent point que l'on dife encore *cueiller* à l'infinitif?

N O T E.

Il eft évident que l'on a dit autrefois *cueiller*, à l'infinitif, & que c'eft de cet ancien verbe qu'on a confervé, *je cueillerai*, au futur. Comme l'on dit aujourd'hui *cueillir*, à l'infinitif, on devroit dire au futur, *je cueillirai*, puifque c'eft de-là qu'il fe forme, & que tous les verbes gardent l'*i*, ou l'*e*, de l'infinitif au futur, *aimer*, *j'aimerai*, *vieillir*, *je vieillirai*. Il y en a qui fuppriment *i*, comme *courir*, *je courrai*, & non pas, *je courirai*, mais il n'y a que le feul verbe *cueillir*, qui le change en *e*; ce qui fait voir, que ce futur *cueillerai*, vient de *cueiller*, & non de *cueillir*. Toute la Cour qui du temps de Monfieur de Vaugelas difoit *cueillirai*, dit prefentement *je cueillerai*, ainfi l'ufage en a décidé.

Ce que je viens de dire de l'ancien infinitif, *cueiller*, m'engage à parler du nom fubftantif, *cueiller*, parce que j'ai fouvent oui demander comment il falloit le prononcer & l'écrire. Nicod a

écrit *cueillier*. Monſieur Menage obſerve, que le petit peuple de Paris prononce *cueillié*, *la cueillié du Pot*, & que
les honnêtes Bourgeois y diſent *cueille-*
re. Il décide pour *cueiller*, comme étant
la véritable prononciation, & la plus
uſitée à la Cour, ce qu'il juſtifie en diſant que ceux-mêmes qui diſent *cueillier*
comme quelques-uns prononcent, diſent
une cueillerée de potage, & non pas, *une*
cueillierée.

CCCCLXXXIX.

Sorte, *comme il ſe doit conſtruire.*

NOus avons remarqué en divers
endroits pluſieurs façons de parler, où le régime du genre ne ſuit pas
le nominatif, mais le génitif, qui eſt
une choſe aſſez étrange, & contre la
conſtruction ordinaire de la Grammaire
en toutes ſortes de Langues. En voici
encore un exemple en ce mot *ſorte*;
car il faut dire, *il n'y a ſorte de ſoin qu'il*
n'ait pris, & non pas, *qu'il n'ait priſe*,
quoique *ſorte* ſoit le nominatif féminin,
auquel l'adjectif participe *pris*, ſe doit
rapporter dans la bonne conſtruction
grammaticale, & par conſequent il
faudroit dire *priſe*, le génitif ne pou-

vant être conftruit avec le nominatif
adjectif. Mais en ceci, comme en plufieurs autres façons de parler que nous
avons remarquées, on regarde pluftôt
le fens que la parole, c'eft-à-dire qu'en
cet exemple, *il n'y a forte de foin*, on
ne confidere pas *forte*, mais *foin*, tout
de même que fi l'on difoit, *il n'y a foin*,
parce que tout le fens va à *foin*, & non
pas à *forte*.

N O T E.

On dit, *il n'y a forte de foin qu'il n'ait
pris*, par la même raifon qui fait dire,
une partie du pain mangé. Comme on ne
peut fupprimer le mot de *pain* dans
cette derniere phrafe, non plus que le
mot de *foin*, dans la premiere, c'eft uni-
quement au fubftantif qui eft mis au
genitif, que le fens s'applique, & ce
fubftantif régle le genre.

CCCCXC.
Répétition du mot Faire.

IL y a des répétitions d'un mot ou
de plufieurs mots qui font néceffaires, comme, *je n'ai fait aujourd'hui
que ce que j'ai fait depuis vingt ans.*
Tous nos bons Auteurs en font pleins,

X iij

& ce feroit une grande faute de ne pas ufer de ces répétitions, quoiqu'un des premiers Efprits de notre fiecle les ait toutes condamnées également, en quoi il eft auffi condamné de tout le monde. Il y a d'autres répétitions qui ne font pas abfolument néceffaires, comme le font ces premieres dont nous venons de parler, mais qui font grace & figure; & il y en a de beaucoup de façons différentes, qu'il feroit trop long de marquer par des exemples. Il fuffit d'en faire voir d'une façon, comme, *une fi belle victoire méritoit d'être annoncée par une fi belle bouche*; ces deux mots *fi belle*, deux fois répétez, ont fort bonne grace, quoique la répétition n'en foit pas abfolument néceffaire; car quand on diroit, *une fi belle victoire méritoit d'être annoncée par cette bouche*, comme l'a écrit dans une lettre ce grand homme, de qui j'ai tiré cet exemple, ce feroit fort bien dit; mais en répétant *fi belle*, on enrichit encore la penfée d'une figure qui eft un ornement. Néanmoins celui (1) dont

(1) *Celui dont je parle.*] Feu Monfieur d'Avaux dans la lettre à Madame de Longueville.

je parle l'a rejetée ; car il ne faut pas douter qu'elle ne lui soit tombée dans l'esprit ; & il l'a rejetée, parce qu'il y auroit eu trop d'affectation en cette figure, & qu'un jugement si solide & si éclairé que le sien, à qui l'on a confié les plus grandes affaires de l'Europe, n'a garde de recevoir toutes les belles productions de l'esprit, mais seulement celles qui sont accompagnées des circonstances nécessaires, du temps, du lieu, des occasions & de la qualité des personnes qui écrivent, & de celles à qui l'on écrit. Hors de-là il ne peut y avoir d'éloquence, & c'est faire valoir l'esprit aux dépens du jugement.

Mais pour revenir à ma Remarque, qu'une si juste digression a interrompue, il y a d'autres répétitions qui ne sont ni nécessaires ni belles, comme lorsque l'on répéte un verbe, au lieu de se servir de *faire*, qui est un secours que notre Langue nous donne, & un avantage que nous avons pour éviter cet inconvénient. Par exemple, quand on dit, *je n'écris plus tant que j'écrivois autrefois* ; cette répétition du verbe *écrire*, n'est ni nécessaire ni belle en

X iiij

cet endroit , & quoiqu'abſolument elle ne ſe puiſſe pas dire mauvaiſe , cependant ce ſera beaucoup mieux dit , *je n'écris plus tant que je faiſois autrefois* , & parmi les Maîtres de l'éloquence & de l'art de bien parler , c'eſt une eſpece de faute de n'exprimer pas les choſes de la meilleure façon dont elles peuvent être exprimées. Nous trouvons l'uſage de *faire* ſi commode pour ne pas répéter un même verbe deux fois , que nous nous en ſervons non ſeulement en des phraſes ſemblables à celle que nous venons de dire , mais encore en d'autres où nous faiſons régir à *faire* le même cas que régit le verbe pour lequel nous l'employons ; comme par exemple , quand nous diſons , *il ne les a pas ſi bien apprêtées qu'il faiſoit les autres* , pour dire , *qu'il apprêtoit les autres. Il n'a pas ſi bien marié ſa derniere fille qu'il a fait les autres* , pour dire , *qu'il a marié les autres.*

Il y a une autre ſorte de répétition qui eſt vicieuſe parmi nous , & qui choque les perſonnes même les plus ignorantes ; c'eſt que ſans néceſſité , ſans beauté , ſans figure on répéte un mot,

ou une phrafe par pure négligence.
Cela s'entend affez fans en donner des
exemples. J'ai dit *parmi nous* , parce
que les Latins n'ont pas été fi fcrupu-
leux en cela , non plus qu'en beaucoup
d'autres chofes qui regardent le ftyle
& le langage. On n'a qu'à ouvrir leurs
livres pour voir fi je leur impofe. Je
me fouviens encore d'un paffage de
Céfar au premier livre *de bello Gallico* ,
où il met deux fois en une même période ces mots , *tridui viam procedere* , fans
qu'il foit néceffaire , ni qu'ils faffent figure , & au même endroit , *convocato*
concilio , *& ad id concilium* , *&c.* il met
deux fois le mot de *concilium* , ainfi proche l'un de l'autre. Nous avons notre
particule *y* en François qui nous fauve
ces fortes de répétitions , en quoi notre Langue a de l'avantage fur la Latine ; car nous dirions , *le Confeil étant*
affemblé , *& un tel y ayant été appellé.*
Cependant Cefar eft le plus pur de
tous les Latins. Quinte-Curce au fi-
xiéme livre met deux fois *regnante*
Ocho en quatre lignes , & *occurrit* &
occurrunt à trois lignes l'un de l'autre.
Mais en faut-il chercher d'autres exem-

ples que celui de Ciceron qui a répété
le mot de *dolor* quatre fois en quatre ou
cinq lignes , qui d'ailleurs eſt un mot
ſi ſpécieux , ſans qu'il y eût ni néceſſité
ni figure ? Tout ce qui pourroit excuſer cela , ce ſeroit la naïveté , qui eſt
une des grandes perfections du ſtyle ,
comme nous avons dit ſi ſouvent ; mais
il faut prendre garde qu'on ne la faſſe
dégénérer en négligence , dont nous
avons fait une Remarque bien ample.

N O T E.

On ne peut éviter de dire , *je n'ai fait
aujourd'hui que ce que j'ai fait depuis vingt
ans.* Cette répétition n'a rien de deſ-
agréable. Monſieur de la Mothe le Vayer
dit que , *je n'écris plus tant que j'écrivois
autrefois,* vaut bien , *je n'écris plus tant
que je faiſois autrefois,* & que cela eſt
égal au moins , ſi la répétition d'*écrivois* , n'eſt pas quelquefois meilleure ,
comme il arrive quand on s'eſt déja
ſervi du mot *faire.* Dans cette autre phraſe,
*une ſi belle victoire méritoit d'être annoncée
par une ſi belle bouche,* il y a un jeu de
mots qui ne plairoit pas peut-être à tout
le monde.

Monſieur de Vaugelas ſe ſert dans
cette remarque d'une façon de parler que
l'on ne tient pas aujourd'hui correcte.

C'eſt lorſqu'il dit , *il l'a rejetée parce qu'un jugement ſi ſolide & ſi éclairé que le ſien, n'a garde de recevoir,* &c. On employoit autrefois *ſi* , pour *auſſi* , mais preſentement il faudroit dire , *parce qu'un eſprit auſſi ſolide & auſſi éclairé que le ſien.*

CCCCLXCI.

Parfaitement ou *infiniment* avec *très-humble.*

C'Eſt une faute que beaucoup de gens font , quand ils finiſſent une lettre , de dire, par exemple , *je ſuis parfaitement , Monſieur , votre très-humble ſerviteur ;* car cet adverbe *parfaitement* , ayant la même ſignification , & au même dégré de *très* , qui eſt la particule & la marque du ſuperlatif, lequel ſuperlatif exprime la perfection de la qualité dont il s'agit , il y a le même inconvénient à dire *parfaitement très-humble* , qu'à dire deux fois de ſuite , *parfaitement , parfaitement humble* , ou bien *très , très-humble* , qui ſeroit une choſe impertinente & ridicule. Auſſi pluſieurs ſe ſont apperçus & corrigez de ce pléonaſme , où des meilleurs Eſprits de France étoient

tombez fans y penfer & fans y faire
refléxion. Qui diroit , *je fuis parfaite-*
ment votre ferviteur, diroit fort bien ;
mais *je fuis parfaitement votre très-hum-*
ble ferviteur, ne fe peut dire qu'en ne
fachant ce que l'on dit , ou du moins
n'y fongeant pas. Il en eft de même
d'*infiniment,* dont on fe fert auffi fouvent que de *parfaitement,* & *je fuis in-*
finiment votre très-humble ferviteur, eft
pour la même raifon auffi mauvais que
l'autre.

CCCCXCII.

Que *devant* l'infinitif *pour* rien à.

PAr exemple, *quand on n'a que faire,*
pour dire, *quand on n'a rien à faire.*
eft très-François & très-élégant : mais
il ne le faut pas affecter , ni en ufer fi
fouvent que fait un de nos plus célébres Auteurs. *Je ne puis que deviner ,*
n'ayant que répondre aux reproches , &
autres chofes femblables , tout cela eft
très-bien dit.

NOTE.

On dit fort bien , *il ne fait que faire,*
il ne fait que dire, mais il femble que

cela doit être abfolu , & que quand il
fuit quelque chofe , il eft mieux de fe
fervir de *rien à*. Ainfi je dirois , *n'ayant
rien à répondre à fes reproches , n'ayant rien
à dire à ceux qui l'interrogeoient* , pluftôt
que , *n'ayant que répondre à fes reproches,
n'ayant que dire à ceux qui l'interrogeoient*.

CCCCXCIII.

Que *après* fi , *& devant* tant s'en
faut , *veut être répété.*

UN célebre Auteur a écrit , *la fin
de ma mifere ne peut venir d'ailleurs
que de mon retour auprès de vous , qui eft
chofe dont je vois le terme fi éloigné , que
tant s'en faut qu'en la tempête où je fuis ,
j'appréhende le naufrage ; au contraire je
penfe avoir toutes les occafions du monde
de le defirer.* Je dis qu'en cette période
il manque un *que* qui doit être mis
immédiatement après *naufrage* & devant *au contraire* , & qu'il faut écrire,
*qui eft chofe dont je vois le terme fi éloigné,
que tant s'en faut qu'en la tempête où je
fuis , j'appréhende le naufrage, qu'au
contraire je penfe, &c.* Ce qui a trompé
ce fameux Ecrivain & plufieurs autres
après lui en de femblables rencontres ,

c'eſt le *que* qui eſt devant *tant s'en faut;*
qu'il a crû ne devoir pas être répété
ſelon la règle que nous avons remarquée ailleurs. Mais il n'en eſt pas de
même en cet exemple; car le *que* qui
eſt devant *tant s'en faut*, ſe rapporte à
ſi éloigné, qui va devant, & qu'il faut
néceſſairement dire après *ſi*, & *tant
s'en faut qu'en la tempête*, *&c.* demande
un autre *que* devant *au contraire*, outre celui qui ſe trouve dans ces paroles,
qu'en la tempête.

CCCCXCIV.

Si *pour* adeò *doit être répeté.*

IL faut dire par exemple, *vous êtes
ſi ſage & ſi aviſé*, & non pas *vous
êtes ſi ſage & aviſé*, comme diſent
quelques-uns. Je ſai bien que ce n'eſt
pas abſolument une faute, mais il ne
s'en faut gueres; car l'autre locution
eſt ſi Françoiſe & ſi pure au prix de
cette dernicre, où le *ſi* n'eſt pas répété au dernier adjectif, que quiconque ne le répéte pas, n'a pas grand
ſoin, ou bien ne ſait ce que c'eſt de
parler & d'écrire purement. Ainſi

cette règle de la répétition du *si*, en
ce fens, n'a point d'exception, parce que fi elle en avoit, ce feroit
aux fynonymes & aux approchans,
comme la règle générale de la répétition des mots en fouffre en ces
deux efpéces, ce que je fuis obligé
de dire fouvent ; mais on voit qu'en
l'exemple que j'ai donné, où *fage &
avifé*, font fynonymes, la répétition
de *fi*, ne laiffe pas d'être néceffaire.
Donc à plus forte raifon quand les
deux adjectifs font contraires ou différens.

N O T E.

Monfieur de la Mothe le Vayer dit
que tout au contraire de ce que Monfieur de Vaugelas a remarqué aux Synonymes de *fage & avifé*, il ne faut
point répéter la particule *fi*, parce que
le dernier qui eft *avifé*, fignifie moins
que le premier, en forte qu'en répétant
fin vous êtes fi fage & fi avifé, il femble
qu'on veuille faire paffer *fi avifé*, pour
quelque chofe de plus que *fi fage*, ce qui
feroit ridicule. Monfieur Chapelain trouve cette répétition encore plus néceffaire
que celle des articles devant les adjectifs fynonymes ou approchans.

CCCCXCV.

Soi, *pronom.*

CE pronom démonstratif ne se rapporte jamais au pluriel, si ce n'est quelquefois avec la préposition *de.* Par exemple, un célebre Ecrivain a dit , *comme gens qui ne croient pas avoir occasion de penser à soi,* sans doute il s'est mépris, il faut dire, *comme gens qui ne croient pas avoir occasion de penser à eux.* Et ce seroit parler étrangement de dire, *ils ne font pas tant cela pour vous que pour soi ,* ou *ils feront plustôt cela pour soi que pour vous,* au lieu de dire, *ils ne feront pas tant cela pour vous que pour eux ,* ou *pour eux que pour vous.* Il y a une pareille chose en la Langue Latine, pour *suus & ipse ,* qui ne veulent pas être confondus, à moins que de faire un solecisme. Et l'on a remarqué qu'un excellent Grammairien, (c'est Laurent Valle) faisant cette observation, & reprenant avec raison des passages de certains Auteurs célebres, qui y avoient manqué, a commis lui-même

la

la faute au même lieu où il la re-
prenoit , tant il eſt aiſé de faillir en
toutes choſes.

N O T E.

Monſieur de Vaugelas qui dit ici que
ſoi ſe peut quelquefois rapporter au pluriel avec la prépoſition *de* en a donné
un exemple dans la remarque qui a pour
titre *ſoi , de ſoi ; ces choſes de ſoi ſont in-
differentes.* Il eſt vrai que cette façon de
parler eſt approuvée de beaucoup de
monde , mais il faut prendre garde que
de ſoi ne peut être mis qu'avec les choſes , & non avec les perſonnes , car on
ne diroit pas bien , *ces hommes de ſoi ne
ſont pas grand'choſe* , il faut dire , *ces
hommes d'eux-mêmes ne ſont pas grand'choſe.* J'ai rapporté ſur cette remarque les
judicieuſes obſervations du Pere Bouhours , touchant *ſoi* employé au ſingulier.

CCCCXCVI.

*Belle & curieuſe exception à la
règle des preterits participes.*

J'Ai fait une Remarque (1) bien
ample ſur les Préterits participes ,
où je croyois avoir traité de tous les

(1) Remarque CLXXXIV.

uſages qu'ils peuvent avoir, & dit de quelle façon il s'en falloit ſervir ; car c'eſt une des choſes de toute notre Grammaire, que l'on ſait le moins, & dont même les plus ſavans ne conviennent pas, ſi ce n'eſt aux uſages que nous avons marquez comme indubitables parmi eux ; mais j'ai oublié une des façons d'employer ces préterits participes. C'eſt quand le nominatif qui régit le préterit participe ne va pas devant ce préterit, mais après. Par exemple, *la peine que m'a donné cette affaire* ; en cette phraſe, *affaire*, eſt le nominatif, qui dans la conſtruction régit le préterit participe *a donné*. On demande donc s'il faut dire, *la peine que m'a donné cette affaire*, ou *que m'a donnée cette affaire*. La règle générale, comme nous avons fait voir en la Remarque alleguée, eſt que le préterit participe mis après le ſubſtantif, auquel il ſe rapporte, ſuit ſon genre & ſon nombre, comme, *la lettre que j'ai reçûe*, & non pas *que j'ai reçû*, parce que le ſubſtantif *lettre*, étant devant le préterit participe *j'ai reçûe*, il faut que ce

préterit fe rapporte au genre du fubftantif précédent ; que fi le fubftantif étoit après , il faudroit dire, *j'ai
reçû la lettre*, & non pas, *j'ai reçûe
la lettre*. Ainfi pour le nombre , on
dit, *les maux qu'il a faits ;* & non pas
les maux qu'il a fait. Néanmoins voici
une exception à cette Régle ; car encore que le fubftantif foit devant, &
le préterit participe après en cet exemple, *la peine que m'a donné cette affaire*, fi eft-ce qu'à caufe que le nominatif qui regit le verbe eft après
le verbe, ce préterit n'eft point fujet au genre ni au nombre du fubftantif qui le précéde, & il faut dire,
la peine que m'a donné cette affaire,
& non pas, *la peine que m'a donnée :*
de même au pluriel, *les foins que m'a
donné cette affaire*, *les inquiétudes que
m'a donné cette affaire*, & non pas,
les foins que m'a donnez, ni *les inquiétudes que m'a données.* Il faut donc
ajoûter à la Règle générale, que le
nominatif qui régit le verbe foit devant le verbe, & non pas après.

NOTE.

Dans la Note que j'ai faite sur la remarque qui a pour titre, *de l'usage des
participes passifs dans les préterits*, j'ai déja parlé de l'exception qui fait le sujet
de celle - ci. La régle que Monsieur de
Vaugelas y établit, est suivie de la plûpart des habiles Ecrivains, & quoique
je l'aye vûe contestée de quelques-uns,
je n'ai pas laissé de la rapporter comme
une régle générale que l'usage autori-
soit. Cependant après y avoir fait une
entiére réflexion, j'avoue que je ne puis
condamner ceux qui font difficulté de la
suivre. Si on dit, *la peine que m'a donné
cette affaire*, c'est parce que les mots qui
sont après *m'a donné*, empêchent qu'on
ne distingue si l'on prononce *m'a donné*,
ou *m'a donnée*, au lieu qu'en disant, *la
peine que cette affaire m'a donnée*, on s'arrête assez après ce dernier mot pour faire
entendre *donnée*. C'est ce qui a fait dire
à quelques-uns, que quand le participe est suivi de quelques mots, il ne doit
point s'accorder en genre, & en nombre avec l'accusatif qui le précede, &
qu'il faut dire, *les Lettres que j'ai reçû
de mon Pere*, à cause de ces mots *de mon
Pere*, qui étant prononcez de suite sans
qu'on s'arrête à *reçû*, ne laissent point
distinguer si l'on prononce *que j'ai reçû*,
ou *que j'ai reçûes*. Ainsi je tiens que c'est
fort bien parler que de dire, *les maux*

qu'a enfantez la rébellion, les mesures qu'a prises le Roi. On ne sauroit condamner ces phrases, qu'en établissant pour une regle sans exception, que toutes les fois que le nominatif qui régit le verbe est après le verbe, le préterit participe n'est sujet ni au genre ni au nombre du substantif qui le précede. C'est dans ces termes que Monsieur de Vaugelas établit la régle. Si elle est à observer à l'égard de cette phrase, *la peine que m'a donné cette affaire*, parce que *affaire* qui est le nominatif de *m'a donné*, est après son verbe, ce qui est cause que le participe *donné* ne se met point au même genre du relatif *que*, qui se résout par *laquelle*, & qui est l'accusatif de *m'a donné, la peine laquelle m'a donné cette affaire*, cette même regle doit être observée dans toutes les phrases où le nominatif sera après le verbe, & l'accusatif devant. Ainsi il faudra dire en parlant d'une femme, *l'erreur où l'a retenu le malheur de sa naissance*, ce qui me paroît insoûtenable. Cependant *le malheur* qui est le nominatif du verbe, est après le verbe, & *la*, qui en est l'accusatif, & qui se rapporte à *femme* est devant ce même verbe. Il faut pourtant dire, *l'erreur où l'a retenue le malheur de sa naissance.* Dira-t-on que si au lieu du relatif *la*, il y avoit *que*, on suivroit la régle du nominatif après le verbe, & qu'on diroit *cette femme qu'avoit retenu long-temps dans l'erreur le malheur de sa naissance,* & non, *qu'avoit retenue ?* Je ne le croi pas, ou il faudroit du moins que l'on demeurât d'accord que la régle ne devroit être observée, que quand le relatif *que* précederoit le verbe, dont il seroit gouverné à l'accusatif, & qu'on ne la suivroit point quand le verbe seroit précedé des relatifs *la* ou *les,* & des pronoms *me te, nous* & *vous,* afin de dire en parlant de femmes, *l'erreur où l'a retenue, les a retenues, m'a retenue, t'a retenue le malheur de &c. l'erreur où nous a retenus, vous a retenus, les a retenus le malheur de.* Ce ne seroit alors qu'une régle particuliére pour le relatif *que* accusatif, mis devant un verbe qui auroit son nominatif après soi, & non pas une régle générale pour tous les préterits participes, quand les nominatifs qui les régiroient seroient mis après, & non pas devant. Il n'y a donc pas lieu de s'assujétir à une régle dont la pratique seroit si bornée, & puisque les exemples des relatifs *la* & *les,* & des pronoms possessifs font voir clairement, que le nominatif mis après son verbe, n'empêche point que les participes ne s'accordent en genre & en nombre avec ces pronoms, & avec ces relatifs, cela me fait croire que lorsqu'on a dit qu'il falloit écrire, *les inquiétudes que m'a causé cette affaire,* ce n'a été que parce que la prononciation ne fait point connoître, si l'on dit , *que m'a causé* , ou *que m'a causées.*

Monsieur de Vaugelas a raison de dire encore dans cette remarque que l'usage des préterits participes, est une des choses de toute notre Grammaire que l'on sait le moins. J'ai lû dans un Livre assez estimé, & qui n'a été imprimé que depuis deux ans, *ils se font persuadez que pour réussir, &c. Elle s'étoit imaginée que*, &c. C'est comme parle la plûpart du monde, & c'est mal parler : il faut dire, *ils se font persuadé, elle s'est imaginé.* La raison est que le préterit participe ne change de genre & de nombre, que quand l'accusatif gouverné par le verbe, précede le verbe. On dit *les fautes que j'ai faites*, & non pas, *que j'ai fait*, parce que le relatif *que* qui est devant *j'ai faites*, en est gouverné à l'accusatif. Ainsi il faut que le participe *faites*, s'accorde avec cet accusatif en genre & en nombre. On dit en parlant de femmes, *je les ai vûes ce matin*, & non pas, *je les ai vû*, parce que le relatif *les* qui est l'accusatif du verbe, est devant *ai vûes.* Mais quand on dit, *ils se font persuadez ; Elles se font imaginées que*, le pronom possessif *se* qui est devant ces preterits participes, n'est pas à l'accusatif, mais au datif. C'est comme si on disoit, *ils ont persuadé à eux, elles ont imaginé à elles*, c'est-à-dire, *elles ont mis dans leur imagination*, mais elles ne se font pas imaginées elles-mêmes, elles ne ſe ſont pas produites, dans le ſens qu'on dit, *imaginer une choſe*, *les choſes que j'ai imaginées*. Ainſi il faut dire néceſſairement, *ils ſe ſont perſuadé*, *elles ſe ſont perſuadé*, *elles ſe ſont imaginé*. Il faut dire tout de même, *ils ſe ſont repreſenté les périls où ils s'expoſoient*, & non pas, *ils ſe ſont repreſentez les périls*, parce que le pronom *ſe* qui eſt mis devant *repreſenté* eſt au datif, & non à l'accuſatif, *Ils ont repreſenté à eux*. Il faut dire tout au contraire, *ils ſe ſont repreſentez en Juſtice*, & non pas, *ils ſe ſont repreſenté*, parce que *ſe* dans cet exemple eſt l'accuſatif du verbe devant lequel il eſt mis, & cela veut dire, *ils ont repreſenté eux-mêmes*, c'eſt-à-dire, *leurs propres perſonnes*.

Le verbe qui embaraſſe le plus dans l'uſage du préterit participe, eſt le verbe *laiſſer*. Quelques-uns veulent qu'on diſe, *ils ſe ſont laiſſez emporter à leur penchant*, *elle s'eſt laiſſée aller aux promeſſes qu'on lui a faites*. Pour moi, je crois qu'il en faut uſer à l'égard de ce verbe, comme on en uſe à l'égard de *faire*, & je dirois, *ils ſe ſont laiſſé emporter à leur penchant*; *elle s'eſt laiſſé aller aux promeſſes qu'on lui a faites*, de même qu'on dit, & qu'il faut dire, *ils ſe ſont fait peindre*, *elle s'eſt fait peindre*, & non pas, *ils ſe ſont faits*, *elle s'eſt faite peindre*. On en trouvera les raiſons dans la premiere remarque des préterits participes. J'ajoûterai ſeulement ici

ici fur ce mot *laiſſer*, que beaucoup de gens ſe ſervent d'une façon de parler qui eſt condamnée de tous ceux qui ont l'oreille un peu délicate. Ils diſent en voulant conter quelque nouvelle, *je me ſuis laiſſé dire*. Il faut dire ſimplement, *on m'a dit*, *j'ai oui dire*. Il ſemble qu'il faille ſouffrir quelque violence, qui contraigne à ſe laiſſer dire.

Il y en a d'autres qui diſent par exemple, *quoiqu'il ſoit fort accablé par les grandes pertes qu'il a faites, il ne laiſſe pas que de chercher à ſe divertir*. La particule *que* eſt inutile, & même vicieuſe après le verbe, *laiſſer*, & tous ceux qui parlent bien, diſent ſeulement, *il ne laiſſe pas d'agir, il ne laiſſe pas de le voir toûjours*, & non pas, *il ne laiſſe pas que d'agir, il ne laiſſe pas que de le voir*.

J'acheve ce que j'ai obſervé ſur les préterits participes en répondant à ce qui peut être oppoſé contre la régle établie, que le participe ne change de genre & de nombre, que quand l'accuſatif régi par le verbe, eſt devant le verbe. On dit, *ils ſe ſont repentis, elle s'eſt abſtenue*, & non pas, *ils ſe ſont repenti, elle s'eſt abſtenu*. Cependant ces deux participes changent de genre & de nombre, quoiqu'on ne puiſſe dire que *ſe* qui eſt devant ces deux verbes, en ſoit gouverné à l'accuſatif, puiſque ce ſont des verbes neutres paſſifs, & que ces ſortes de verbes ne ſauroient jamais gouverner l'accusatif. Il y a là-dessus une régle qui ne souffre point d'exception. Tous les verbes ausquels le pronom possessif *se* est joint à l'infinitif, & qui peuvent être suivis d'un génitif, prennent le genre & le nombre de leurs nominatifs dans le préterit participe. On dit à l'infinitif, *se repentir, s'abstenir de quelque chose*, & par conséquent il faut dire, *ils se sont repentis, elle s'est abstenue*, parce que *repentis & abstenue*, doivent s'accorder en genre & en nombre avec *ils* & avec *elle*, qui sont les nominatifs de ces deux verbes, ce qui ne se fait pas dans *ils se sont imaginé, elle s'est imaginé*, parce qu'on dit à l'infinitif *s'imaginer une chose*, & qu'on ne peut dire, *s'imaginer d'une chose*. On dit de même, *ils se sont plaints, elle s'est plainte; ils se sont fâchez, elle s'est fâchée; ils se sont apperçûs, elle s'est apperçûe*, parce qu'on dit, *se plaindre, se fâcher, s'appercevoir de quelque chose*.

Il me reste à parler d'une autre faute qui n'est pas fort ordinaire, mais qui pourtant ne laisse pas d'échaper à quelques-uns. J'ai lû depuis peu dans un discours, qui d'ailleurs est bien écrit, *cette conduite m'a parue si criminelle*. Je crus d'abord que c'étoit une faute d'écriture, mais je remarquai dans toute la suite que l'Auteur de ce discours en usoit par tout de même. Le participe *paru* ne peut recevoir ni genre ni nombre, parce qu'il se met toûjours avec le verbe auxiliaire *avoir*, qui ne souffre point qu'aucun participe s'accorde avec son nominatif. Le participe d'*apparoître* prend le genre & le nombre du nominatif du verbe, parce qu'il se met avec le verbe *être*. *Une grande lumière est apparue tout d'un coup, des spectres horribles nous sont apparus*, & en général, il n'y a que les participes joints avec le verbe *être* qui s'accordent avec le nominatif. On dit, *ils sont entrez, elle est entrée*, & *ils ont entré, elle a entré*, & non pas, *ils ont entrez, elle a entrée*. On doit dire de même, *une grande lumière m'a apparu, des spectres nous ont apparu*, & non pas, *m'a apparue, nous ont apparus*.

CCCCXCVII.

Synonymes.

JE ne puis assez m'étonner de l'opinion nouvelle qui condamne les synonymes & aux noms & aux verbes. Outre que l'exemple de toute l'Antiquité la condamne elle-même, & qu'il ne faut qu'ouvrir un livre Grec ou Latin pour la convaincre, la raison même y répugne ; car les paroles étant les images des pensées, il faut que pour bien représenter ces pensées-là on se gouverne comme les

Z ij

Peintres, qui ne fe contentent pas
fouvent d'un coup de pinceau pour
faire la reffemblance d'un trait de vifage, mais en donnent encore un fecond coup qui fortifie le premier, &
rend la reffemblance parfaite. Ainfi
en eft-il des fynonymes. Il eft queftion de peindre une penfée, & de
l'expofer aux yeux d'autrui, c'eft-à-
dire aux yeux de l'efprit. La premiere parole a déja ébauché ou tracé la
reffemblance de ce qu'elle reprefente,
mais le fynonyme qui fuit eft comme
un fecond coup de pinceau, qui a-
cheve l'image. C'eft pourquoi tant
s'en faut que l'ufage des fynonymes foit
vicieux, qu'il eft fouvent néceffaire,
puifqu'ils contribuent tant à la clarté de l'expreffion, qui doit être le
principal foin de celui qui parle ou
qui écrit. Que fi les fynonymes font
fouvent néceffaires, autant de fois
qu'ils le font, autant de fois ils fervent d'ornement, felon cette excellente remarque de Ciceron, qu'il n'y
a prefque point de chofe au monde
foit de la Nature ou de l'Art, qui
étant néceffaire à un fujet, ne ferve.

auſſi à l'orner & à l'embellir. Je n'ai point donné d'exemple de ces ſynonymes, parce que j'ai dit que les livres des Anciens en étoient pleins; mais en voici deux de cet incomparable Orateur dans ſon livre *De ſenectute*, après leſquels il n'en faut plus chercher, *cùmque homini Deus nihil mente præſtabilius dediſſet, huic divino muneri ac dono, nihil eſſe tam inimicum, quàm voluptatem.* Remarquez, je vous prie, *muneri ac dono*. Et plus bas, *quod idem contingit adoleſcentibus adverſante & repugnante naturâ.* Voyez *adverſante & repugnante*, ne font-ce pas là les deux coups de pinceau que je dis, ou ſi nous voulons encore emprunter une comparaiſon de ceux qui battent la monnoye, ne font-ce pas comme deux coups de marteau pour mieux exprimer la marque du coin; & ne font-ce point encore comme ces deux coups que donnent les Imprimeurs pour mieux marquer dans la feuille qui eſt ſous la preſſe, la figure de leurs caractères? Il eſt vrai qu'il n'en faut pas abuſer, & qu'une ſeule parole eſt ſouvent une image

fi parfaite de ce que l'on veut repre-
fenter, qu'il n'eft pas befoin d'en employer deux, la premiere ayant fait
l'impreſſion entiere dans l'eſprit du
Lecteur, ou de l'Auditeur ; & c'eſt
le défaut qu'on reproche au grand
Amyot, d'être trop copieux en fynonymes ; mais nous devons à ce défaut l'abondance de tant de beaux
mots & de belles phraſes, qui font
les richeſſes de notre Langue. On
peut dire que c'eſt un tréſor qu'il a
laiſſé, mais qu'il faut ménager & dif-
penfer avec jugement, fans gâter le
ſtyle en le chargeant de fynonymes ;
outre qu'ils obligent à une fréquente
répétition de la conjonctive & , ce
qu'il faut éviter felon la Remarque
que nous en avons faite en fon lieu,
fi nous voulons rendre nos périodes
agréables. Sans doute le ſtyle veut
être égayé, non pas étouffé ni accablé de mots fuperflus, & en toutes fortes d'ouvrages il doit y avoir
une certaine grace, qui réfulte de la
proportion que le plein & le vuide
ont enſemble ; de forte que comme
c'eſt une erreur de bannir les fynony-

mes, c'en eſt une autre d'en remplir
les périodes. Il faut que le jugement,
comme j'ai dit, en ſoit le diſpenſateur
& l'œconome, ſans que l'on puiſſe
donner une règle certaine pour ſavoir quand il en faut mettre, ou n'en
mettre pas. Seulement eſt-il très-cer-
tain qu'il eſt mieux de n'en uſer pas
fort ſouvent; & ſi je ne me trompe,
il me ſemble qu'à la fin de la période ils ont beaucoup meilleure grace,
qu'en nul autre endroit. On peut
s'en éclaircir dans les bons Auteurs,
ſans qu'il ſoit néceſſaire d'en rapporter des exemples, mais s'il en faut dire la raiſon, c'eſt à mon avis, parce que le ſens étant complet à la fin
de la période, & par conſequent l'eſprit du Lecteur ou de l'Auditeur demeurant ſatisfait, & n'étant plus en
ſuſpens, ni impatient de ſavoir ce
qu'on lui veut dire, il reçoit volontiers le ſynonyme, ou comme une plus
forte expreſſion, ou comme un ornement, ou comme étant tous les deux
enſemble, ou bien encore ſi vous vou-
lez, comme une piece qui ſert à ar-
rondir la période, & à lui donner ſa
cadence.   Z iiij

Enfin ce n'eſt pas de cette façon que la Langue Françoiſe doit faire parade de ſes richeſſes, en entaſſant ſynonymes ſur ſynonymes, mais en ſe ſervant tantôt des uns & tantôt des autres, ſelon les occaſions qu'il y a de les employer & de revêtir en divers lieux une même choſe de paroles differentes. Sur quoi il faut que je diſe que jamais notre Langue ne m'a paru ſi riche ni ſi magnifique que dans les écrits d'une perſonne, qui en uſe de cette ſorte. Il ne multiplie point les ſynonymes des mots ni des phraſes, qui arrêtent l'eſprit du Lecteur, mais gagnant païs & fourniſſant toûjours de nouvelles choſes, il leur donne de nouveaux ornemens; il ſoûtient ſi bien la grandeur & la pompe de ſon ſtyle ſelon la dignité du ſujet, que non ſeulement il juſtifie notre Langue de la pauvreté qu'on lui reproche, mais il fait voir qu'elle a des tréſors inépuiſables. J'ai accoûtumé de lui dire que ſon ſtyle n'eſt qu'or & azur, & que ſes paroles ſont toutes d'or & de ſoie, mais je puis dire encore avec plus de vérité, que

ce ne font que perles & que pierre-
ries.

Il refte à remarquer une chofe
très-importante fur les fynonymes, c'eft
que les fynonymes des mots, comme
nous avons dit, font fort bons, pourvû qu'ils ne foient pas trop fréquens;
mais les fynonymes des phrafes pour
l'ordinaire ne valent rien, & dans
les meilleurs Auteurs Grecs & Latins, fi l'on y prend garde, on n'en
trouvera que très-rarement, & en-
côre ne fera-ce pas peut-être une phrafe fynonyme, mais qui dira quelque
chofe de plus que la premiere, au
lieu qu'ils font pleins de fynonymes
de mots. Il n'y a que Seneque, qui
auffi en a été repris, comme corrup-
teur de la vraie éloquence, difant
bien fouvent de fuite une même chofe en plufieurs façons & avec des
pointes differentes, fans fe fouvenir
du fentiment & du précepte de fon
pere, qui en la Controverfe 28. reprend Montanus & Ovide même de
ce vice. *Habet*, dit-il, *hoc Montanus vi-*
tium, fententias fuas repetendo corrum-
pit, dum non eft contentus unam rem

femel bene dicere, efficit ne bene dixe-
rit; Et propter hoc & alia, quibus Ora-
tor poteft Poëtæ fimilis videri, folebat
Scaurus Montanum inter oratores Ovi-
dium vocare, nam & Ovidius nefcit,
quod bene ceffit, relinquere. La raifon
pourquoi les fynonymes des phrafes
font vicieux, & que ceux des mots
ne le font pas, eft naturelle ; car
l'efprit humain impatient de favoir ce
qu'on lui veut dire, aime bien deux
mots fynonymes, parce qu'ils le lui
font mieux entendre, & qu'un mot
eft bientôt dit, mais il n'aime pas
deux phrafes ou deux périodes fynonymes, parce qu'une phrafe ou une
période entiere eft trop longue, &
que la premiere ayant achevé le fens,
& exprimé clairement une penfée,
il veut que l'on paffe auffi-tôt à une
autre, & de celle-la encore à une
autre jufqu'à la fin ; c'eft-à-dire jufqu'à ce qu'il foit pleinement fatisfait
de ce qu'il defire favoir ; au lieu que
deux phrafes ou deux périodes fynonymes le tiennent en fufpens, le font
languir, & pour de nouvelles chofes
qu'il demande, ne lui donnent que de

nouvelles paroles. Que si après deux phrases synonymes il y en a encore une troisiéme , & quelquefois une quatriéme tout de suite , & qu'ainsi tout le style soit composé de ce genre d'écrire , comme nous avons certains Auteurs d'ailleurs très-renommez, qui l'affectent , on peut dire que ce style-la est très-vicieux , & qu'il ne sauroit presque l'être davantage.

N O T E.

J'entre tout-à-fait dans le sentiment du Pere Bouhours , qui condamne les Synonymes, lorsqu'ils ne contribuent ni à la clarté de l'expression ni à l'ornement du discours, tels que font *contentement* & *satisfaction*, *bornes* & *limites*, dans ces deux exemples qu'il rapporte. *J'ai lû votre Lettre avec tout le contentement & la satisfaction que,* &c. Outre que *satisfaction* n'ajoûte rien à *contentement*, je voudrois dire, *& toute la satisfaction*, parce que la conjonction *&*, semble joindre *tout* avec les deux substantifs , & qu'étant de divers genres , chacun veut un adjectif qui lui soit propre. Je ne sai même si on ne diroit pas mieux, *avec tout le contentement, & tout le plaisir possible*, que de dire, *avec tout le contentement & le plaisir possible*, quoique ces deux substantifs

foient du même genre. L'autre exemple
eft, *ce n'eft pas feulement pour être le plus
bel efprit de votre fiecle que vous reffemblez
à Ciceron, ni pour avoir étendu prefque à
l'infini les bornes & les limites de l'éloquence de votre Nation.* Limites ne dit pas
plus que *bornes*, & comme la période
demeure affez arrondie fans ce fynonyme, on le pourroit fupprimer, car c'eft
fur-tout pour donner plus de cadence à
la période qu'on peut fe permettre les
Synonymes, n'y ayant rien de plus def-
agréable à l'oreille qu'un fecond membre qui n'a point fon étendue, & qui
finiffant trop tôt ne répond pas au premier. Le Pere Bouhours, après avoir expliqué la comparaifon que fait le Cardinal Palavicin des mots fuperflus aux
Paffevolans, en ce que les Lecteurs dé-
licats ont autant de peine à voir une
même chofe revêtue de paroles differentes, que les Commiffaires des Guerres en ont à voir paffer plufieurs fois
en revûe les mêmes Soldats fous des
habits differens, dit qu'il ajoute que l'u-
fage de ces Synonymes ne fe peut permettre que quand on fait parler une
perfonne paffionnée; qu'alors ils fe fouffrent, & qu'ils plaifent même quelquefois, parce que c'eft le propre de la paffion d'ufer de redites, & d'exprimer la
même penfée avec toutes les paroles qui
fe préfentent. Il eft certain que les chofes dites avec trop d'ordre & d'exacti-

tude dans la passion , sont fort éloignées
de représenter le naturel.

CCCCXCVIII.

Si l'on dit bonheurs *au pluriel.*

L'Opinion commune est que *bon-*
heur ne se dit qu'au singulier , &
que l'on ne dit jamais *bonheurs* au pluriel , quoique l'on dise *malheur* & *mal-*
heurs en tous les nombres. J'ai dit que
c'étoit l'opinion commune , parce que
j'ai vû des gens très-savans en notre
Langue , & très-excellens Ecrivains ,
qui soûtiennent le contraire , & alléguent des exemples où l'on ne sauroit
dire que *bonheurs* au pluriel ne fût bien
dit, comme, *il lui pourroit arriver tous les*
malheurs & tous les bonheurs du monde ;
il ne se hausse ni ne se baisse , il porte toû-
jours même visage. Ils donnent encore
cet exemple, *il est si heureux que pour*
un malheur qui lui arrive , il lui arrive
cent bonheurs. Pour moi , je le trouve-
rois bon en certains endroits , comme
aux exemples que nous venons de donner , & autres semblables ; mais avec
tout cela je n'en voudrois pas user ,

puisque la pluspart du monde le condamne, & que je me souviens de cette belle différence qu'il y a entre les personnes & les mots, qui est que quand une personne est accusée, & que l'on doute de son innocence, on doit aller à l'absolution ; mais quand on doute de la bonté d'un mot, il faut au contraire le condamner & se porter à la rigueur. A plus forte raison, si non seulement la pluspart en doutent, mais le condamnent comme on fait celui-ci. Le passage de Scaliger en sa Poëtique est trop beau pour n'être pas allégué sur ce sujet. *Contra nobis*, dit-il, *atque Jurisconsulti sanxere, faciendum est, illis enim ita videtur præclariùs consuli rebus humanis, si decem sontes absolvantur, quàm si unus innocens damnetur. Etenim verò Poëtæ id agendum est, ut potiùs centum bonos versus jugulet, quàm unum plebeium relinquat.*

N O T E.

Je croi qu'on peut fort bien dire, *depuis un certain temps il lui est arrivé toutes sortes de bonheurs, des bonheurs de toutes sortes. Se voir estimé de tout le monde, entrer dans les grandes charges, & acque* vir la confiance de son Prince, ce sont des bonheurs qui arrivent rarement à une même personne. Néanmoins Monsieur Ménage dit, que *Bonheur* ne se dit plus seul au pluriel, c'est-à-dire, s'il n'est opposé à *malheurs*, & que même en ce cas-la, il ne se dit plus guére. Quant à la prononciation, il dit qu'il faut prononcer *heur, bon-heur, mal-heur*, & non pas, *hur, bon-hur, mal-hur*, comme on dit dans les Provinces ; mais qu'encore qu'il faille prononcer *heur, bon-heur, mal-heur*, on ne ne laisse pas de dire, *hureux, bienhureux, malhureux*. Il fait observer qu'on dit aussi *valureux*, quoique l'on dise *valeur*.

CCCCXCIX.

Allé *au prétérit*, *comme il en faut user*.

CEtte Remarque est séparée & distincte de celle des prétérits qui servent de participes passifs, dont nous avons traité à plein fonds ; & néanmoins elle ne laisse pas de lui ressembler en quelque chose. Par exemple, on demande s'il faut dire, *ma sœur est allée visiter ma mere*, ou *est allé visiter ma mere*; car on dit, *ma sœur est allée à Paris*, & non pas, *est allé*, & ainsi il semble qu'il faut dire, *ma sœur est*.

allée vifiter ma mere, & non pas, *eft allé
vifiter*. Néanmoins c'eft tout au contraire, il faut dire, *eft allé vifiter*, & non
pas, *eft allée vifiter*, parce que l'infinitif a
cette propriété d'empêcher le verbe
qui va devant, de fe rapporter au genre dont il eft régi & précédé, comme
nous avons dit en la Remarque des prétérits, qu'en parlant d'une femme il faut
dire, *je l'ai vû venir*, & non pas, *je
l'ai vûe venir*, en quoi confifte ce que
j'ai dit au commencement, que cette
Remarque reffembloit en quelque chofe à celle des prétérits des participes
paffifs. Il en eft du nombre comme du
genre. Il faut dire par exemple, *mes
freres font allé vifiter ma mere*, & non
pas, *font allez vifiter*, tout de même
encore que l'on dit, *je les ai vû venir*,
& non pas, *je les ai vûs venir.*

NOTE.

Comme je fuis fort perfuadé qu'il faut
dire d'une femme, *je l'ai vûe venir*, &
non pas, *je l'ai vû venir*, par la règle
établie fur la remarque des prétérits participes, je tiens de même qu'il eft indifpenfable de dire, *ma fœur eft allée vifiter ma mere, mes freres font allez demander
juftice au Roi.* Il en eft de même du verbe

be *venir*, *elle eſt venue me trouver*, *ils ſont venus m'avertir*. Tous les participes qui ſont joints au verbe auxiliaire *être*, prennent le genre & le nombre du nominatif du verbe, comme je l'ai déja dit. Monſieur de Vaugelas prétend que l'infinitif a la propriété d'empêcher le verbe qui va devant, de ſe rapporter au genre, dont il eſt régi & précédé. Je ne ſai pas ſur quoi il la fonde. Ce ne ſauroit être que ſur l'uſage, mais comment le découvrir ? L'oreille qui en pourroit décider, ne peut connoître ſi on dit *ma ſœur eſt allée viſiter*, ou *eſt allé viſiter*, car Monſieur de Vaugelas ne rapporte ici que des exemples où le participe *allé* précéde des infinitifs qui commencent par des conſonnes.

Je ſens bien que devant des infinitifs qui commencent par une voyelle, mon oreille n'eſt pas contente, quand j'entens dire, *mes freres ſont allé apprendre au Juge*, *mes ſœurs ſont venu avertir ma mere*. Cela bleſſe autant que ſi on diſoit, *mes freres ſont allé à Paris*, *mes ſœurs ſont venu ici*, puiſque les infinitifs *apprendre* & *avertir*, ne doivent pas avoir plus de privilége que ces autres mots, *a Paris* & *ici*. Ainſi je ne doute point qu'il ne faille dire, *ſont allez apprendre*, *ſont venues avertir*.

Voici une obſervation fort curieuſe que nous devons à Monſieur Menage ſur la différence qu'il y a entre *aller* & *venir*. Il remarque qu'*aller* ſe dit du lieu où l'on

eſt à celui où l'on n'eſt pas , & que *venir*
au contraire ſe dit du lieu où l'on n'eſt
pas à celui où l'on eſt. Un homme qui
eſt à Paris, dira, *qu'un Courier eſt allé de*
Paris à Rome en dix jours, & qu'il eſt venu
de Rome à Paris dans le même temps. Il
ajoûte que venir reçoit deux exceptions,
la premiere qu'il ſe dit auſſi du lieu où
l'on eſt à celui où l'on n'eſt pas , lorſqu'on eſt prêt de quitter ce lieu où l'on
eſt, comme, *je parts demain pour l'Anjou,*
voulez-vous venir avec moi, & non pas,
voulez-vous aller avec moi ? L'autre exception eſt , que *venir* ſe dit encore de ce
même lieu où l'on eſt , à celui où l'on
n'eſt pas , quand on parle de celui où
l'on demeure; ainſi l'on dit à quelqu'un
qu'on rencontre dans la rue, *voulez-vous*
venir demain dîner chez moi. La raiſon qu'il
donne de ces façons de parler , c'eſt qu'on
feint que la perſonne à qui ces choſes
ſont dites, part ou partira du lieu où elle
eſt, ou de celui où elle ira, pour ſe rendre au lieu où elle n'eſt pas.

D.

Convent.

IL faut écrire *convent* , qui vient de
conventus ; mais il faut prononcer
couvent , comme ſi l'on mettoit un *u*
pour l'*n* après l'*o*. Cela ſe fait pour la
douceur de la prononciation , comme

on prononce *mouſtier* pour *monſtier*, vieux mot François qui veut dire *monaſtere*. On dit *Farmouſtier*, *Noirmouſtier*, *S. Pierre le mouſtier*, au lieu de dire, *Farmonſtier*, *Noirmonſtier*, *Saint Pierre le monſtier* avec une *n*, comme il ne faut pas laiſſer de l'écrire, encore qu'on le prononce autrement. *Impetratum eſt à conſuetudine ſuavitatis causâ, ut peccare liceret*, dit le Maître de l'Eloquence, & cela ſe pratique en toutes les Langues.

N O T E.

Monſieur Menage veut qu'on prononce & qu'on écrive *Couvent*. Le Pere Bouhours eſt du même avis. Néanmoins preſque tout le monde écrit *Convent*, quoiqu'il ſoit certain qu'il faut prononcer *Couvent*. Je croi que ce qui fait conſerver cette orthographe, c'eſt le mot de *Conventuel* qui ſe prononce comme il eſt écrit.

D I.

Que dans les doutes de la Langue il vaut mieux pour l'ordinaire consulter les femmes & ceux qui n'ont point étudié, que ceux qui sont bien savans en la Langue Grecque & en la Latine.

QUand je parle ici des femmes, & de ceux qui n'ont point étudié, je n'entens pas parler de la lie du peuple, quoiqu'en certaines rencontres il se pourroit faire qu'il ne le faudroit pas exclure, & qu'on en pourroit tirer l'éclaircissement de l'usage, non pas qu'il faille en cela tant déferer à la populace que l'a crû un de nos plus célebres Ecrivains, qui vouloit que l'on écrivît en prose comme parlent les Crocheteurs & les Harangeres. J'entens donc parler seulement des personnes de la Cour ou de celles qui la hantent, & dans le mot de *personnes*, je comprens les hommes & les femmes qui n'ont point étudié, & je croi que pour l'ordinaire il vaut mieux les consulter dans les doutes de la Langue , que ceux qui favent la Langue Grecque & la Latine. La raifon en eft évidente , c'eft que douter d'un mot ou d'une phrafe dans la Langue , n'eft autre chofe que de douter de l'ufage de ce mot ou de cette phrafe, tellement qne ceux qui nous peuvent mieux éclaircir de cet ufage , font ceux que nous devons pluftôt confulter dans cette forte de doutes. Or eft-il que les perfonnes qui parlent bien François, & qui n'ont point étudié , feront des témoins de l'ufage beaucoup plus fidéles & plus croyables que ceux qui favent la Langue Grecque & la Latine , parce que les premiers ne connoiffant point d'autre Langue que la leur , quand on vient à leur propofer quelque doute de la Langue , vont tout droit à ce qu'ils ont accoûtumé de dire ou d'entendre dire , qui eft proprement l'ufage , c'eft-à-dire ce que l'on cherche & dont on veut être éclairci ; au lieu que ceux qui poffedent plufieurs Langues, particulierement la Grecque & la Latine , corrompent fouvent leur Langue naturelle par le commerce des

étrangeres, ou bien ont l'esprit par-
tagé sur les doutes qu'on leur propose
par les differens usages des autres Langues qu'ils confondent quelquefois,
ne se souvenant pas qu'il n'y a point de
conséquence à tirer d'une Langue à
l'autre. Par exemple, je voi tous les
jours des personnes bien savantes, qui
font *erreur* masculin, lequel néanmoins
aujourd'hui est féminin si déclaré, que
qui le fait d'un autre genre, fait un
solécisme. Toutefois si vous en repre-
nez ces gens-la, ils vous diront aussi-
tôt qu'*erreur* en Latin est masculin, &
qu'il le doit être aussi en François. De
même ils croiront que *servir à Dieu* soit
mieux dit que *servir Dieu*, parce qu'en
Latin on dit *servire Deo*, au datif, &
ainsi d'une infinité d'autres : c'est pourquoi le plus éloquent homme qui ait
jamais été, avoit raison de consulter
sa femme & sa fille dans tous les doutes
de la Langue, plûtôt qu'Hortensius,
ni que tous ces autres excellens Orateurs qui fleurissoient de son temps.
De-là vient aussi que pour l'ordinaire
les gens de lettres, s'ils ne hantent la
Cour ou les Courtisans, ne parlent

pas si bien ni si aisément que les femmes, ou que ceux qui n'ayant pas étudié sont toûjours dans la Cour. Nous avons à Paris une personne de grand mérite qui ne sait point la Langue Grecque ni la Latine, mais qui sait si bien la Françoise, qu'il n'y a rien de plus beau que sa prose & que ses vers. Presque tous ceux qui se mêlent de l'un & l'autre, & nos maîtres même le consultent comme leur oracle, & il ne sort guéres d'ouvrages de prix ausquels il ne donne son approbation avant que d'en expédier le privilége.

DIII.

De quelle façon il faut demander les doutes de la Langue.

CE n'est pas une chose inutile de découvrir le moyen par lequel on peut savoir au vrai l'Usage que l'on demande, quand on en est en doute; car faute de savoir la méthode qu'il faut observer, & de quelle façon il faut interroger ceux à qui l'on demande l'éclaircissement du doute, on n'en est point bien éclairci,

au lieu que par le moyen que je vaï
donner, on voit clairement la vérité,
& à quoi il fe faut tenir. Par exemple, je fuis en doute s'il faut dire,
elle s'eft fait peindre, ou *elle s'eft faite*
peindre. Pour m'en éclaircir qu'eft-
ce qu'il faut faire? Il ne faut pas demander, comme on fait ordinairement,
lequel faut-il dire des deux? car dès-
là, celui à qui vous le demandez,
commence lui-même à en douter, &
tâtant lequel des deux lui femblera le
meilleur, ne répondra plus dans cette naïveté qui découvre l'Ufage que
l'on cherche, & duquel il eft queftion, mais fe mettra à raifonner fur
cette phrafe, ou fur une autre femblable, quoique ce foit par l'Ufage
& non pas par le raifonnement, que
la chofe fe doit décider. Voici donc
comme j'y voudrois proceder. Si je
parle à une perfonne qui entende le
Latin, ou quelque autre Langue,
je lui demanderai en Latin, ou en
cette Langue-là, comme il diroit en
François ce que je lui demande en
Latin, ou en cette autre Langue; &
s'il n'en fait point d'autre que la Fran-
ça   çoife,

çoife, il fera beaucoup plus difficile
de lui former la queſtion, en forte
qu'il ne s'apperçoive point du nœud
de la difficulté & du point auquel
confiſte le doute dont on veut s'é-
claircir ; car c'eſt tout le fecret en
ceci, que de ne point donner à connoître où eſt le doute, afin qu'on
découvre l'Uſage dans la naïveté de
la réponſe, qui ne feroit plus cet
effet, ſi lorſque l'on ſauroit de quoi
il s'agit, on y apportoit le raiſonne-
ment, au lieu de la naïveté. Si je
m'adreſſois donc à une perfonne, qui
ne ſût point d'autre Langue que la
Françoiſe, je lui dirois dans l'exemple que j'ai propoſé les paroles ſui-
vantes : *Il y a une Dame, qui depuis dix ans ne manque point de ſe faire
peindre deux fois l'année par des Peintres différens. Je vous demande, ſi vous
vouliez dire cela à quelqu'un, de quelle
façon vous le lui diriez ſans répéter les
mêmes paroles que j'ai dites ?* Ayant
ainſi formé ma queſtion, il eſt certain d'un côté qu'on ne ſauroit jamais deviner le ſujet pour lequel je
la fais, & d'autre part il eſt comme

Tome *III.*   B b

impoffible, que par ce moyen je ne
tire la phrafe que je cherche, où je
trouverai l'éclairciffement de ce que
je veux favoir; car tôt ou tard, cette perfonne feule, ou plufieurs enfemble dans une même compagnie,
à qui je me ferai adreffé, ne manqueront point de dire, *elle s'eft fait
peindre*, ou *elle s'eft faite peindre*, &
de ce qu'elles diront ainfi naïvement
fans y penfer, & fans raifonner fur
la difficulté, parce qu'elles ne favent
point quelle elle eft, on découvrira
le véritable Ufage; & par conféquent
la façon de parler, qui eft la bonne,
& qui doit être fuivie.

Cet exemple peut fervir pour tous
les autres, & il n'importe point quel
circuit ou quelle voie on prenne,
pourvû qu'on cache bien le doute
dont on veut être éclairci, & que
néanmoins on ait l'adreffe de tirer la
phrafe que l'on demande, où le doute eft contenu; car je dis encore
une fois, que de demander de but
en blanc s'il faut dire ainfi, ou ainfi,
eft un très-mauvais moyen d'en favoir
a vérité, jufques-là que j'ai remar-

qué bien souvent une chose assez plaisante, que des personnes qui se ser-
voient constamment d'une façon de
parler, dont plusieurs étoient en doute, lorsque l'on a demandé à ces per-
sonnes-là s'il falloit dire de cette façon ou d'une autre, pour l'ordinaire
ils prononçoient contre ce qu'eux-
mêmes avoient accoûtumé de prati-
quer, & contre la bonne opinion.
C'est qu'en parlant sans réflexion &
sans raisonner sur la phrase, ils parloient selon l'Usage, & par conséquent
parloient bien, mais en la considérant
& l'examinant, ils se départoient de
l'Usage, qui ne peut tromper en matiere de Langue, pour s'attacher à
la raison, où au raisonnement, qui
est toûjours un faux guide en ce sujet, quand l'Usage est contraire.

N O T E.

Selon les termes de la demande de
Monsieur de Vaugelas, il seroit naturel
de répondre, *Il y a une Dame qui se fait
peindre deux fois l'année.* Ainsi l'usage de
elle s'est fait peindre, ou *elle s'est faite peindre,* ne seroit point éclairci. Il faudroit
donc proposer la chose de cette manière

Bb ij

Si vous vouliez dire à quelqu'un qu'une
Dame n'a point manqué depuis dix ans de se
faire peindre deux fois l'année, par des Pein-
tres differens, je vous demande de quelle
façon vous le lui diriez, &c. car alors la
réponse seroit, *Il y a une Dame qui depuis*
dix ans s'est fait peindre deux fois l'année.

On vouloit savoir dernierement s'il
falloit prononcer *Quinte-Curse*, comme
on prononce *Quintus* en Latin, en faisant
sentir l'*u* ou *Quinte-Curse*, comme nous
prononçons *quinze*. Pour s'éclaircir de
l'usage, on pria plusieurs personnes qui
se trouvoient alors assemblées, de vouloir bien nommer les Auteurs qui
avoient écrit la vie d'Alexandre. On ne
manqua point de nommer Arrian &
Quinte-Curse, & la plus grande partie
fut pour *Quinte-Curse* en gardant la prononciation Latine. Les avis furent partagez sur *Quintilien*.

DIII.

De la plus grande erreur qu'il y ait
en matiere d'écrire.

LA plus grande de toutes les erreurs en matiere d'écrire, est de
croire, comme font plusieurs, qu'il
ne faut pas écrire comme l'on parle.
Ils s'imaginent que quand on se sert

des phrases usitées, & qu'on a accoûtumé d'entendre, le langage en
est bas, & fort éloigné du bon style.
Je ne parle que des phrases & non
pas des mots, parce qu'il n'y a personne à mon avis, qui prétende com-
poser un discours de paroles nouvelles & inconnues ; c'est-à-dire, faire
une nouvelle Langue qu'on n'entende point. Mais pour les phrases, leur
opinion est tellement opposée à la
vérité, que non seulement en notre
Langue, mais en toutes les Langues
du monde, on ne sauroit bien parler
ni bien écrire qu'avec les phrases usitées, & la diction qui a cours parmi les honnêtes gens, & qui se trouve dans les bons Auteurs. Chaque
Langue a ses termes & sa diction, &
qui par exemple, parle Latin, comme font plusieurs, avec des paroles
Latines & des phrases Françoises,
ne parle pas Latin, mais François,
ou plustôt ne parle ni François ni
Latin. Cela est tellement vrai, que
je m'étonne qu'il y ait tant de gens
infectez de l'erreur qui m'oblige à
faire cette Remarque. Ce n'est pas

que parmi les façons de parler, établies & reçûes, on ne puiſſe faire quelquefois des phraſes nouvelles, comme nous avons dit ailleurs, mais il faut que ce ſoit rarement, & avec toutes les précautions que j'ai marquées. Ce n'eſt pas non plus, que comme notre Langue s'embellit & ſe perfectionne tous les jours, on ne puiſſe employer quelques nouveaux ornemens, qui juſques ici étoient inconnus à nos meilleurs Ecrivains, mais le corps des phraſes & de la diction doit être toûjours conſervé, & l'eſſence & la beauté des Langues ne conſiſte qu'en cela. Il eſt vrai que l'on doit entendre ſainement cette maxime, *qu'il faut écrire comme l'on parle;* car comme il y a divers genres pour parler, il y a divers genres auſſi pour écrire, & il faut que le genre d'écrire réponde à celui de parler, le genre bas au bas, le médiocre au médiocre, & le ſublime au ſublime; de ſorte que ſi j'employois une phraſe fort baſſe dans un haut ſtyle, ou une phraſe fort noble dans un ſtyle bas, je me rendrois également ridicule ; mais pour tous ces genres-là il y a des phrases en notre Langue qui leur font affectées. Et qu'on ne lui reproche point fa pauvreté, car c'est bien fouvent celle des mauvais Harangueurs, ou des mauvais Ecrivains, & non pas la fienne. Elle a des magazins remplis de mots & de phrases de tout prix, mais ils ne font pas ouverts à tout le monde, ou s'ils le font, peu de gens favent choifir dans cette grande quantité ce qui leur est propre.

N O T E.

Il est certain que beaucoup de personnes qui s'expliquent affez bien dans la converfation, font de fort méchantes Lettres, parce qu'ils croient qu'il faut écrire autrement que l'on ne parle. Il n'y a rien de fi dangereux que de vouloir donner dans les belles phrases. On ne manque guere à tomber par-là dans des expreffions dures & guindées, qui font quelquefois qu'on s'éloigne du bon fens. Il faut exprimer ce qu'on a deffein de dire fans qu'il y ait rien de recherché, & l'on écrit toûjours affez bien, lorfqu'on n'emploie que les termes qui fe prefentent naturellement. Cela ne regarde que les fimples Lettres, car pour les ouvrages que l'on voudroit donner au Public, je ne croi pas qu'il y ait perſonne qui en entreprenne, ſans s'être au moins formé quelque ſtyle.

DIV.

Autrui.

IL y a des gens qui croient que ce mot n'eſt pas bon, & qu'il eſt vieux, & à cauſe de cela ils diſent toûjours *autres* pour *autrui ;* mais ils ſe trompent extrémement, car au conrraire c'eſt une faute, & ce n'eſt pas parler François que de dire *autres*, en beaucoup d'endroits, où il faut dire *autrui.* Par exemple, *il ne faut pas deſirer le bien des autres* eſt très-mal dit, il faut dire *le bien d'autrui.* *Autre* a rélation aux perſonnes dont il a déja été parlé, comme ſi je diſois, *il ne faut pas ravir le bien des uns, pour le donner aux autres,* je dirois bien, & de dire, *il ne faut pas ravir le bien des uns, peur le donner à autrui,* ne ſeroit pas parler François ; parce quand il y a rélation de perſonnes, il faut dire *autres*, & quand il n'y a point de rélation, il faut di-

re *autrui*. D'ailleurs, *autre* s'applique
aux personnes & aux choses ; mais *autrui* ne se dit que des personnes, &
toûjours avec les articles indéfinis. Je
sai bien que quelques Grammairiens disent qu'*autrui* se met quelquefois avec
l'article défini, & qu'alors il veut dire
le bien, & non pas *la personne* ; par
exemple, *je ne veux rien de l'autrui*,
pour dire, *du bien d'autrui* ; mais cette
façon de parler est du vieux temps,
d'où Monsieur de Malherbe l'a rame-
née, disant,

A qui rien de l'autrui ne plaît.

Aujourd'hui elle n'est plus en usage
que dans la lie du peuple. Pourquoi ne
dirons-nous pas, *je ne veux rien d'autrui ?*

N O T E.

Autrui est un terme plus général qu'*autres*, qui comme dit Monsieur de Vaugelas a toujours relation aux personnes,
dont on a déja parlé. Ainsi on dira plustôt, *Il ne faut point faire à autrui ce que
nous ne voulons pas qui nous soit fait*, que de
dire, *il ne faut point faire aux autres*,
quoique peut-être ce ne fût pas mal par-

ler. Monfieur Chapelain marque fur *l'autrui*, que c'eft un terme de la for-mule dont les Seigneurs fe fervent en-faifinant les Contrats d'acquifition, *fauf notre droit & l'autrui*, c'eft-à-dire, *celui d'autrui*.

DV.

Arondelle, hirondelle, herondelle.

ON dit (1) *arondelle, hirondelle &* *herondelle*; mais *herondelle* avec *e* eft le meilleur & le plus ufité des trois,

(1) L'Auteur met Arondelle pour le moins bon, cependant c'eft le vrai mot. Belleau a fait une Ode de *l'Arondelle*. Voyez le même Belleau en fes Bergeries au mois d'Avril & de Mai. Coëffeteau en fon Livre des Paffions, au Traité de l'Amour, fi je ne me trompe, dit, *Une Arondelle ne fait pas le Printemps*. Le mot *Herondelle* fe dit par le peuple, de la même forte qu'il dit *cherette* pour *charrette*, *chertier, chercutier*, au lieu de *chartier, charcutier*. Néanmoins il faut dire *la rue de l'Herondelle*, qui eft une rue de Paris, parce qu'elle n'eft connue que par ce nom. *Hiron-delle* eft Latin, & n'eft connu que de ceux qui favent le Latin, & qui penfent qu'il y faut ramener le François autant qu'on peut. Amyot dit toujours *Arondelle*. Voyez au livre 8. queftion 7. des propos de table au commencement, où il parle du précepte de

C'eft à mon avis, parce que notre Langue qui aime la douceur de la prononciation, change volontiers l'*a* en *e* ,
n'y ayant point de doute que l'*a* eft
une voyelle beaucoup moins douce
que l'*e*. Nous en avons donné des
exemples en divers endroits , qu'il
n'eft pas befoin de répéter ici ; mais
quand nous dirons qu'il n'en faut pas
pourtant abufer , ni dire *merque* pour
marque , *merri* pour *marri* , ni *ferge*
pour *farge* , je ne croi pas que ce foit
une répétition inutile , vû le grand
nombre de gens qu'il y a qui manquent
en ces trois mots & en quelques autres
femblables. Après *herondelle,* le meilleur
eft *hirondelle* , quoique ce dernier ait
plufieurs partifans capables de l'autorifer , & même de le difputer à l'autre.

Pythagore de ne recevoir point d'Arondelle
en fa maifon. Celui qui a traduit le 12.
Tome d'Amadis, au 84. chap. pag. 304. dit
Arondelle : néanmoins il faut confeffer que
maintenant *Hirondelle* l'emporte. Marot en
fes Opufcules p. 37. dit *Arondelle*. Alain
Chartier en fa Ballade 4. dit *Arondelle*.

N O T E.

Monfieur de la Mothe le Vayer dit qu'*Arondelle* eft le vrai mot François, témoin nos vieux Livres qui difent *arondes*; que le païs Latin a préféré *Hirondelle* à caufe de *hirundo*, & qu'*Hirondelle* eft du franc badaudois qui change toûjours l'*a* en *e*, comme *Mademe* pour *Madame*. Il ajoûte que cela n'empêche pas que fi *Herondelle* eft plus en ufage que les autres, on ne doive s'en fervir, puifqu'on a bien préféré *Mademoifelle* à *Madamoifelle*. Il n'y a point de doute que fi l'ufage s'étoit déclaré pour *Herondelle*, il faudroit le dire, mais il eft certain que tout le monde dit aujourd'hui *Hirondelle*; & M. Chapelain a eu raifon de décider que c'eft le feul bon des trois. Il dit que feu Monfieur de l'Etoile de l'Academie Françoife étoit pour *Herondelle*, & que ce fut fur fon avis que Monfieur de Vaugelas fe détermina. Monfieur Menage qui trouve auffi-bien que Monfieur de la Mothe le Vayer qu'il a choifi le pire des trois, convient avec lui qu'*aronde* étoit l'ancien mot François, ce que l'on connoît par ces mots *en queue d'aronde*, que les Menuifiers difent encore aujourd'hui, au lieu de *en queue d'Hirondelle*. Il dit que d'*aronde* on a fait le diminutif *arondelle*, & qu'on appelloit autrefois à Paris *la rue d'arondelle*, celle que l'on appelle aujourd'hui *de l'hirondelle* : que cependant tous ceux qui parlent bien difent *hirondelle* ; & qu'afin qu'on ne lui oppofe point le témoignage de Mademoifelle de Scudery qui dans fa profe & dans fes vers a dit *arondelle*, il fe fent obligé de marquer qu'elle a changé d'avis, & qu'elle dit préfentement *Hirondelle*. Le Pere Bouhours eft auffi pour *hirondelle*, & après tant de fameux Ecrivains qui parlent ainfi, on ne fauroit parler autrement.

Je croi qu'on peut repeter ici avec Monfieur de Vaugelas qu'il ne faut point dire *merque* & *merri*, pour *marque* & *marri*; mais affûrement il faut dire *ferge* & non pas *farge*.

D V I.

Quelque ufage de la négative ne.

NOus avons fait une Remarque, où il fe voit qu'avant *pas* ou *point* il eft libre de mettre la négative *ne*, ou de ne la mettre pas, comme on peut dire, *avez-vous point fait cela ?* & *n'a-vez-vous point fait cela ?* Mais voici une addition à la Remarque qui eft importante, & qui mérite elle-même une Remarque. C'eft que lorfqu'on ne parle pas par interrogation, il faut toûjours mettre la négative *ne*, & ce seroit une faute de ne la mettre pas. Par exemple, il faut dire, *il veut savoir s'ils n'ont point été mariez*, & non pas, *il veut savoir s'ils ont point été mariez;* au lieu qu'en interrogation on peut dire tous les deux, *n'ont-ils point été mariez?* & *ont-ils point été mariez?*

NOTE.

On a déja dit que M. Menage préfere *n'ont-ils pas fait*, à *ont-ils pas fait*, sans la négative. Il trouve aussi, *je ne compte pour rien*, plus élégant que, *je compte pour rien*. Il semble qu'il y ait quelque difference de sens entre ces deux façons de parler que Monsieur de Vaugelas propose, lorsque l'on parle sans interrogation. *Il veut sçavoir s'ils n'ont point été mariez*, peut signifier, *il veut savoir s'il est vrai, comme on le dit, que quoiqu'ils vivent en gens mariez; ils ne le font pas effectivement;* & quand on dit, *il veut savoir s'ils ont point été mariez*, on peut vouloir faire entendre, *il soupçonne qu'ils sont mariez, & il veut savoir si cela est vrai.*

Quelques-uns omettent la particule *ne* après *de peur*, & après les verbes *craindre*, & *empêcher*, & ils disent par exemple, *il renonçoit aux plaisirs, de peur que s'y abandonnant trop, il oubliât ce qu'il devoit au service de son Prince. Il craignit qu'en lui par-*

donnant ſa faute, il devint plus téméraire. Il empêcha que ſes amis lui parlaſſent. Je croi qu'il eſt mieux de mettre la négative dans toutes ces phraſes, & je dirois, de peur qu'il n'oubliât. Il craignit qu'il ne devînt. Il empêcha que ſes amis ne lui parlaſſent.

D V I I.

Detteur.

IL ſembleroit que ce mot dont s'eſt ſervi un de nos plus célébres Ecrivains, devroit être plus François que débiteur, parce qu'il s'éloigne plus du Latin, & s'approche plus du François dette ou debte, d'où detteur eſt formé ; mais il n'en eſt pas ainſi. Detteur eſt un vieux mot qui n'eſt plus gueres en uſage. Il faut dire & écrire débiteur. Nous avons ainſi beaucoup de mots en notre Langue, comme donation, & pluſieurs autres dont il ne me ſouvient pas maintenant, qui d'une façon approchent beaucoup plus du Latin que de l'autre ; & quoique ceux qui tiennent moins du Latin ſemblent plus François ; cependant le plus ſouvent c'eſt tout le contraire, l'uſage le voulant ainſi.

NOTE.

Si *detteur* n'étoit plus guere en usage du temps de M. de Vaugelas, il ne l'est plus du tout à présent. On dit toûjours *débiteur.*

DVIII.

De la situation des gérondifs, étant *&* ayant.

IL faut que les gérondifs *étant* & *ayant* soient toûjours placez après le nom substantif qui les régit, & non pas devant, comme fait d'ordinaire un de nos plus célébres Ecrivains. Par exemple, il a écrit, *étant le bienfait de cette nature,* au lieu de dire, *le bienfait étant de cette nature.* J'ai marqué les gérondifs *étant* & *ayant*, parce que c'est en cela principalement que cet Auteur renommé commet cette faute, qui pourroit être un piége à ceux qui se proposent de l'imiter, & qui se forment en tout sur ce modelle, s'ils n'étoient avertis par cette Remarque que cette façon de parler est ancienne, & qu'elle n'est plus en usage que chez les Notaires. Il en est de même

même du gérondif *ayant*, comme, *ayant ce bon-homme fait tout son possible*, au lieu de dire, *ce bon-homme ayant fait tout son possible.* Je ne croi pas qu'aux autres verbes cette faute se puisse commettre.

N O T E.

Monsieur de la Mothe le Vayer prétend qu'il y a quelquefois de l'élégance à mettre les gerondifs *étant* & *ayant* devant les noms substantifs dont ils sont régis. Il n'a pas raison. Cette transposition est vicieuse, & on n'écrit plus de cette sorte.

DIX.

Long pour *longue.*

LA commune opinion est qu'il faut dire, *tirer de longue & allonger de longue*, pour dire, *avancer*, *gagner pays*, *faire du chemin*, & non pas, *tirer de long* ni *aller de long*, comme l'a écrit un de nos plus célébres Auteurs, & d'autres après lui. Je ne pense pas qu'Amyot ait jamais usé de cette façon de parler. Elle est fort basse, & je ne voudrois pas m'en servir en écrivant. *Tirer en longueur*, *aller en longueur*,

Tome III.　　　　　C c

sont des chofes différentes de *tirer de longue* & *aller de longue* ; car *tirer* ou *aller en longueur* veut dire qu'il se paſſera beaucoup de temps avant que l'on voye la fin de la chofe qui tire en longueur , au lieu que *tirer* ou *aller de longue*, marque un progrès fort prompt, par le moyen duquel on parvient bientôt au but que l'on se propofe.

N O T E.

Tirer de longue , & *aller de longue* , dans le fens marqué par M. de Vaugelas, font des façons de parler qui ne font pas aujourd'hui aſſez uſitées pour les défendre contre *tirer de long* , & *aller de long*. Ce qu'il y a de certain, c'eſt qu'au datif dans les manières de parler adverbiales, notre langue préfère le féminin, *à la longue* , *à la legere*.

D X.

S'il faut dire landi *ou* landit.

IL faut écrire *landit* avec un *t* à la fin, quoiqu'il ne se prononce pas ; ce qui a été cauſe que pluſieurs ont crû qu'il falloit écrire *landi*. C'eſt ce

que le Disciple (1) paye tous les ans à
son Précepteur , en reconnoissance de
la peine qu'il a prise à l'enseigner , &
il vient de ces deux mots Latins *annus
dictus* , ou comme d'autres croient ,
d'*indictum* , d'où il s'ensuit qu'il faut

(1) *A son Précepteur.*] Cela n'est
point vrai , & jamais je ne l'ai oui ainsi
nommer dans l'Université : c'est une bevûe
de Malherbe , & Amyot dit toûjours *éco-
lage.*

Le mot vient d'*Indictum* , *Nundinas In-
dicti.* Voyez les Antiquitez de S. Denys ,
l. 4. c. 18. p. 1259. & suiv. Voyez Belle-
forest en la vie de Charles le Chauve Chap-
penust. Voyez Menage sur le mot de *Landi,*
où il est de l'avis de Malherbe , & dit avoir
appris ce qu'il rapporte à ce propos de Monsieur de Troye.

Le Landi que les Ecoliers payoient autrefois , ne se payoit pas aux Regens , mais au
Recteur & aux Suppôts de l'Université , &
ce qui se donnoit pour le Landi se mettoit
dans une bourse commune , pour fournir
aux frais du Recteur ; qui alloit à S. Denys
au temps de la Foire en grande cérémonie,
accompagné des Facultez & des Officiers de
l'Université , & de grand nombre d'Ecoliers.
Mais l'Arrêt du Réglement a aboli ce droit
de Landi , & par conséquent cette grande
cérémonie.

écrire *landit* avec un *t* ; car c'eſt ordinairement au bout de l'an , c'eſt-à-dire
de l'an ſcholaſtique , que ce préſent ſe
fait au Précepteur. Monſieur de Malherbe a écrit *landit* avec un *t* dans ſa
traduction des bienfaits de Seneque.
Voici le paſſage , *vous me direz qu'à ce*
compte-là vous ne devez rien ni à votre
Médecin qui a eu ſa piéce d'argent ,
quand il vous eſt venu voir , ni à votre
Précepteur , à qui vous avez payé ſon
landit. Et pour ce qui eſt de l'*l* , par
laquelle ce mot commence , qui ſemble détruire cette véritable étymologie , il faut ſavoir qu'il eſt arrivé à ce
mot la même choſe qu'à pluſieurs autres , dont nous donnerons ici des
exemples , qui eſt que l'*l* au commencement étoit l'article du mot , la voyelle qui la ſuit ſe mangeant par la rencontre de l'autre voyelle qui commence le mot , & l'on écrivoit ainſi , *l'an*
dit en trois mots ſéparez, dont l'article
eſt compté pour un ; mais depuis par
corruption il eſt arrivé que l'article
s'eſt joint & comme incorporé avec
an , de ſorte que ne faiſant plus qu'un
mot , il a fallu lui donner un nouvel

article , & dire *le landit.* Si nous n'en
donnions des exemples , comme nous
l'avons promis , il sembleroit que cette
étymologie seroit bien tirée par les
cheveux; il est certain que *hedera,* cette
feuille toûjours verte, s'est long-temps
appellée en François *hierre,* il ne faut que
lire les vieux Auteurs pour en être assuré , & même l'*Abbaye d'Hierre* s'appelle en Latin *hedera.* On a donc été
long-temps que l'on disoit l'*hierre* pour
le hierre , à cause que l'*e* & l'*a* de l'article masculin & du féminin se man-
gent, comme chacun sait , devant la
voyelle du mot suivant ; mais depuis
on en a fait un seul mot *hierre* , & alors
il a fallu lui donner un nouvel article ,
& dire , *le hierre.* Tous nos meilleurs
Etymologistes croient aussi que *loisir*
s'est formé de la même façon, & qu'an-
ciennement d'*otium* on avoit dit *oisir*
en François , & que l'*l* qui va devant
oisir , en disant *loisir* , n'étoit que l'article ; mais depuis s'étant tout-à-fait
incorporé avec le mot , il lui a fallu
encore un article nouveau , avec lequel
on dit *le loisir.* Je sai qu'il y en a d'autres exemples indubitables en notre

Langue qui ne se préſentent pas à point
nommé quand on en a beſoin ; mais je
ſuis aſſuré qu'il y en a. Et cela eſt ſi familier à la Langue Eſpagnole , que ce
n'eſt pas une merveille ſi la nôtre en
fait autant ; car en tous les mots que
les Eſpagnols ont pris de l'Arabe , qui
commencent par *al* , comme *alcova*,
alguazil, *almohada*, *alcalde*, *alcayde*,
& une infinité d'autres, quoique cet *al*
ſoit l'article Arabe , on n'a pas laiſſé
d'y ajoûter l'article Eſpagnol , & de
dire , *el alcova, el alguazil, el almohada, &c.*

NOTE.

Monſieur Menage veut qu'on écrive
landi. Il dit qu'il vient d'*indictum* , &
non pas d'*annus dictus* , comme le prétend M. de Vaugelas ; que d'*inctum* , on
a dit premierement, *l'endict*, puis *lendit*,
lendi , & enfin *landi.*

DXI.

Conjurateur pour *conjuré*.

Conjurateur pour un homme qui
eſt auteur ou complice d'une con-
juration , n'eſt pas François , il faut

dire *conjuré*. Ce qui a trompé ceux qui
ont dit les premiers *conjurateur*, c'eſt
que la terminaiſon en étant active, &
celle de *conjuré* paſſive, ils ont crû
que le nom verbal qui avoit la terminaiſon active, devoit être employé
pour exprimer une action, & non pas
celui qui a la terminaiſon paſſive, comme *conjuré*. Mais outre que l'uſage le
voulant ainſi, il n'y a plus de replique,
cet uſage eſt encore fondé ſur ce que
conjuré vient du Latin *conjuratus*, qui
ſignifie la même choſe, & que les Latins le nomment ainſi, & non pas *con-
jurans* ni *conjurator*. D'ailleurs il n'eſt
pas fort extraordinaire en notre Langue, qu'il y ait des noms avec la terminaiſon paſſive, qui néanmoins ſigni-
fient une action, comme *affectionné*, *paſ-
ſionné*, & une grande quantité d'autres,
non plus qu'il n'eſt pas nouveau qu'il
y ait des noms avec la terminaiſon active, qui néanmoins ont une ſignification paſſive, comme *chemin paſſant*, &c.

N O T E.

M. Chapelain ajoûte à *chemin paſſant*,
qui a la terminaiſon active, & la ſigni-

fication paſſive, *tambour battant*, & *portes ouvrantes*.

DXII.

Cela dit.

CEtte phraſe ne vaut rien, quoique pluſieurs l'écrivent, & particulierement la pluſpart de ceux qui font des Romans. Elle ne ſe peut pas écrire, parce qu'elle ne ſe dit jamais ; on dit ordinairement *ayant dit cela*, & c'eſt ainſi qu'il faut écrire. Ce qui les a trompez, c'eſt que l'on écrit fort bien *cela fait*, qui eſt bien meilleur & plus élégant que de dire, *cela étant fait*, mais ils ne conſiderent pas, que ſi on l'écrit, on le dit auſſi, & qu'à cauſe qu'on ne dit point *cela dit*, il ne faut point auſſi l'écrire.

N O T E.

Monſieur de la Mothe le Vayer prétend que, *cela dit*, ſe prononce & s'écrit auſſi-bien que *cela fait*, que M. de Vaugelas approuve. M. Chapelain dit que la phraſe eſt vieille, & du ſtyle de Ronſard, qui diſoit auſſi, *ce dit*. Si *cela fait*, étoit une façon de parler reçûe, & plus élégante que, *cela étant fait*, je ne voÿ pas

pas quelle raison on auroit de condamner, *cela dit*, puisque l'un paroît fort
égal à l'autre.

DXIII.
Pronoms possessifs.

IL faut répéter le pronom possessif, comme on répéte l'article ; par
exemple, on dit *le pere & la mere* »
& non pas *les pere & mere*. Ainsi
il faut dire *son pere & sa mere* , &
non pas *ses pere & mere* , comme dit
la plûspart du monde , qui est une
des plus mauvaises façons de parler ,
qu'il y ait en toute notre Langue.
Par tout ailleurs il en faut user aussi
comme de l'article ; par exemple quand
il y a des adjectifs avec des particules, comme *plus* , *moins* , *si* , & autres
semblables, il faut répéter le pronom
possessif aux mêmes endroits où l'on
répéteroit l'article , & non pas aux
autres. On dit , *les plus beaux & les*
plus magnifiques habits , & l'on dit
encore , *les plus beaux & plus magni-*
fiques habits , sans répéter l'article
au second adjectif, selon la règle des

Tome III.   D d

synonymes & des approchans, dont
nous avons souvent parlé. Ainsi l'on
dit, *ses plus beaux & ses plus magnifiques habits*, & l'on dit encore,
*ses plus beaux & plus magnifiques ha-
bits*, selon la même règle. Mais on
diroit mal, *il lui a fait voir les plus
beaux & plus vilains habits du monde*,
par la règle contraire à celle des synonymes & des approchans, qui veut
que l'on répéte l'article, & que l'on
dise, *il lui a fait voir les plus beaux
& les plus vilains habits du monde*.
C'est pourquoi il faut dire aussi, *il
lui a fait voir ses plus beaux & ses
plus vilains habits*, en répétant deux
fois *ses*, & non pas *ses plus beaux &
plus vilains habits*. Ce que j'ai dit du
pronom possessif de la troisiéme personne, s'entend de même du possessif de la premiére & de la seconde
personne au singulier & au pluriel.

NOTE.

Monsieur Chapelain a raison de dire,
que, *ses pere & mere*, est une phrase Pa-
latiale, & un style de pratique. M. de
la Mothe le Vayer dit pourtant qu'on a
tort de la bannir, & que c'est une pro-

priété de notre Langue qu'il faut con-
ferver. La raifon qu'il en donne eft,
qu'elle s'emploie où l'on diroit autrement *fes Parens*, & où l'on veut unir les
deux Auteurs de notre être fans les confiderer féparement, ce qu'il trouve figni-
ficatif & élégant, comme, *il a maltraité
fes pere & mere , fes pere & mere font
morts ; les pere & mere font obligez de,
&c.*

Si l'on dit fort bien , *fes plus beaux &
plus magnifiques habits* , c'eft parce que les
mêmes habits qui font beaux, font magnifiques , mais il faut dire neceffairement , *Il lui a fait voir fes plus beaux &
fes plus vilains habits* , à caufe que les habits qui font beaux, ne font pas les mêmes qui font vilains , ce qui oblige à
répeter le pronom poffeffif *fes*.

DXIV.

Jufques à aujourd'hui.

J'Ai vû difputer à des gens qui parlent fort bien, s'il faut dire (1)
jufques à aujourd'hui , ou *jufques aujourd'hui*. Ceux qui croient qu'il faut

(1) *Jufques à aujourd'hui.*] Amyot
dit toujours *jufques aujourd'hui* , en la vie
de Ciceron n. 13. & autres lieux. Coëffeteau Hift. Rom. p. 460. dit *N'ont fçû jufques
aujourd'hui.*

dire *jusques à aujourd'hui*, alléguent
pour leur raison, que la préposition
jusques, soit qu'elle désigne le temps
ou le lieu , car elle sert à l'un & à
l'autre , régit d'ordinaire l'article du
datif, soit singulier ou pluriel, comme, *jusques à l'année prochaine*, *jusques aux longs jours*, *jusques à Rome*,
jusques aux enfers , excepté en ces
deux phrases seulement, *jusques ici*,
ou *jusqu'ici*, & *jusques-là*, qui se disent tous deux , & pour le temps &
pour le lieu, sans que *jusques* , soit
suivi du datif, ou de la préposition
à, car ceux qui disent *jusques à ici*,
& *jusques à là*, comme je l'ai souvent
ouï dire , parlent barbarement. Cela
présupposé , ils inferent qu'il faut dire *jusques à aujourd'hui*, comme l'on
dit, *jusques à demain* , *jusques à hier*,
jusques à ce jour.

Mais ceux qui sont de l'opinion
contraire , les combattent avec la même raison , & de leurs propres armes,
disant qu'à cause que *jusques* , doit
être suivi du datif, ou de la préposition *à*, il faut dire, *jusques aujour-
d'hui*, parce qu'*aujourd'hui*, est un

mot qui commence par l'article mafculin du datif *au*, & ainfi felon la
propre Règle des adverfaires il faut
dire, *jufques aujourd'hui*, & non pas,
jufques à aujourd'hui.

A cela ils répartent, qu'il eft vrai,
qu'*aujourd'hui*, eft un mot qui commence par l'article mafculin du datif,
mais que ce mot ne doit pas être confideré felon fon étymologie, ou fa
compofition, piece à piece, & féparé en ces quatre mots, *au jour de
hui*, ou *d'hui*, mais comme un adverbe qui ne fait plus qu'un mot François, comme *hodiè*, qui fignifie *aujourd'hui*, ne fait qu'un mot en Latin, quoiqu'il foit compofé de deux,
& comme *demain*, & *hier*, ne font
àuffi qu'un mot en François; defor-
te que de la même façon que l'on
dit *jufques à demain*, *jufques à hier*,
on doit dire auffi, *jufques à aujour-
d'hui*, puifque *demain*, *hier* & *aujour-
d'hui*, font trois adverbes de temps,
dont il fe faut fervir tout de même
fans mettre autre différence entre eux,
que celle de leur fignification.

Néanmoins on réplique, qu'enco-
D d iij

re qu'il foit vrai qu'*aujourd'hui* , ne fait plus qu'un mot, qui eft adverbe, fi eft-ce que fe rencontrant qu'il commence par l'article du datif, qui eft celui que la prépofition *jufques*, demande, on fe fert de cette rencontre, & on la ménage fi bien qu'on fe paffe de la prépofition *à*, & l'on fe contente de dire *jufques aujourd'hui*, fans dire *jufques à aujoura'hui*, comme fi *aujourd'hui*, n'étoit pas adverbe, & un feul mot, mais quatre mots féparez, comme nous avons dit, *au jour d'hui*, & comme on diroit, *jufques au jour d'hier*. Outre qu'on évite la cacophonie des deux voyelles. Ce qui confirme cela, c'eft une autre façon de parler toute femblable, qui eft, *jufques à cette heure*; car ceux qui difent, *jufques à à cette heure*, comme il y en a plufieurs qui parlent ainfi, au lieu de dire, *jufques à cette heure*, difent fi mal, que les partifans même de *jufques à aujourd'hui*, les condamnent. Et néanmoins il n'y a pas plus de raifon d'un côté que d'autre, parce qu'*à cette heure*, eft adverbe auffi bien

qu'*aujourd'hui*, & il ne faut pas alléguer, que la cacophonie des deux *à*
fonnant de même en *jufques à cette
heure*, en eft la caufe, & qu'en *jufques à aujourd'hui*, le fecond *à*, joint
à l'*u*, fait un diphtongue, qui varie
le fon du premier *a*, & qui fe prononce comme un *o*; car notre Langue n'a point d'égard, comme nous
avons dit plufieurs fois, à ces caco-
phonies, quand l'Ufage les autorife,
puifque nous difons, *il commença à
dire*, & qu'il le faut dire ainfi pour
bien parler François, & non pas, *il
commença de dire;* & ce qui eft bien
plus encore, puifqu'il faut dire, *il
commença à avouer*, nonobftant la cacophonie des trois *a*, pluftôt qu'*il
commença d'avouer*. Enfin ceux qui
font pour *jufques à aujourd'hui*, ont
encore trouvé une fubtilité, qui eft
de dire que *jufques*, eft une prépofition qui régit le datif, & qu'en ce
mot *aujourd'hui*, l'article *au*, n'y eft
point au datif, mais à l'ablatif, tout
de même qu'en l'adverbe Latin *hodiè*,
qui eft encore un mot compofé de
deux mots, on voit que ces deux

mots font à l'ablatif. A cela les autres répondent, qu'il eft très-vrai que cet article défini *au*, en *aujourd'hui*, eft ablatif, comme l'article indéfini *à*, en *à cette heure*, eft ablatif auffi ; mais que l'article de l'ablatif & celui du datif étant fouvent femblables, comme ils le font en ces deux exemples *aujourd'hui*, & *à cette heure*, on fe prévaut de la commodité, puifqu'ils fe rencontrent tout propres pour être ajuftez fans aucun changement avec *jufques*, qui demande un datif.

Il y a pourtant certains endroits, où non feulement on peut dire, *à aujourd'hui*, mais il le faut dire néceffairement, comme, *on m'a affigné à aujourd'hui*, & non pas *on m'a affigné aujourd'hui* ; car ce dernier feroit équivoque, ou pour mieux dire, il ne fignifieroit pas que *l'on m'a affigné à aujourd'hui*, mais que *c'eft aujourd'hui qu'on m'a affigné*. De même *on a remis cette affaire aujourd'hui*, ne feroit pas bien dit, pour dire *on a remis cette affaire à aujourd'hui*. Il y auroit dans l'intelligence de ces paro-

les , *on a remis cette affaire aujour-*
d'hui , le même vice , & le même inconvénient qu'en celles-ci , *on m'a*
affigné aujourd'hui.

N O T E.

Quoique de fort bons Auteurs ayent
écrit *jufques aujourd'hui*, la plus commune
opinion eſt qu'il faut dire, *jufques à au-*
jourd'hui. Ce qui me détermine à être de
ce ſentiment, ce ſont les exemples que
M. de Vaugelas rapporte ſur la fin de
cette Remarque , pour faire connoître
qu'il faut dire neceſſairement *à aujourd'hui.*
Cela fait voir qu'*aujourd'hui* n'eſt regardé, que comme un ſeul mot , puiſque ſi
on diſoit, *on m'a affigné aujourd'hui* , cela
ne ſignifieroit pas, *on m'a affigné pour m'o-*
bliger à répondre aujourd'hui , mais ſimplement , *on m'a affigné aujourd'hui pour m'o-*
bliger à répondre dans un certain temps , &
que pour marquer que c'eſt aujourd'hui
que je dois répondre, je ſuis obligé de
dire que *je ſuis affigné à aujourd'hui.* Il y
a beaucoup de différence entre *à cette*
heure & *aujourd'hui.* On a toujours écrit
à cette heure en trois mots ſeparez, ce
qui eſt cauſe que la prépoſition *jufque,*
trouvant *à* dans la premiere , lequel *à*
eſt la marque du datif , ne demande
point un ſecond *à* , & cela empêche qu'on
ne puiſſe écrire *jufqu'à à cette heure* , au

lieu qu'*aujourd'hui* s'écrivant toujours en
un feul mot, peut fouffrir *à* devant foi;
jufqu'à aujourd'hui. M. Menage remarque qu'il y en a qui font une faute en
prononçant *aujord'hui* pour *aujourd'hui*.
C'eft une prononciation vicieufe.

D X V.

Bien *au commencement de la période*.

L'Adverbe *bien* au commencement
de la période, fent fon ancienne façon d'écrire, qui aujourd'hui
n'eft plus gueres en ufage. Par exemple, un de nos fameux Auteurs a
écrit, *bien eft-il mal aifé*, *bien crois-je*,
& plufieurs autres femblables. On le
dit encore quelquefois en parlant, mais
il femble que ce n'eft pour l'ordinaire qu'en raillerie, & qu'on ne l'écrit
que rarement. J'entends en profe,
car en vers Monfieur de Malherbe en
a fouvent ufé, & je trouve qu'il a
auffi bonne grace en vers, qu'il l'a
mauvaife en profe, pourvû qu'il foit
bien placé, comme cet excellent Ouvrier avoit accoûtumé de s'en fervir.
Que fi en profe j'avois jamais à le

mettre , ce feroit fans doute en cette phrafe, *bien eft-il vrai* , qui a beaucoup plus de force & de grace , que de dire , *il eft bien vrai.* Un de nos Maîtres a écrit depuis peu , *bien fai-je.*

N O T E.

Bien croi-je , bien fai-je , font des façons d'écrire , dont on ne fe fert plus du tout aujourd'hui. J'ai vû fort fouvent , *bien eft-il vrai ,* dans des ouvrages eftimez de tout le monde , mais j'avoue que je m'en fuis toujours fenti bleffé , & que je dirois tout fimplement , *il eft vrai que la plûpart de fes amis ,* pluftôt que de dire , *bien eft-il vrai que la plûpart de fes amis.*

DXVI.

Gracieux.

CE mot ne me femble point bon , quelque fignification qu'on lui donne ; la plus commune & la meilleure eft de fignifier , *doux , courtois , civil ,* & de fait , quand on dit *gracieux* , on le met d'ordinaire après *doux* ; *doux & gracieux , courtois & gracieux* , & en cette compagnie il paffe plus aifément. Un de nos plus célebres Ecrivains a dit , *ils lui avoient apporté des réponses les plus gracieuses du monde* , pour dire , *les plus honnêtes , les plus civiles.* Je ne voudrois pas m'en servir. Il y a de certaines Provinces où l'on s'en sert pour dire qu'une personne a bonne grace à faire quelque chose ; *Il est gracieux* , disent - ils , *quand il fait ce conte - là.* Mais il ne vaut rien du tout , & ce n'est point parler François. On dit bien *mal gracieux* , comme , *vous êtes bien mal gracieux* , qui est opposé au premier & au vrai sens de *gracieux* , & qui veut dire *rude* , mais (1) il est bas , & je ne le voudrois pas écrire dans le style noble.

NOTE.

Monsieur de la Mothe le Vayer demeure d'accord qu'il y a des endroits où *gracieux* ne sonne pas bien. C'est , dit-il, quand on le dit exprès pour rire , & avec un ton de voix qui fait connoître l'intention qu'on en a ; mais il approuve qu'on dise , *Vous trouverez un homme le plus gracieux du monde & le plus civil,* ou tout au contraire , *un homme très-mal gracieux.* Selon le Pere Bouhours il ne se dit en prose sérieusement que quand il s'agit de peinture, *un Tableau qui a quelque chose de gracieux, une Figure qui a l'air gracieux.* Je croi qu'on le pourroit dire d'une personne qui auroit les manières engageantes ; *Il y a je ne sai quoi de si gracieux dans la maniere dont elle reçoit les gens, qu'on ne peut se défendre de l'aimer.* M. Menage trouve *gracieux* très-bon en prose & en vers. Ce mot n'a pas mauvaise grace dans les deux exemples qu'il rapporte, l'un du Pere Bouhours, *Je ne sai quel air tendre & gracieux qui charme les connoisseurs,* & l'autre de lui.

Pour moi, de qui le chant n'a rien de gracieux.

(1) *Mais il est bas.*] Et *ce bas* peut quelquefois entrer dans les discours Oratoires.

DXVII.
Par sus tout.

CEtte façon de parler est vieille, & n'est plus aujourd'hui en usage parmi les bons Ecrivains. Néanmoins un des plus célebres a écrit, *par sus tout j'admire.* Et c'est ce qui est cause que j'en fais une Remarque, de peur qu'on ne l'imite en cela, comme il est à imiter en d'autres choses. *Sus,* comme nous avons dit en son

lieu, n'eſt jamais prépoſition, mais
adverbe. La prépoſition c'eſt *fur*, avec
l'r à la fin, & *deſſus*, encore quand
il y a *par* devant, comme *par deſſus
la tête*, *par deſſus le ventre*, mais *par
fus*, ne ſe dit point, ni par conſéquent *par fus tout*. Il faut dire, *par
deſſus tout j'admire*, ou pluſtôt encore, *par deſſus tout cela j'admire*.

NOTE.

Cette phraſe *par fus tout*, a trouvé un
défenſeur dans M. de la Mothe le Vayer,
qui prétend qu'elle n'eſt point vieille,
& que bien loin qu'on y puiſſe trouver
de l'archaïſme, il n'y a que de la délicateſſe. Il ajoûte qu'on dit *par fus tout*
changeant l'r en ſ, de ſorte que ſi *fur tout*
eſt bon, *par fus tout* doit l'être auſſi, &
par règle & par uſage, la nature du mot
ne pouvant être changée par l'amoliſſe-
ment d'une lettre. M. Chapelain ne croit
pas que, *j'en ai par fur la tête*, ſoit mal
dit, mais il écrit *par fur*, & non pas *par
fus*, & même il avoue que le meilleur
& le plus ſûr eſt de dire *par deſſus*. C'eſt
ainſi qu'il faut parler. *Sus* en notre Langue ne peut s'employer que comme in-
terjection. Elle ſert à exhorter, *Sus amis,
qu'on ſe reveille*. On l'emploie ſur-tout
dans les chanſons à boire, & la repetition y a bonne grace. *Sus, fus, Enfans,
prenons le verre.*

DXVIII.

Abſynthe , poiſon.

MOnſieur de Malherbe dans ſes vers fait *abſynthe* (1) tantôt maſculin , & tantôt féminin. Il dit en un lieu , *tout le fiel & tout l'ab-ſynthe*, & en un autre , *il adoucit toutes nos abſynthes*. Pour moi , je l'aimerois mieux faire maſculin que féminin , nonobſtant l'inclination de notre Langue , qui va à ce dernier genre pluſtôt qu'à l'autre , & je ne vois preſque perſonne qui ne ſoit de cet avis. *Poiſon* , eſt toûjours maſculin , quoique Monſieur de Malherbe l'ait fait quelquefois féminin , & que d'ordinaire les Pariſiens le faſſent de ce genre , & diſent *de la Poiſon*. J'oubliois de dire , qu'*abſynthes* au pluriel n'eſt pas bon.

NOTE.

Monſieur Menage dit auſſi que Malherbe a fait *Abſynthe* maſculin & féminin , mais il ne dit point de quel genre il croit qu'il ſoit. Tout le monde veut qu'il ſoit

féminin, & c'eſt de ce genre que Meſſieurs de l'Academie Françoiſe le font
dans leur Dictionaire, *de l'abſynthe Ro-*
maine, de l'abſynthe amere. La plûpart des
femmes diſent encore, *amer comme de la*
poiſon; c'étoit ſon genre ancien, & on le
faiſoit féminin à cauſe qu'il vient de *potio*.
Poiſon eſt preſentement toujours maſculin. M. Menage croit qu'on pourroit
encore l'employer en vers au féminin,
parce que la poëſie aime les choſes ex-
traordinaires. Je ne voudrois pas le hazarder.

(1) Je croi qu'*Abſynthe* eſt de l'un & de
l'autre genre, mais pluſtôt maſculin que féminin; c'eſt-à-dire qu'il ne faut féminin que
lorſqu'en ce genre il rompt un Vers, ou
un Hemiſtiche, ou fait quelque effet.

DXIX.

Certaine règle pour une plus grande netteté ou douceur de ſtyle.

JE dis qu'un ſubſtantif, qui ſuivant un autre ſubſtantif eſt au
génitif, s'il a un épithéte après lui,
& qu'enſuite il y ait encore dans le
même régime un autre ſubſtantif au
génitif, accompagné auſſi d'un autre
épithéte, ces deux ſubſtantifs doi-

vent être fituez d'une même façon,
c'eft-à-dire, que fi le premier eft devant l'adjectif, le fecond le doit être
auffi, & fi le premier eft après l'adjectif,
le fecond le doit être de même. L'exemple le fera mieux entendre que la Règle,
j'expofe cet ouvrage au jugement du Siecle
le plus malin, & du plus barbare peuple
qui fût jamais. Je dis que c'eft écrire a-
vec beaucoup plus de netteté & de
douceur, de dire, *j'expofe cet ouvra-*
ge au jugement du Siecle le plus malin,
& du peuple le plus barbare, ou bien
au jugement du plus malin Siecle, &
du plus barbare peuple qui fût jamais.
J'en fais juge l'oreille. On dira que
c'eft un raffinement de peu d'impor-
tance, mais puifqu'il ne coute pas
plus de le mettre d'une façon que
d'autre, pourquoi choifir la plus mauvaife, & celle qui fans doute bleffe-
ra une oreille tant foit peu délicate,
encore que bien fouvent celui qui eft
choqué de femblables chofes, ne fache pas pourquoi, ni d'où cela vient ?

N O T E.

La règle propofée dans cette Remarque ne regarde que la douceur du ftyle,

& non pas la netteté, puifque qu'aucune des deux façons de parler qu'on y examine, ne porte un fens qui embraffe l'efprit. Ainfi l'oreille feule à confulter, felon la chûte & l'arrondiffement de la période.

DXX.

Aimer mieux.

LA queftion eft de favoir fi après le *que*, qui fuit toûjours l'infinitif que l'on met après cette phrafe *aimer mieux*, il faut mettre la particule *de*, ou ne la mettre pas. L'exemple le va faire entendre. On demande s'il faut dire, *il aime mieux* (1) *faire cela que de faire autre chofe*, ou bien, *il aime mieux faire cela que faire autre chofe*. On répond que prefque toûjours il faut mettre le *de*, & que du moins il eft plus François & plus élegant que de ne le pas mettre. *Il leur fit réponfe*, dit Mon-

---

(1) *Il aime mieux faire cela que de faire autre chofe.*] En cet exemple je croi qu'il eft mieux fans *de*, par deux raifons, la 1. que c'eft le même infinitif qui eft repeté, & la 2. que l'Auteur touche, qu'ils font proche l'un de l'autre.

fieur Coëffeteau, *qu'ils aimoient* (2) *mieux mourir, que de montrer aucun figne de crainte & de lâcheté.* Et en un autre endroit, *Antoine avoit mieux aimé fe rendre comme bourreau de la paffion d'Augufte, que de s'allier avec lui, & avec Caffius.* Et Monfieur de Malherbe, *il aime mieux lui donner tout autre nom que de l'appeller Dieu.* Néanmoins ce dernier en un autre lieu a écrit, *vous aimez mieux mériter des louanges que les recevoir.* Je ne le condamne pas; mais je croirois que le *de* y feroit meilleur, & qu'il eft plus François & plus naturel de dire, *vous aimez mieux mériter des louanges que* (3) *de les recevoir.*

Mais on dit fort bien, par exemple, *j'aime mieux mourir que* (4) *changer,* & je doute fort que *j'aime mieux*

---

(2) *Mieux mourir que de montrer.*] En cet exemple & au fuivant *de* eft abfolument néceffaire.

(3) *Que de les recevoir.*] Cela eft vrai.

(4) *Mourir que de changer.*] Il feroit très-mal dit, car outre ce que l'Auteur a remarqué à l'égard des deux infinitifs, qui ne font feparez que d'un *que*, avec cela cette façon de parler eft comme proverbiale.

mourir que de changer , fût bien dit.
En quoi confiſte donc cette différence?
& n'y a-t-il point de règle pour ſavoir
quand il faut mettre le *de* , ou ne le
mettre pas ? Je n'en ai jamais oui dire
aucune. Voici ſeulement ce que j'en ai
remarqué, je ne ſai ſi je me trompe ,
qu'*aimer mieux* & l'infinitif qui le ſuit ,
demandent le *de* après *que* , quand le
que eſt éloigné du premier infinitif,
comme en l'exemple que nous avons
allégué de Monſieur Coëffeteau , *An-*
toine aimoit mieux ſe rendre comme bour-
reau de la paſſion d'Auguſte,que de s'al-
lier avec lui ; car entre *aimoit mieux ſe*
rendre , & *que de s'allier* , il y a ces
paroles , *comme bourreau de la paſſion*
d'Auguſte , tellement que le ſecond infinitif *s'allier* , eſt éloigné du premier ,
ſe rendre. Je voudrois donc établir (5)
cette règle générale ſans exception ,
que toutes les fois que le ſecond infinitif eſt éloigné du premier , il faut mettre le *de* après *que* , & dire *que de* , &
quand il n'y a rien entre les deux infi-

(5.) *Etablir cette regle générale.*] Cette
Règle , ou pluſtôt ces deux règles ſont
vraïes.

nitifs que le *que*, qu'il n'y faut point
mettre *de*, comme en l'exemple allégué, *j'aime mieux mourir que changer.*
Cette règle a deux parties, l'une pour
l'infinitif éloigné, l'autre pour le proche. En l'éloigné je ne croi pas qu'elle
souffre d'exception ; mais au proche il
faut diſtinguer. Si le dernier infinitif
finit le ſens, comme en cet exemple,
j'aime mieux dormir que manger, je
croirois que la règle ne ſouffriroit (6)
point d'exception ; mais ſi le dernier
infinitif ne finit point le ſens, & que
je diſe par exemple, *j'aime mieux dormir que manger les meilleures viandes du
monde*, alors je penſe que l'on a le
choix de mettre le *de* ou de ne le mettre pas, quoique ſelon moi il ſoit meilleur de le mettre & de dire, *j'aime
mieux dormir que de* (7) *manger les
meilleures viandes du monde.*

Il reſte encore une troiſiéme eſpece,

(6) *Souffriroit point d'exceprion.*] Cela eſt
vrai.

(7) *Que de manger les meilleures viandes
du monde.*] Il le faut dire ainſi, l'autre façon
de parler ſans *de* eſt à mon avis très-mau-
vaiſe.

qui eſt quand le dernier infinitif n'eſt ni éloigné ni proche. Par *ni proche*, il faut entendre, quand après le premier infinitif le *que* ne ſuit pas immédiatement, mais qu'il y a quelque choſe entre deux, comme en cet exemple, *j'aime mieux faire cela que de ne rien faire*, car après le premier infinitif *faire* il y a *cela* devant *que* : on demande s'il y faut mettre le *de* ou ne le mettre pas ; Je ne voudrois pas dire abſolument que ce fût une faute de ne le mettre pas, & de dire, *j'aime mieux faire cela que* (8) *ne rien faire* ; mais je dirai bien hardiment qu'il eſt beaucoup mieux de le mettre. Il y en a qui veulent qu'il n'y ait point de règle pour ce dernier exemple, & que cette délicateſſe dépend de l'oreille ſeule ; mais je doute fort de cela, & je ne ſai même ſi pour rompre un vers on pourroit (9) quelquefois omettre le *de*.

(8.) *J'aime mieux faire cela que ne rien faire.*] Cela ſeroit mal dit.

(9) *Et je ne ſai même ſi pour rompre un vers.*] Je ne le ferois pas.

NOTE.

Il y a bien de la subtilité dans les trois espéces que M. de Vaugelas établit ici, de l'infinitif éloigné, de l'infinitif qui est proche, & de celui qui n'est ni proche ni éloigné. Pour moi, j'avoue que je mettrois *de* par tout, & que je dirois, *j'aime mieux mourir que de changer*, plustôt que de dire, *j'aime mieux mourir que changer*. Notre Langue comme je l'ai dit ailleurs, veut *de* après *que*, toutes les fois qu'un terme de comparaison précéde, *à moins que de faire cela*, & non pas, *à moins que faire cela*. *Il est plus beau de vaincre ses passions que de triompher de ses ennemis. J'aime autant mourir que de vivre toujours dans la misere.* Il en est de même de *mieux*, non seulement avec *aimer*, mais avec un autre verbe. On dit, *vous ne pouvez faire mieux que de vous attacher à sa fortune,* & non pas, *que vous attacher.*

Le Pere Bouhours fait voir une difference très-fine entre, *aimer mieux*, & *aimer plus*. Il dit, qu'*aimer mieux* dans son propre sens ne signifie point amitié, mais une préference dont l'amitié n'est point la cause, & que quand on dit, *J'aime mieux un Valet mal fait & sage, qu'un Valet bien fait & fripon. De tous nos Ecrivains c'est celui que j'aime le mieux,* cela ne veut pas dire, *j'ai plus d'amitié pour l'un que pour l'autre,* mais *je préfere l'un à l'autre; de tous*

les *Ecrivains c'eſt celui qui me plaît davan-*
tage. Il s'enſuit de-là qu'en voulant faire
connoître qu'on a plus d'amitié, il faudroit dire, *aimer plus,* comme *j'aime plus*
mon frere que ma ſœur, & non pas, *j'aime*
mieux mon frere que ma ſœur. Néanmoins
le Pere Bouhours demeure d'accord que
la plûpart des gens du monde diſent *ai-*
mer mieux pour *avoir plus d'amitié,* & que
ſi *l'homme que j'aime le plus,* eſt plus ſelon la raiſon, *l'homme que j'aime le mieux*
eſt plus ſelon l'uſage. Il ajoute ſur la
fin de ſa Remarque, qu'il y a des endroits où il croit que *plus* ſeroit auſſi
bon, & même meilleur que *mieux,* &
que, *c'eſt l'homme du monde qu'il a le mieux*
aimé, qui en étoit le mieux aimé, ne lui
plairoit pas tant que, *c'eſt l'homme du*
monde qu'il a le plus aimé, qui en étoit le plus
aimé.

DXXI.

Pour afin.

PAr exemple, *j'ai dit cela, pour*
afin de lui faire connoître, &c. au
lieu de dire, *j'ai dit cela afin de lui faire*
connoître, ou *pour lui faire connoître.*
Ce *pour afin* eſt ſi barbare, que je m'é-
tonne qu'à la Cour tant de gens qui le
diſent. Pour ce qui eſt de l'écrire, je
ne penſe point avoir jamais lû de ſi
mauvais

mauvais Auteur qui en ait ufé. J'aimerois prefque mieux dire , *pour & à celle
fin* , quoiqu'infupportable , parce qu'au
moins il y a du fens & de la conftruction , mais en *pour afin* il n'y en a
point. *Pour & à icelle fin* , que l'on dit
dans la chicane , eft le dernier des barbarifmes.

N O T E.

Tous les honnêtes gens fe font corrigez de *pour afin* ; il n'y a plus que le très-
bas peuple qui le dife.

DXXII.
Si *pour* adeò.

CEtte particule *fi* pour *adeò* , jointe
avec un adjeſtif , aime après le
que ou le *comme* qui la fuit , le verbe
fubftantif , & c'eſt une faute , felon
l'opinion de plufieurs , que de ne le
pas mettre. Par exemple , un fameux
Auteur a écrit , *je ne penfois pas quand
je vous écrivis ma derniere lettre , que la
réponfe que vous m'y feriez dût être ac-
compagnée d'une fi pitoyable nouvelle ,
comme celle que vous me mandez.* Ils difent qu'il faut écrire , *comme eſt celle
que vous me mandez ,* avec le verbe

subſtantif *eſt* , & qu'il en eſt de même
avec *que* , *d'une ſi pitoyable nouvelle
qu'eſt celle* , & non pas *que celle*. Néanmoins la plus ommune opinion eſt que
tous deux ſont bons. Sur quoi je dirai
encore en paſſant ce que je croi avoir
remarqué ailleurs , qu'après le *ſi* employé comme il eſt en cet exemple , le
que eſt beaucoup meilleur que le *comme*,
que je ne condamne pas abſolument ,
comme font pluſieurs; mais je n'en voudrois pas trop uſer , ſi ce n'eſt pour
rompre le vers. Je mettrois toûjours
que. J'en dis preſque autant d'*auſſi* avec
une épithcte , & l'on a repris *auſſi rude
ennemi comme parfait ami* , au lieu de
dire , *que parfait ami*. Le *que* eſt meilleur , mais *comme* n'eſt pas mauvais.

N O T E.

Je croi qu'il faut toujours mettre *que*
après *ſi* , & *auſſi* comparatifs , & que
comme eſt une faute. *D'une ſi pitoyable nouvelle qu'eſt celle que vous me mandez*, me
paroît beaucoup moins bon que , *d'une
ſi pitoyable nouvelle que celle*, &c. Je dirois
même pluſtôt , *d'une auſſi pitoyable nouvelle que celle que vous me mandez. Auſſi*
ne peut s'accommoder avec *comme*, &

quand *ſi* eſt mis pour *auſſi*, il ne s'y doit pas non plus accommoder.

DXXIII.

Se fier.

JE remarque trois régimes en ce verbe. Il régit le datif, comme quand on dit, *on ne ſait à qui ſe fier* ; l'accuſatif avec la prépoſition *ſur*, comme, *ſe fier ſur ſon mérite* ; l'ablatif avec la prépoſition *en*, comme, *je me fie en vous*, & le même ablatif avec la prépoſition *de*. En voici deux exemples de Monſieur de Malherbe, *comme à celui, dont il croyoit que ſon maître ſe fioit le plus* ; car ce *dont* vaut autant que *duquel*, qui eſt un ablatif. Et en un autre endroit il dit, *fiez-vous de vos mérites*, où il eſt à remarquer qu'on dit bien, *dont*, *duquel & de laquelle il ſe fioit*, & de même au pluriel ; mais hors ces trois exemples, *fier* ne ſe dit point avec *de*, & je croi que c'eſt une façon de parler ancienne, ne l'ayant jamais entendu dire qu'à des gens fort vieux ; car comme nous avons dit ailleurs, notre Langue a pluſieurs verbes

anciens qui font autant en vigueur &
en ufage qu'ils ont jamais été ; mais on
s'en fert autrement aujourd'hui , que
l'on ne faifoit autrefois , leur régime
étant changé. Par exemple , ces ver-
bes *fervir* , *favorifer* , *prier* , régiſſoient
le datif , & ils régiffent maintenant l'accufatif. Ce n'eſt pas qu'il n'y en ait qui
régiffent l'un & l'autre , comme *furvi-*
vre ; car on dit également bien , *fur-*
vivre à fon pere , & *furvivre fon pere.*
Mais pour revenir à *fe fier* , plufieurs
croient que fa vraie conſtruction eſt
en l'ablatif avec la prépofition *en* , &
qu'encore que l'on dife fort bien , *on*
ne fait à qui fe fier , néanmoins la vraie
& ancienne conſtruction eſt de dire ,
on ne fait en qui fe fier. Et cet *à* employé
pour *en* , dans beaucoup de phrafes ,
n'eſt que depuis quelques années en
ufage , à caufe fans doute qu'on le
trouve plus doux que l'*en* , de forte
qu'il y a grande apparence qu'encore
qu'aujourd'hui tous deux foient fort
bons , néanmoins dans quelque temps
'on fupplantera tout-à-fait l'autre , &
'on dira toûjours *à* , & jamais *en* aux
endroits ou l'on aura le choix de

dire (1) celui des deux que l'on voudra ; car il y a des endroits où *en* ne peut être mis qu'avec grande rudesse, comme en cet exemple, *se fier en un homme si paresseux*, au lieu que je n'en voi point où *se fier à* soit rude. C'est pourquoi on met si souvent *à* pour *en*. Il y en a plusieurs exemples qui ne tombent pas à point-nommé sous la plume ; je n'en dirai qu'un en passant, qui est, *en même temps & à même temps*. Monsieur Coëffeteau use toûjours du dernier, & beaucoup d'excellens Ecrivains en font de même.

N O T E.

Monsieur Chapelain marque sur ; *dont, duquel & de laquelle il se fioit*, qu'il tient cette façon de parler étrangere, & qu'à *même temps*, est le bon, ou du moins le meilleur. *Fiez-vous de vos mérites*, est insupportable, & *se fier*, ne se construit plus avec l'ablatif. Ainsi personne ne diroit aujourd'hui, *dont il croyoit que son Maître se fioit le plus*, on diroit *à qui* ou *en qui il croyoit que*, &c. Quelques-uns font, *fier*, actif, & disent par exemple, *fier ses secrets à son ami*. C'est mal parler, il faut dire *confier*.

(1) *De dire celui des deux que l'on voudra.*] Je suis de cet avis, & *à* est plus élé-

gant que *en*, qui néanmoins eſt bien dit,
& peut ſervir en beaucoup de rencontres,
ſur-tout aux Poëtes, pour éviter le choc des
deux voyelles.

DXXIV.
A *avec* l'un & l'autre.

L'Article ou la prépoſition *à* au datif, car il peut être pris pour article & pour prépoſition, veut être répétée en ces deux mots, *l'un & l'autre.* Par exemple, il faut dire, *cela convient à l'un & à l'autre*, & non pas,
cela convient à l'un & l'autre, comme a
écrit un célébre Auteur. Et ce n'eſt pas
ſeulement avec l'article ou la prépoſition *à* que cela ſe pratique, c'eſt avec
tous les articles des cas & avec toutes
ſortes de prépoſitions ; car il faut toûjours répéter & l'article & la prépoſition,
comme, *je ſuis ami de l'un & de l'autre*,
& non pas, *je ſuis ami de l'un & l'autre* ;
je me défie de l'un & de l'autre, & non pas,
je me défie de l'un & l'autre. De même
(1) aux autres prépoſitions, *je l'ai fait*

(1) *De même aux prépoſitions.*] Le reſte
eſt vrai, mais on dit auſſi *avec l'un & l'autre.*
Avec l'un & avec l'autre eſt plus ſoûtenu,

*pour l'un & pour l'autre, avec l'un &
avec l'autre, sans l'un & sans l'autre,
sur l'un & sur l'autre*, & ainsi de toutes les prépositions, quelles qu'elles
soient. Ce qui confirme bien la règle
tant de fois alléguée de la répétition
des prépositions devant les mots,
quand ils ne sont ni synonymes ni approchans, mais différens ou contraires; car y a-t-il rien de plus différent
que *l'un & l'autre* ?

N O T E.

Quelques-uns croient que la repetition
d'*avec* n'est point necessaire, & qu'on ne
parle pas mal en disant, *je suis fort bien
avec l'un & l'autre*. C'est cependant le
plus sûr de dire, *avec l'un & avec l'autre*,
puisqu'il est indispensable de repeter *à*,
de, *pour*, & les autres prépositions.

mais on dit ordinairement *avec l'un & l'autre. J'ai arrêté cela avec l'un & l'autre.*
Voyez plus haut.

F f iiij

DXXV.

Aſſeoir pour *établir.*

ASſéoir pour *établir*, comme quand
on dit, *on ne ſauroit aſſeoir aucun
jugement ſur cela*, ne ſe conjugue pas
comme *aſſeoir* pour *ſedere*, de la conjugaiſon duquel nous avons fait une
Remarque ; car *aſſeoir* pour *établir* ou
poſer, n'eſt en uſage qu'en cet infinitif ſeulement, & ce ſeroit fort mal parler que de dire, *je n'aſſieds* ou *je n'ai
aſſis aucun jugement là-deſſus.* Et il en
eſt de même de tous les autres temps &
de tous les autres modes, ſans en excepter les participes ; car on ne dira
pas non plus, *n'aſſeiant aucun jugement.* Il faut ſe ſervir en ſa place du
verbe *faire*, qui ſe peut employer par-
tout, comme, *je n'ai fait, ni ne fais,
ni ne ferai aucun jugement, ne faiſant
aucun jugement*, & ainſi de tous les
autres.

NOTE.

M. de Vaugelas veut qu'*aſſeoir* pour
établir ne ſoit en uſage qu'en l'infinitif.

Cependant il a dit lui-même dans sa traduction de Quinte-Curce, *Alexandre assit
son camp, & se retrancha au même endroit.*
Je doute qu'on parlât mal en disant, *je
n'ai assis aucun jugement là-dessus ; il n'as-
seioit aucun jugement qu'il n'eût mûrement
examiné si, &c.*

DXXVI.

Pas pour *passage.*

IL n'est pas permis de dire *pas* pour
passage, que pour exprimer quelque
détroit de montagne ou quelque passage difficile, comme *le pas de Suze*,
tant de l'ancienne Suze que de celle
des Alpes, & d'une infinité d'autres
détroits, que l'on appelle *pas ; gagner
le pas de la montagne.* C'est un mot
consacré à ce seul usage, où il est si
excellent, que ce ne seroit pas bien ni
proprement parler, que de n'en user
point, & de vouloir dire *passage* plustôt que *pas, le pas de Thermopyles.*

N O T E.

Selon la règle établie par M. de Vaugelas sur *pas* & *point*, & qui est très-
vraie, qu'on ne met ni l'un ni l'autre,

quand le *que*, qui suit un verbe accompagné de la négative, se résout par *sinon*, il devoit supprimer *pas* dans la premiere ligne de cette Remarque, & dire seulement, *il n'est permis de dire pas pour passage, que pour exprimer*, &c. M. de la Mothe le Vayer prétend que l'on dit très-bien *au passage*, de même qu'*au pas des Thermopyles*. Tous les bons Auteurs préferent *pas*. M. Chapelain remarque qu'on dit figurément & élegamment, *franchir le pas*, pour, *se déterminer, prendre un parti*, aussi-bien que, *franchir le saut*.

Le mot de *passage* me conduisant à *passer*, je rapporterai ici ce qu'a très-bien décidé le Pere Bouhours, touchant ce qui embarasse beaucoup de gens qui ne savent s'il faut dire, *il est passé*, ou *il a passé*. Quand *passer* a un regime, & qu'il a rapport ou aux lieux ou aux personnes, il faut dire *a passé*, non seulement dans le propre, mais encore dans le figuré. *Il a passé par le Pont-neuf, il a passé chez un tel; le Roi a passé par Compiégne; l'Armée a passé par la Picardie; l'Empire des Assyriens a passé aux Medes*. Quand *passé* n'a ni regime ni relation, on dit, *est passé*. *Le Roi est passé, l'Armée est passée, l'Empire des Romains est passé*. On dit, *cette femme est passée*, pour dire qu'elle n'est plus ni belle ni jeune. On dit encore, *ce mot est passé*, & *ce mot a passé*, mais l'un est fort different de l'autre. *Ce mot est passé* signifie qu'un mot est vieux, & qu'il n'est plus en uſage , & *ce mot a paſſé* , veut dire que le mot a été reçû , & qu'il a cours dans la Langue. Tout cela eſt du Pere Bouhours, qui fait encore remarquer qu'on met indifféremment en pluſieurs endroits *paſſer* & *ſe paſſer*. *Les jours paſſent , les jours ſe paſſent inſenſiblement ; les maux paſſent, les maux ſe paſſent ; une vaine joie qui paſſe, qui ſe paſſe en un moment.* On dit de même , *le temps paſſe , la beauté paſſe ; & le temps ſe paſſe , la beauté ſe paſſe ;* mais s'il ne s'agiſſoit pas de la beauté en général , & que l'on parlât d'une perſonne qui commençât à vieillir , ou qu'une maladie auroit changée , on ne diroit pas ſi bien , *ſa beauté paſſe* , il faudroit dire, *ſa beauté ſe paſſe.* Il en eſt ainſi du temps quand on en parle avec rapport à l'uſage que nous en faiſons , il faut dire neceſſairement *ſe paſſe* , comme , *la vie de la plûpart des jeunes gens ſe paſſe dans des viſites inutiles ou criminelles* , & non pas , *la vie de la plûpart des jeunes gens paſſe dans des viſites inutiles.*

On peut encore obſerver une autre choſe ſur ce même verbe , c'eſt la différence qu'il y a entre *ſe paſſer* , ſuivi de la prépoſition *de* , & *ſe paſſer* , avec la prépoſition *à*. *Il s'eſt paſſé d'un habit cette année* , veut dire , *Il n'a point eu d'habit cette année* , & *il ſe paſſe à un habit tous les ans* , veut dire , *Il ſe contente d'avoir un ſeul habit tous les ans.*

DXXVII.

Infulter, pudeur.

CE premier mot eſt fort nouveau, mais excellent pour exprimer ce qu'il ſignifie. Monſieur Coëffeteau l'a vû naître un peu devant ſa mort & il me ſouvient qu'il le trouvoit ſi fort à ſon gré, qu'il étoit tenté de s'en ſervir, mais il ne l'oſa jamais faire, à cauſe de ſa trop grande nouveauté, tant il étoit religieux à ne point uſer d'aucun terme, qui ne fût en uſage. Il augura bien néanmoins de celui-ci, & prédit ce qui eſt arrivé, qu'il ſeroit reçû dans quelque tems auſſi-bien qu'*inſulte*, comme en effet on ne fait plus aujourd'hui de difficulté d'uſer de l'un & de l'autre en parlant & en écrivant. Cette phraſe particulierement lui ſembloit ſi élégante, *inſulter à la miſere d'autrui.*

Il paſſera donc d'ici à quelques années pour un mot de la vieille marque, de même que nous en avons pluſieurs en notre Langue, qui ne font gueres plus anciens, & que néanmoins l'on ne distingue point maintenant d'avec les autres. Je n'en dirai qu'un, mais il est beau, c'est *pudeur*, dont on ne s'est servi que depuis Monsieur des Portes, qui en a usé le premier, à ce que j'ai entendu dire. Nous lui en avons de l'obligation, & non seulement à lui, mais à ceux qui l'ont mis en vogue après lui; car ce mot exprime une chose, pour laquelle nous n'en avions point encore en notre Langue, qui fût si propre & si significatif, parce que *honte*, quoiqu'il signifie cela, ne se peut pas dire néanmoins un terme tout-à-fait propre pour exprimer ce que signifie *pudeur*, à cause que *honte*, est un mot équivoque, qui veut dire & la bonne & la mauvaise honte, au lieu que *pudeur*, ne signifie jamais que la bonne honte. Or est-il, qu'encore qu'il soit très - vrai qu'on ne laisse pas de parler proprement, quand on se sert de mots équivoques, si est-ce que c'est parler encore plus proprement, quand on emploie des mots, qui ne conviennent qu'à une seule chose.

NOTE.

M. de Vaugelas peche contre la règle qui défend de mettre *pas* ou *point* devant *aucun*, lorfqu'il dit dans cette Remarque, *tant il étoit religieux à ne point ufer d'aucun terme*, il faut dire felon la règle qu'il a très-bien établie, *à n'ufer d'aucun terme*.

Infulter eft un mot généralement reçû. On dit, *Infulter quelqu'un, infulter à quelqu'un, Infulter contre quelqu'un*. J'aimerois pourtant mieux dire, *il s'emporta contre lui*, que, *il infulta contre lui*. M. Chapelain qui veut qu'on dife auffi, *infulter fur quelqu'un*, marque que c'eft le plus rude. *Infulter* en terme de guerre fignifie, *attaquer quelque pofte hautement & à découvert*. Quant au nom fubftantif, *infulte*, que quelques-uns font mafculin, je fuis du fentiment de M. Menage qui dit qu'il eft conftamment feminin. *Une grande infulte*, & non pas, *un grand infulte*. Il avoue que nos anciens difoient *un infult*, il étoit alors mafculin & ne fe terminoit point en *e*,

DXXVIII.

Il fied.

CE verbe eft fort anomal en fa conjugaifon. Il ne fe conjugue qu'aux temps que je vais marquer, *il fied*, au prefent de l'indicatif, comm' *il fied bien, il fied mal, cet habit lui fied bien*, ou *lui fied mal* ; *il feioit* à l'imparfait, comme *cela lui seioit bien*, ou *lui seioit mal*. Il n'y a point de préterit parfait, ni défini, ni indéfini, ni de préterit plus que parfait, mais il a le futur, *il seiera*, comme, *cela vous seiera bien*; à l'imperatif, *seie*, comme *qu'il lui seie bien*, *qu'il lui seie mal*, & non pas *sie*; & en l'optatif & subjonctif *seieroit*; il n'a point d'infinitif. Au participe, il a *seant*. Mais comme ce verbe *il sied*, a deux usages, l'un pour les mœurs, & l'autre pour les habits, ou pour les choses qui ont du rapport aux personnes, comme par exemple pour les mœurs, quand on dit, *il sied mal à un pauvre d'être glorieux*, & pour les habits, ou ce qui concerne la personne, *cet habit lui sied bien*, *les grands cheveux lui sient mal*. Il faut remarquer qu'au participe *seant*, il ne s'emploie jamais que pour les mœurs, & non pas pour les habits; car on dira fort bien, ce qui est seant, ou bien-seant à l'un, ne l'est pas à l'autre, mais c'est toûjours pour les mœurs, & jamais pour les habits, ni pour aucune chose qui donne bonne ou mauvaise grace à la personne. Et qu'ain-

si ne soit, si je dis, *les grands cheveux vous sient bien, & à lui, ils lui sient mal,* & qu'en suite j'ajoûte dans le même sens, *ce qui est séant à l'un ne l'est pas à l'autre,* je parlerai très-mal, & ne dirai point ce que je veux dire, qui se doit dire en ces termes, *ce qui sied bien à l'un, sied mal à l'autre. Sied,* emporte les deux significations, & *séant,* n'en a qu'une : *séant,* est participe seulement, & non pas gérondif, puisqu'il ne s'emploie qu'avec le verbe auxiliaire substantif ; *il est séant, étant mal séant* ; & jamais *séant* tout seul, selon l'usage ordinaire des gérondifs ; car on ne dira pas par exemple, *certaines choses séant bien en un âge, qui ne sient pas bien en un autre.* Si l'on pouvoit parler ainsi, sans doute *séant,* en cet exemple seroit gérondif, mais ce ne seroit point parler François de dire, *certaines choses séant bien,* pour dire, *étant bienséantes.* Au reste il est à remarquer pour la satisfaction de ceux qui entendent les deux Langues, que les Latins ont usé du mot de *sedere,* en cette signification. Pline en son Pa-
négyrique

négyrique, *quam bene humeris tuis fe-*
deret imperium. Et Quintilien , *nam*
& ita fedet melius toga , &c. On ne
fe fert gueres de ce verbe qu'en la
troifiéme perfonne ; mais on ne laiffe pas de dire, *je lui feois bien , vous*
lui feiez bien , pour dire , *je lui étois*
vous lui étiez utile , ou *néceffaire ;* mais
ce n'eft que dans le ftyle bas.

N O T E.

M. Menage a raifon de dire, contre
l'opinion de M. de Vaugelas, qu'à l'imperfonnel *il fied*, il faut dire au pluriel
du prefent , *ces habits lui fiéent bien ,* &
non pas *lui fient bien*; au futur de l'indicatif , *cela vous fiera bien* ; à l'imperatif ,
qu'il lui fiée bien , & à l'optatif *quand il*
lui fieroit mal , & non pas , *feiera , feïe ,*
& feïeroit. M. Chapelain qui veut auffi
au futur *fiera,* & non pas , *feiera,* prétend qu'au pluriel du prefent cet imperfonnel fait *fieient.* Il doit faire *fiéent,* puifqu'il fe forme du fingulier , *il fied,* en
changeant le *d,* en *ent,* felon la règle de
tous les autres verbes , où quand la troifiéme perfonne du fingulier du prefent
finit par une confonne , cette confonne
fe change en *ent,* pour le pluriel , fans
qu'aucun verbe prenne un *i,* devant. *Il*
meurt , ils meurent ; il rompt , ils rompent ;

Tome III.   G g

il court, ils courent ; il veut, ils veulent ;
car autrefois on difoit *il veult*, ce qui
eft caufe que l'*l* eft confervée au pluriel.
Tous ces verbes changent en *ent* au pluriel, la derniere des deux confonnes qu'ils
ont au fingulier. Il y en a d'autres qui
les gardent toutes deux, comme *il perd*,
ils perdent ; *il mord*, *ils mordent* ; *il defcend*,
ils defcendent ; *il répond*, *ils répondent*. Il
prend, change le *d* en *n*, *ils prennent* ; & il
vient, change auffi le *t* en *n*, *ils viennent*. Il
peut change ce même *t* en *v* confonne,
ils peuvent. Quelques-uns ne reçoivent
point *ent* au pluriel, *il fait*, *ils font* ; *il a*,
ils ont ; *il va*, *ils vont* ; mais enfin aucun
de ceux dont la troifiéme perfonne du
pluriel fe termine en *ent*, ne prend *i* devant. Pourquoi *il fied* le prendroit-il pour
dire *fieient*, & non pas *fiéent*. M. Chapelain prétend qu'il faut dire à l'imparfait *fieiois*, *fieiez*. Perfonne ne dit, *je
lui feois bien*, *vous lui feiez bien*, pour dire,
je lui étois, *vous lui étiez*, *utile*, & fi l'on
pouvoit recevoir ces phrafes, on ne diroit ni, *je lui fieiois*, *vous lui fieiez bien*,
comme veut M. Chapelain, ni *je lui feois*,
vous lui feiez bien, comme le marque M. de
Vaugelas, il faudroit dire, *je lui feiois*,
vous lui feiiez bien. La raifon eft que l'imparfait ne fe forme pas de la premiere
perfonne du fingulier du prefent. Si cela
étoit, & qu'à caufe qu'on dit prefent
d'*affeoir*, *je m'affieds*, il falût dire, *je m'af-
fieiois*, on diroit auffi *je vienois* à l'imparfait de *venir*, *je meurois* à l'imparfait de

mourir, parce que ces verbes font *je viens*, *je meurs*, au préfent. Tous les imparfaits fe forment de la premiere perfonne du pluriel du préfent, laquelle perfonne n'eft pas femblable à celle du fingulier dans plufieurs verbes, comme je l'ai déja dit ailleurs. *Je veux, nous voulons; je meurs, nous mourons; je vai, nous allons; je viens, nous venons;* & cela à caufe qu'on dit à l'imparfait, *Je voulois, je mourois, j'allois, je venois.* Il en eft de même du verbe *affeoir.* On dit au fingulier du préfent, *je m'affieds, tu t'affieds, il s'affied,* & au pluriel, *nous nous affeions, vous vous affeiez,* & non pas, *nous nous affieions, vous vous affieiez.* Si l'on pouvoit conjuguer le verbe imperfonnel, *il fied* dans toutes les perfonnes du préfent, comme on le conjugue dans celle de l'imparfait, felon les exemples de M. de Vaugelas, *je lui feois bien, vous lui feiez bien,* on diroit, *je lui fieds bien, tu lui fieds, il lui fied,* & au pluriel, *nous lui feions bien,* & non pas, *fieions,* ni *feons,* & par conféquent on diroit à la premiere perfonne de l'imparfait, *je lui feiois;* & non pas, *fieiois* ni ni *feois,* puifqu'elle fe formeroit de la premiere perfonne du pluriel du préfent, *nous lui feions,* & à la feconde du pluriel du même imparfait, *vous lui feiiez bien,* & non pas *vous lui feiez bien,* qui eft la feconde perfonne du pluriel du préfent, de laquelle celle du pluriel de l'imparfait doit être differente, ce qui arrive par un second *i* qu'on met après le premier dans tous les verbes qui en ont déja un aux deux premieres personnes du pluriel du present. Cela se connoît dans les verbes , *voir , envoyer , justifier , &c.* On dit au pluriel du present, *nous voyons, vous voyez ; nous envoyons , vous envoyez ; nous justifions, vous justifiez ,* & il faut dire aux deux premieres personnes du pluriel de l'imparfait , *nous voyions, vous voyiez ; nous envoyions , vous envoyiez ; nous justifiions, vous justifiiez.*

M. de la Mothe le Vayer fait voir que *séant* se dit fort bien des habits. Il en donne pour exemple ; *ce court manteau n'est pas séant à un homme de sa sorte.* Je suis du sentiment de ceux qui trouvent *séant* bien placé en cet endroit.

DXXIX.

Croyance , créance.

C Royance & creance, se prononcent tous deux à la Cour d'une même façon, à cause que la diphtongue *oi* ou *oy*, se prononce en *e*, en beaucoup de mots, dont celui-ci est du nombre. Ce font néanmoins deux choses différentes ; car *creance* avec *e* , comme quand on dit, *une lettre de creance,* & *avoir de la creance en quelqu'un,* ou *parmi les peuples,* ou *parmi les gens de guerre,* est toute autre chofe que *croyance*, avec *oy*, comme quand on dit, *ce n'eft pas ma croyance*, pour dire, *je ne crois pas*, ou *ajoûter croyance à quelqu'un*, pour dire *ajoûter foi*. Ce n'eft pas qu'à les bien confiderer, ils ne viennent tous deux d'une même fource, parce que dire, *qu'un homme a de la creance parmi les peuples*, qu'eft-ce à dire autre chofe, finon que ces peuples ajoûtent foi & croyance à cet homme-là, & à tout ce qu'il leur veut perfuader ? De même, que fignifie *une lettre de creance*, finon une lettre qui déclare & affûre, que l'on peut, ou que l'on doit avoir croyance à celui qui la porte, ou à ce qu'il dira ? Mais la plufpart croient qu'il ne faut pas pourtant laiffer de les diftinguer, en écrivant toûjours *creance*, avec *e*, aux exemples que nous avons donnez, & *croyance*, avec *oy*, aux deux autres exemples, & en leurs femblables, car pour l'orthographe ils conviennent qu'il y faut mettre de la différence, quoiqu'il n'y en faille point mettre dans la prononciation, & qu'en l'un & en l'autre fens, il faille toûjours prononcer *creance*, pour prononcer délicatement, & à la mode de la Cour. Je croi néanmoins qu'à la fin on n'écrira plus que *creance*, c'eſt déja l'opinion de pluſieurs, à laquelle je ſouſcris.

NOTE.

Peu de perſonnes écrivent preſentement *croyance*. La délicateſſe de la prononciation a paſſé dans l'orthographe. M. Chapelain dit, qu'*avoir de la créance en quelqu'un*, c'eſt y avoir de là confiance, & qu'*avoir de la créance parmi les peuples*, c'eſt un ſens renverſé, & par-là très-élégant, pour dire de quelqu'un que les peuples le croient & lui déferent.

DXXX.

Entaché.

CE mot eſt dans la bouche preſque de tout le monde, qui dit par exemple, *entaché d'un vice*, pour dire *taché*, ou *ſouillé d'un vice*, mais il eſt extrémement bas, & jamais Monſieur Coëffeteau, ni qui que ce ſoit qui aime la pureté du langage, n'en a uſé. Il eſt vrai qu'un de nos

plus excellens Poëtes modernes s'en
est servi, s'étant laissé aller au torrent
du peuple qui parle ainsi, ou bien
ayant eu besoin d'une syllabe pour
faire son vers, mais aussi on l'en a
repris, comme d'un mot indigne d'a-
voir place en cette belle piece, où
il l'emploie. *Entaché*, se dit en Anjou, *des fruits.*

N O T E.

M. de la Mothe le Vayer trouve *entaché* un mot très-significatif & digne
d'être conservé. M. Chapelain dit qu'il
est bon, & qu'en France on se sert de
celui d'*entiché*, qui est fort bas. L'autre ne me paroît pas plus relevé, & s'il
se dit encore quelquefois dans le discours
familier, on ne devroit pas l'écrire.

D X X X.

Inonder.

MOnsieur Coëffeteau, & quelques autres de son tems, se servent de ce verbe d'une façon qui
n'est pas commune; & c'est, comme
je croi, à l'imitation d'Amyot. Ils
s'en servent avec la préposition *sur*,

& neutralement ; comme par exemple, Monsieur Coëffeteau dit en la vie d'Auguste , *le Po qui avoit inondé fur les terres voifines* , & je n'ai pas remarqué qu'il en ufe jamais autrement. Néanmoins l'ufage ordinaire d'aujourd'hui eft de faire *inonder* , actif , & de s'en fervir fans prépofition, comme de dire, *le Po qui avoit inondé les terres voifines*. Peut être eft-il de ce verbe, comme de *frapper* , & de quelques autres, qui s'emploient activement , & neutralement avec la prépofition *fur ;* car on dit par exemple, *frapper la cuiffe* , & *frapper fur la cuiffe* , & ce dernier eft beaucoup plus élégant & plus François que l'autre.

N O T E.

M. Chapelain blâme avec raifon *inonder fur* , & dit que le vrai mot étoit *qui s'étoit répandu fur ,* &c. *Inonder* eft préfentement toujours actif. M. de la Mothe le Vayer trouve *frapper fur la cuiffe* , beaucoup plus élégant & plus François que *frapper la cuiffe* , par une raifon qui met de la différence dans le fens de ces deux phrafes. Il dit que *frapper la cuiffe* , c'eft donner un coup pour faire mal , & que *frapper fur la cuiffe* eft un terme d'amourettes.

DXXXI.

DXXXI.

Jaillir.

J*Aillir*, pour *réjaillir*, n'eſt pas fort bon, quoique l'un de nos plus fameux Auteurs en ait uſé, diſant, *il a fait jaillir de l'ordure ſur vous*, au lieu de dire, *il a fait réjaillir de l'ordure.* Peut-être que c'eſt un défaut du païs, où l'on ſe ſert de pluſieurs verbes ſimples au lieu des compoſez, dont on uſe par tout ailleurs : j'en ai fait une remarque, où *taſſer*, & *ſieger*, ſont marquez pour dire, *entaſſer*, & *aſſieger*. Il y a des verbes ſimples, qui ne ſont gueres en uſage, & l'on ſe ſert des compoſez en leur place, qui ne laiſſent pas de retenir la ſignification du ſimple, & non pas du compoſé ; comme par exemple, *refroidir* eſt beaucoup mieux dit que *froidir*, dont je doute même s'il eſt bon, quoique pluſieurs le diſent, & ce *re*, bien qu'il dénote une répétition, ou réiteration, ne lui donne point une autre ſignification que celle du ſimple. Il en eſt de même de

Tome III.   H h

réjaillir ; il y en a quelques autres de cette nature, qui ne se présentent pas maintenant à ma mémoire.

NOTE.

M. Menage met de la différence entre *jaillir* & *rejaillir*. Il dit que *jaillir* marque une action simple, absolue & directe, & que *rejaillir* signifie le redoublement de cette action. Comme on dit *des eaux jaillissantes*, & non pas *rejaillissantes*, il préfère *jaillir* à *rejaillir*, en matière d'eaux qui s'élèvent dans les airs, ce qui lui a fait dire :

> *Et faire en cent façons, ou couler dans les plaines,*
> *Ou jaillir dans les airs le cristal des Fontaines.*

parce qu'il ne s'agissoit en cet endroit que d'exprimer une simple action, & non pas une action redoublée, où *réjaillir* n'auroit rien valu. Il ajoute qu'on dit *verdir* & *reverdir*, *jaunir* & *rejaunir*, & que les composez lui semblent meilleurs que les simples. On dit, *emporter* & *remporter le prix*, mais beaucoup mieux *remporter*. Le Pere Bouhours remarque fort bien qu'on dit *remporter la victoire*, & non pas, *emporter la victoire*, & qu'au contraire il faut dire, *emporter le butin*,

& non pas, *remporter le butin*. *Froidir*, pour *refroidir*, ne se dit point.

M. Chapelain a marqué sur le verbe *jaillir* que plusieurs, & des bons Auteurs, croient qu'il faut écrire *réjalir*, *jalir*, *des eaux jalissantes*, & que *jaillir* est le même abus que *métail* pour *métal*. Il me semble que l'usage a décidé pour *jaillir*.

DXXXII.

De l'usage & de la situation de ces mots, Monseigneur, Monsieur, Madame, Mademoiselle, & autres semblables dans une lettre ou dans un discours.

CEs mots que l'on doit inserer dans les lettres que l'on écrit, ou dans les discours que l'on fait aux personnes de condition, ou de respect, ne se peuvent pas mettre indifferemment en tous lieux. D'ordinaire on les place fort mal. Voici quelques règles pour ne tomber pas dans ce défaut. Premierement, il ne faut jamais dans la premiere période d'une lettre ou d'un discours, quelque longue qu'elle soit, répéter le mot par lequel on a commencé ; c'eſt à-dire, que ſi vous avez, par exem-commencé ainſi, *Monſeigneur*, ou par quelqu'un des autres, & que la pre-miere période ſoit fort longue, il ne faut point répéter *Monſeigneur*, ou *Monſieur*, ou aucun des autres, que la période ne ſoit achevée, parce qu'une période n'en peut ſouffrir deux, & ce ſeroit importuner, & non pas reſpecter la perſonne que l'on prétend honorer, d'uſer de cette répéti-tion ſi proche l'une de l'autre, avant que le ſens ſoit complet.

La ſeconde eſt Règle, qu'après *vous*, quand ce pronom perſonnel fi-nit le membre de la période, il faut mettre, *Monſeigneur*, ou l'un de ces autres mots ; par exemple, ſi je dis, *il n'appartient qu'à vous*, *Monſeigneur*, ou l'un des autres, je dirai beaucoup mieux, que ſi je diſois ſeulement, *il n'appartient qu'à vous de faire*, *&c.* car ainſi je parlerai à cette perſonne-là, que je dois & que je veux ho-norer, avec beaucoup plus de reſ-pect, que ſi je diſois ſimplement *vous*, qui de ſoi eſt un terme commun à

tous, & par conſequent peu reſpectueux. C'eſt pourquoi, il n'y a point
d'endroit dans la lettre, où cette répétition puiſſe avoir meilleure grace,
qu'après ce pronom, parce qu'elle y
eſt néceſſaire. Il faut donc tâcher de
l'y mettre toûjours. Que s'il ſe rencontre qu'on l'ait miſe ailleurs en un
lieu fort proche, il la faut ôter de
là pour la placer après *vous*; ce qui
ſe pratique en deux façons, ou en
le répétant immédiatement après *vous*,
comme en l'exemple que nous avons
donné, *il n'appartient qu'à vous*, *Monſeigneur*, ou en le répétant médiate-
ment, comme, *pour vous dire*, *Monſeigneur*, ou *pour vous aſſûrer*, *Monſeigneur*. Mais en cette derniere façon il n'eſt pas du tout ſi néceſſaire
qu'en l'autre, quoiqu'il ait toûjours
bonne grace, & qu'il ſoit bon de l'y
mettre autant qu'il ſe peut.

Il eſt bien placé auſſi après les particules, ou les termes de liaiſon, qui
commencent les périodes, comme a-
près *car*, *mais*, *au reſte*, *après tout*,
enfin, *certes*, *certainement*, *c'eſt pourquoi*, & autres ſemblables.

H h iij

On n'a gueres accoûtumé de le mettre au commencement de la période. Il semble que cette place ne lui appartient qu'à l'entrée de la lettre, ou du discours, & qu'après cela on le met toûjours en suite de quelques autres môts, qui ont commencé la période. Mais pourtant je ne le voudrois pas condamner, si ce n'est dans une lettre fort courte, où véritablement il seroit très-mal placé; car dans une longue épître, ou dans un long discours, il est certain qu'on peut encore en quelque endroit lui faire commencer une période avec beaucoup de grace, & d'emphase. Il est vrai que je ne voudrois pas que ce fût plus de deux fois en tout, & encore en y comprenant celle qui est à la tête de la piece.

Il faut prendre garde à ne le mettre point après un verbe actif, à cause de l'équivoque ridicule qu'il peut faire, & avec le verbe, & avec le nom qui en est régi, comme, *je ne veux pas acheter, Madame, si peu de chose à si haut prix* ; car qui ne voit le mauvais effet que cela produit & devant, &

après, en difant, *acheter*, *Madame*, & *Madame*, *fi peu de chofe* ? Et quand le nom qui eft régi par le verbe ne fait point d'équivoque, comme fi je dis, *je ne veux pas acheter*, *Madame*, *un ouvrage*, il ne laiffe pas de faire que le mot de *Madame* ne foit mal placé, parce que deux fubftantifs de fuite après un verbe qui en régit un, ne s'accommodent point bien, & ne fauroient avoir que mauvaife grace. Comme j'écrivois ceci, on m'a donné un livre, où en l'ouvrant j'ai vû, *je ne faurois jamais oublier*, *Monfeigneur*, *cet heureux féjour*, cela m'a choqué ; mais auffi n'eft-il pas vrai que ce n'eft pas écrire nettement, que de mettre *Monfeigneur* en cet endroit-là ? *je ne faurois*, *Monfeigneur*, *jamais oublier cet heureux féjour*, ou, *jamais je ne faurois*, *Monfeigneur*, *oublier*, ou enfin, *je ne faurois jamais*, *Monfeigneur oublier*, &c.

C'eft donc une des principales maximes, ou peut-être la feule en ce fujet, de ne metttre jamais *Monfieur* ni *Madame*, ni leurs femblables en aucun endroit, où ce qui va devant & ce qui va après puiffent faire équivoque ;

car encore que ces équivoques pour
l'ordinaire foient déraifonnables, & ne
fe puiffent pas dire équivoques, fans
faire violence à la phrafe d'une façon
groffiere & impertinente, comme eft
celle qui eft fi triviale & fi importune,
mais que l'exemple m'oblige d'alléguer, *voulez-vous du veau, Monfieur ?*
cependant il ne faut pas laiffer de les
éviter, & avec d'autant plus de foin,
qu'il y a plus de perfonnes déraifonnables & impertinentes, qu'il n'y en a
de l'autre forte. Il ne faut point non
plus mettre ces mots, *Monfieur* ni *Madame*, ni leurs femblables, entre le
fubftantif & l'adjectif, fi l'adjectif fe
rencontre de même genre que *Monfieur* ou *Madame*; par exemple, *c'eft
un adverfaire, Monfieur, très-infolent*,
& l'on a beau mettre une virgule, comme il la faut mettre après *Monfieur*, on
ne fe paye pas de cela, & on ne laiffe
pas d'en rire. De même au féminin,
*c'eft une procédure, Madame, défap-
prouvée de tout le monde.*

Il eft bien placé devant le *que*, comme, *je ne croi pas, Madame, que, &c.
il eft certain, Madame, que, &c.* &

devant *de*, comme, *c'est un effet, Madame, de votre bonté*, & après *oui & non*, comme, *oui Madame, non Madame, il ne se voit rien, &c.*

Il semble qu'il est inutile d'avertir qu'il ne le faut point mettre à la fin de la période ; car cela est trop visible. Néanmoins il se pourroit faire qu'il y trouveroit sa place, & de bonne grace; car pourquoi n'écriroit-on point en finissant une période, *ne le croyez point, Madame, ne le croyez point, Monseigneur ?* Mais il n'en faut pas user souvent.

On ne doit jamais aussi mettre ni *Sire*, ni *Monseigneur*, ni *Madame*, après *votre Majesté*, ou *votre Eminence*, ou *votre Altesse*, comme, *votre Majesté, Sire, ne souffrira pas, &c. votre Majesté, Madame ; votre Eminence, Monseigneur ; votre Altesse, Monseigneur ;* mais on les peut mettre devant, comme, *Sire, votre Majesté ne souffrira pas ; Madame, votre Majesté est si sage*, & ainsi des autres.

Il est à propos d'ajoûter ici qu'il y a force gens en écrivant, aussi-bien qu'en parlant, qui répétent trop sou-

vent *Monfieur*, jufqu'à s'en rendre in-
fupportables. En toutes chofes l'excès
eft vicieux. Ils veulent honorer, & ils
importunent. Il eft bien aifé de fe corriger de cette faute en écrivant, mais
très-difficile en parlant, fi une fois on
a contracté cette mauvaife habitude,
comme ont fait plufieurs que je connois, où il n'y a plus de remede.

N O T E.

Il me femble qu'après qu'on a mis,
Monfeigneur, ou *Monfieur*, au commencement d'une lettre, ou d'un difcours,
on ne peut plus commencer par-là aucune période de la même lettre. Il faut
toujours que quelques mots le précédent
aux autres endroits, comme *je croi, Mon-*
feigneur; ne croyez pas, Monfeigneur. Je ne
le croi pas bien placé après *de*; je dirois,
c'eft, Madame, un effet de votre bonté, &
non pas, *c'eft un effet, Madame, de votre*
bonté. Cet arrangement bleffe l'oreille.
M. de la Mothe le Vayer ne trouve
rien à reprendre en cette façon d'écrire,
je ne faurois oublier, Monfeigneur, l'heu-
reux féjour. Il eft certain qu'il eft beaucoup mieux de ne pas féparer le verbe
de l'accufatif qu'il regit, de dire, *je ne*
faurois, Monfeigneur, oublier l'heureux fé-
jour. Il ne tombe pas d'accord qu'on ne

doive jamais mettre ni *Sire*, ni *Madame*, après *Votre Majesté*, ni *Monseigneur*, après *Votre Eminence*. Je croi, comme lui, qu'on peut fort bien dire dans la suite d'un discours, *Votre Majesté*, *Sire* ; *Votre Altesse*, *Monseigneur*.

DXXXIII.

Si en écrivant on peut mêler vous, *avec* votre Majesté, *ou* votre Eminence, *ou* votre Altesse, *& autres semblables.*

SI vous écrivez une lettre qui ne soit pas fort longue, il faut toûjours mettre *votre Majesté*, & jamais *vous*. Je sai bien les inconvéniens qu'il y a de s'assujettir à cela, & de parler toûjours en la troisiéme personne, soit en disant, *votre Majesté*, soit en disant *elle* ; mais en une lettre courte il se faut un peu contraindre, & il n'y a point d'apparence de s'émanciper dans un si petit espace. *Elle* doit être répété beaucoup plus souvent que *votre Majesté*, quoique ce dernier le doive être souvent, mais avec une certaine mesure judicieuse, qui empêche qu'on ne se rende importun en voulant être respectueux.

Que si c'est une longue lettre ou un discours de longue haleine, il n'y aura point de danger de mêler l'un avec l'autre, & de dire tantôt *vous* & tantôt *votre Majesté*, mais plus souvent *votre Majesté*. Les plus scrupuleux avoueront qu'il y a même des endroits où il faut nécessairement dire *vous*, comme, *vous êtes, Madame, la plus grande Reine du monde*. Il est certain qu'il faut nécessairement dire ainsi, & non pas, *votre Majesté, Madame, est la plus grande Reine du monde*, qui seroit une expression impertinente, tellement qu'en cet exemple on pourroit mettre *vous* dans une lettre de douze lignes, & en quelques autres cas semblables qui se pourroient présenter.

Quant aux autres titres de grandeur, moindre que la Royale, on ne doit faire aucune difficulté de mêler l'un avec l'autre, notre Langue s'étant réservé cette liberté, que l'Italienne ni l'Espagnole n'ont pas, à cause que *vous* en ces deux Langues est un terme incompatible avec la civilité, sur-tout *vos* en Espagnol, ce qui n'est pas en la nôtre. Les Latins font bien encore

moins cérémonieux , qui disent toûjours *tu* à qui que ce soit , & il me semble que nous avons pris un milieu &
un tempérament bien raisonnable entre
ces deux extrémitez , en donnant par
honneur le nombre pluriel à une seule
personne quand nous lui disons *vous* ,
& en évitant dans le commerce conti-
nuel de la vie , la fréquente & importune répétition des termes dont les
Italiens & les Espagnols se servent en
sa place.

NOTE.

Il est hors de doute que quand il s'agit
de donner aux Rois un titre qui les distingue particulierement , on doit toûjours se servir de *vous* , & qu'il faut dire,
*vous êtes, Sire, non seulement le plus grand
des Rois, mais le plus grand de tous les hommes.* On dira bien, *votre Majesté est infiniment éclairée,* mais on ne peut dire,
*votre Majesté est le plus éclairé, ni la plus
éclairée de tous les Rois.*

DXXXIV.

S'il faut dire alte *ou* halte.

FAire *alte.* On demande s'il faut dire *alte* ou *halte* avec une *h.* Pour réfoudre la queſtion, il y en a qui croient qu'il faut avoir recours à l'éty-mologie du mot, tellement que ceux qui le dérivent de l'Allemand *halten*, qui veut dire *arrêter*, foûtiennent qu'il faut dire *halte* avec une *h* aſpirée, qui marque ſon origine, parce que *faire halte*, comme chacun ſait, ne ſignifie autre choſe en termes de guerre, que *s'arrêter dans la marche.* Les autres au contraire le font venir du Latin *altus*, c'eſt-à-dire *haut*, parce que quand on fait *alte*, on tient les picques hautes, d'où eſt venu le proverbe, *haut le bois*, & par cette raiſon croient qu'il faut dire *alte* ſans aſpiration. Mais ceux qui veu-lent qu'on l'aſpire, repliquent que quand ainſi ſeroit qu'il viendroit d'*altus*, dont ils ne demeurent pas d'accord, il ne s'enſuivroit pas pourtant qu'il fallût écrire ni prononcer *alte* ſans *h*, puiſ-qu'étant certain que *haut* vient d'*altus*,

on n'a pas laiſſé d'y mettre une *h* qui
s'aſpire, ce qui eſt comme un préjugé,
que ſi *alte* venoit d'*altus*, il faudroit
pareillement & à l'exemple de l'autre,
y mettre auſſi une *h* aſpirante, de ſorte
qu'ils retorquent ainſi l'argument contre leurs adverſaires.

La plus ſaine & la plus commune
opinion eſt qu'il faut dire & écrire *alte*
ſans *h*, & ſans avoir aucun égard à toutes les étymologies qu'on pourroit
rapporter au contraire ; car nous ne
voudrions pas non plus en cette occaſion nous ſervir de celles qui nous ſeroient favorables, n'y ayant pas lieu
de recourir aux étymologies, lorſque
l'uſage eſt déclaré comme ici. Or eſt-il
que je poſe en fait après le témoignage
d'une quantité de perſonnes irrepro-
chables, auquel je joins encore ma propre obſervation, que dans tous les
Livres & dans toutes les Rélations qui
ſe font faites en ces dernieres guerres,
on n'a point vû *alte* imprimé ni écrit avec
une *h* ; & ce n'eſt que depuis ce temps-là
qu'on a commencé à écrire ce mot, dont
Monſieur Coëffeteau n'a jamais oſé ſe
ſervir, n'étant pas encore en uſage dans

le beau ftyle, quoique ce fût un terme
bien néceffaire. Mais ce qui acheve de
décider la queftion, c'eft que ces mêmes témoins & une infinité d'autres af-
furent auffi-bien que moi, qu'ils ne
l'ont jamais oui afpirer, qu'ils ont toûjours entendu prononcer *faire alte*,
comme fi l'on écrivoit *fair' alte*, en mangeant l'*e* de *faire* par une apoftrophe,
ce qui ne fe fait jamais devant l'*h* afpirée
ou confonne.

N O T E.

M. Chapelain dit que la vraie raifon
qui nous oblige à dire *alte*, eft que nous
le tenons des Italiens, qui difent *far alto*,
pour fignifier la même chofe, & que
nous le prononçons comme eux fans autre égard, en lui donnant la terminaifon
Françoife pour toute difference.

D X X X V.

S'il faut dire hampe *ou* hante.

ON demande encore s'il faut dire
la hampe ou *la hante d'une halle-
barde*. On dit l'un & l'autre ; mais
hampe eft incomparablement meilleur
& plus ufité. Il eft tellement en ufage,
que

que quelques-uns de la Compagnie où
ce doute a été proposé, s'étonnoient
qu'on le demandât ; mais on a fait une
réponse qui peut servir en tous les
doutes de cette nature. C'est que l'on
demeure bien d'accord que là où l'usage est certain & déclaré, il n'y a point
de question à faire, ni à hésiter, il le
faut suivre : mais toutes les fois que
l'on doute d'un mot, c'est un signe infaillible que l'on doute de l'usage. Il
est donc vrai, puisque l'on demande
lequel est le meilleur de *hampe* ou de
hante, que l'usage en est douteux ; &
ce doute, comme plusieurs autres, qui
se voient dans ces Remarques, ne pro-
cede d'autre chose que de ce que l'o-
reille ne discerne pas aisément si l'on
prononce *hampe* ou *hante*. J'ai été
tout de nouveau confirmé dans ce sentiment en une célébre Compagnie, où
l'on a proposé cette question, parce
qu'encore que chacun, lorsqu'il opi-
noit, prononçât bien distinctement &
bien hautement, ou *hampe* ou *hante*,
& que tous les autres fussent bien atten-
tifs à recueillir lequel des deux il disoit, néanmoins il le lui falloit faire ré-

péter deux fois , & quelquefois trois
pour le bien entendre ; de forte qu'on
fut contraint d'opiner en ces termes ,
hampe avec un p *eſt le meilleur :* on dit
auſſi *hante avec un* t. Si donc il eſt vrai
qu'il n'eſt pas aiſé à l'oreille de diſtinguer *hampe* de *hante* , ſans qu'on y
ajoûte ces paroles , *avec un* p *ou avec*
un t , il ne faut pas s'étonner ſi l'uſage
en eſt douteux , vû même que ce n'eſt
pas un mot dont l'uſage ſoit fort fréquent , que parmi les gens de guerre
dans l'Infanterie. Outre que dans les
livres qui traitent de l'art militaire , on
le voit écrit tantôt d'une façon & tantôt de l'autre ; mais les Auteurs qui
ont plus hanté la Cour , écrivent *hampe*
& non pas *hante.*

N O T E.

M. Menage a décidé qu'il faut preſentement dire toûjours *hampe* , & que
hante , qui étoit encore bon du temps de
M. de Vaugelas eſt devenu tout-à-fait
barbare. Il fait venir ce mot *d'amite* ,
ablatif *d'ames* , *amitis* , qui ſignifie un
long bâton , une perche , un fult. Il dit
qu'on a fait premierement *ante* par ſyn-
cope , en changeant *m* en *n* , comme *ſente*
& *ſentier* , de *ſemita* , *ſemitarium* ; qu'en-

fuite on a dit *hante*, en y prépofant l'af-
piration, comme en *haut*, d'*altus*, & que
comme plufieurs de nos anciens avoient
dit *amte* au lieu d'*ante*, en confervant l'*m*
dans la contraction d'*amitié*, laquelle
lettre *m* emporte avec foi le *p* devant
le *t* comme il fe voit dans *emtus* & dans
fumtus, qui fe prononcent *emptus* & *fum-
ptus*, on a enfin prononcé *hampe* pour une
plus grande douceur, le *t* de *hampe* s'é-
tant perdu infenfiblement.

DXXXVI.

Sur & deſſus.

NOus avons déjà fait une Remarque fur ces prépofitions *fur*, *deffus*, *fous*, *deffous*, *dans*, *dedans*, &
quelques autres, & nous ne répéterons
pas ici ce qui en a été dit ; mais nous
ajoûterons une chofe qui a été omife.
C'eft qu'à la règle que nous avons
donnée, de n'employer jamais pour
prépofitions ces compofez, *deffus*, *deffous*, *dedans*, & les autres, mais toûjours les fimples, comme, *fur*, *fous* &
dans, nous avons mis une exception,
qui eft que quand ces compofez font
précédés d'une autre prépofition, alors
il fe faut fervir des compofez, & non

pas des fimples. Par exemple , il faut
dire , *par deſſus la tête* , & non pas ,
par ſur la tête, quoiqu'il faille dire , *ſur·
la tête*, & non pas, *deſſus la tête*, quand
il n'y a point de prépoſition devant ,
comme eſt *par*. De même il faut dire ,
par deſſous la table , *par dedans l'Egliſe*,
& non pas, *par ſous la table* ni *par dans*
l'Egliſe, quoiqu'il faille dire , *ſous la*
table & *dans l'Egliſe* , quand il n'y a
point de *par* devant.

Tout cela a déja été dit , mais il
étoit abſolument neceſſaire de le répeter , pour faire entendre ce que
nous y ajoûtons; qui eſt qu'avec *de*,
il en eſt de même qu'avec *par* , & ce
qui me l'a fait remarquer , c'eſt la
faute que j'ai trouvée dans un Auteur aſſez renommé , à qui elle eſt
familiere. Il a ſû qu'il falloit ſe ſervir
de ces propoſitions fimples , & non
pas des compoſées , qui font d'ordinaire adverbes , & non pas prépoſitions : mais il n'a pas ſû , que quand
il y a une autre prépoſition devant , il faut uſer de compoſées ,
qui deviennent prépoſitions , d'adverbes qu'elles étoient. Il écrit donc

toûjours , par exemple , *il se leva de sur son lit* , au lieu de dire , *il se leva de dessus son lit ; il ne fait que sortir de sous l'aile de la mere* , au lieu de dire , *il ne fait que sortir de dessous l'aile de la mere* , car ce *de* , est une préposition qui répond à l'*ex* , ou à l'*e* , des Latins , & il me semble qu'il n'y a que ces deux prépositions *par* , & *de* , où cette exception ait lieu. Et il ne faut pas objecter que l'on dit *au-dessus de la tête* , *au-dessous du genouil* , &c. parce qu'en ces exemples , *dessus & dessous* , & *leurs semblables* , passent pour mots substantifiez , & non pas pour prépositions. Les articles qui vont devant & derriere , en sont des preuves infaillibles.

N O T E.

Comme on ne peut douter que dans les exemples que M. de Vaugelas rapporte ici , *de* ne soit une préposition qui répond à l'*ex* ou à l'*e* des Latins , il est certain qu'il faut dire , *tirer de dessous la table* , & non pas *de sous la table* , de même qu'on dit , *par dedans l'Eglise* , & qu'on ne dit point , *par dans l'Eglise*. La règle qui veut qu'on dise , *dessus* , *dessous* , *de-*

dans, quand une autre prépofition précede ces compofez, eft très-judicieufement établie, & ne peut fouffrir d'exception. C'eft fort mal parler que de dire, *il a enfermé cela dedans fon coffre*, au lieu de, *il a enfermé cela dans fon coffre*, mais on fait encore une faute bien plus grande, lorfqu'on dit *dedans*, pour fignifier l'*intra* des Latins, comme *je partirai dedans huit jours*, pour, *dans huit jours*; c'eft ce que M. Menage blâme avec raifon dans ce vers de Voiture.

> *Qui, s'il ne la voit promptement,*
> *Enragera dedans une heure.*

DXXXVII.

Qu'ainfi ne foit.

NOus avons remarqué de certaines façons de parler, qui femblent dire tout le contraire de ce qu'on leur fait fignifier. Celle-ci eft de ce nombre; car lorfqu'il eft queftion d'entrer en preuve d'une propofition, fi je dis, *& qu'ainfi ne foit, vous voyez telle & telle chofe*, qui eft, comme on a accoûtumé de parler, n'eft-il pas vrai qu'à l'examiner de près, il n'y a point de raifon de dire,

& qu'ainſi ne ſoit, & qu'au contraire il faut dire & qu'ainſi ſoit. Cela eſt tellement vrai que tous les Anciens l'écrivoient ainſi, & ces jours paſſez je le voyois encore dans Joachim du Belay. Neanmoins il y a plus de cinquante ans que cette phraſe eſt changée, & que l'on dit, & qu'ainſi ne ſoit, ou & qu'il ne ſoit ainſi, & non pas, & qu'ainſi ſoit, ou & qu'il ne ſoit ainſi, qui aujourd'hui ne ſeroient pas reçûs parmi ceux qui ſavent parler François. Il ſeroit mal-aiſé d'en rendre aucune raiſon, puiſque c'eſt contre la raiſon que cela ſe dit de cette ſorte. Se peut-il voir un plus bel exemple de la force ou de la tyrannie de l'Uſage contre la raiſon ? Cependant ce ſont ces choſes-là, qui font d'ordinaire la beauté des langues.

N O T E.

M. de Vaugelas ſe ſert ſi ſouvent de, & qu'ainſi ne ſoit dans ſes Remarques, qu'il y a grande apparence que cette façon de parler étoit fort en uſage de ſon temps. On entend encore ce qu'elle veut dire, mais aucun de ceux qui écrivent bien, ne s'en ſert preſentement.

Et qu'ainsi soit, que l'on disoit autrefois,
veut dire, *& pour faire voir qu'il est ainsi,*
voyez telle & telle chose, & *qu'ainsi ne soit*,
qu'on a dit depuis, signifie, *& si vous*
dites qu'il n'est pas ainsi, voyez telle & telle
chose. L'oreille n'a pas de peine à s'accoû-
tumer à ce qui est autorisé par l'usage,
& l'on y fait aisément venir un sens.

DXXXVIII.

Tout de même.

IL faut considerer ce terme de comparaison en differentes façons ; car
si l'on s'en sert en répondant à une
interrogation, par exemple si l'on me
demande, *l'autre est-il comme cela ?*
& que je réponde *tout de même*, ce
fera bien parler. Sans interrogation
encore je dirai fort bien, *vous voyez*
celui-là, *l'autre est tout de même*, il
n'y a point de style si noble, où ce
terme ne puisse entrer. Mais s'il y a
un *que* après, comme, *celui-là est tout*
de même que l'autre, il n'est pas absolument mauvais, mais il est extrêmement bas, & ne doit être employé
que dans le dernier de tous les styles.
Que si l'on m'objecte que dans le

cours

cours de ces Remarques, je m'en
suis servi fort souvent de cette sorte,
j'avouerai franchement que j'ai failli
en cela comme en beaucoup d'autres
choses, & que je n'ai connu la faute
dont j'avertis maintenant les autres,
que depuis peu. Tellement qu'il faut
en user selon cette Remarque, & non
pas selon le mauvais exemple que j'en
ai donné.

N O T E.

M. de la Mothe le Vayer dit que M.
de Vaugelas croit sans sujet avoir parlé
bassement, lorsqu'il a mis *tout de même*
devant *que*, ce qui fait voir qu'il approuve cette façon de parler, *celui-là est tout
de même que l'autre.* Il me semble qu'on
ne la peut condamner sans se déclarer
trop scrupuleux. Ce *tout* signifie *entierement*; & ce ne seroit pas mal parler que
de d re, *celui-là est entierement de même que
l'autre.* Il est vrai qu'on parleroit mieux
si on disoit, *celui là est tout semblable à
l'autre.* Quelques-uns disent par exemple
en termes de comparaison, *tout de même
que le Soleil forme les diamans dans la terre,
ainsi, &c.* Je croi qu'il suffit de dire, *de
même*, & que tout est superflu quand il est
question de comparer.

DXXXIX.

L'adjectif tout *avec plusieurs substantifs.*

CEt adjectif suivi de plusieurs substantifs dans la même construction du membre de la période, veut
être repeté devant chaque substantif;
par exemple il faut dire, *toute la Syrie,*
& toute la Phenicie, & non pas, *toute*
la Syrie & la Phenicie. Et non-seu-
lement le premier, où *toute* est répe-
té deux fois est meilleur, mais le dernier où il n'est employé qu'une fois,
est mauvais, & contre la pureté naturelle de notre Langue. Ç'a bien
toujours été ma créance, mais ce seroit peu de chose si ce n'étoit aussi
le sentiment de nos Maîtres. Que s'il
y a plus de deux substantifs, c'est encore de même. Par exemple un excellent Auteur a écrit, *pour voir tou-*
tes les beautez, l'artifice & les graces
parfaitement employées, il falloit dire,
pour voir toutes les beautez, tout l'arti-
fice & toutes les graces parfaitement em-
ployées. Cela est hors de doute parmi

les Ecrivains. Il semble que les subftantifs qui suivent soient jaloux du premier, s'ils ne marchent tous à même train, & si l'on ne les traite avec autant d'honneur, que celui qui va devant. Et quand les deux subftantifs font de divers genre, la faute eft inexcufable de ne pas répeter *tout*, comme par exemple de dire, *il a perdu toute fa fplendeur & fon luftre*, c'eft fans doute mal parler, il faut dire, *il a perdu toute fa fplendeur & tout fon luftre*.

Mais fi les deux subftantifs font de même genre & fynonymes, ou approchans, on demande s'il le faut répeter ; comme fi je dis., *il a perdu toute l'affettion & l'inclination qu'il avoit pour moi*, dirai-je mieux que fi je difois, *il a perdu toute l'affettion, & toute l'inclination qu'il avoit pour moi* ? On répond que tous deux fon bons, & que la grande Régle des fynonymes ou approchans, & des contraires ou differens a lieu ici; c'eft-à dire., qu'aux mots contraires ou differens, il faut neceffairement répete *tout*, mais aux fynonymes ou appro

chans, il n'eſt point neceſſaire, quoique ce ne ſoit pas une faute de le
répeter, comme c'en ſeroit une de ne
le répeter pas aux contraires & aux
differens ; car par exemple, ſi je diſois, *il a oublié tout le bien & le mal
que je lui ai fait*, je parlerois mal, il
faut dire par neceſſité, *il a oublié
tout le bien & tout le mal que je lui ai
fait*. Aux differens de même ; *il a perdu
toute l'affection & l'eſtime qu'il avoit
pour moi*, n'eſt pas bien dit, il faut
dire, *il a perdu toute l'affection, &
toute l'eſtime qu'il avoit pour moi.*

N O T E.

J'ai parlé de la répetition de *tout*, ſur
quelqu'une de ces Remarques. Pour écrire purement il eſt neceſſaire de le répeter devant cháque ſubſtantif, & quoiqu'*affection* & *inclination*, ſoient ſynonymes ou approchans, je ſens que mon
oreille n'eſt point ſatisfaite quand j'entends dire, *il a perdu toute l'affection &
l'inclination qu'il avoit pour moi*. Ainſi je
dirois, *toute l'affection & toute l'inclination.*
C'eſt une faute qu'on ne doit jamais ſe
pardonner de ne pas répeter *tout*, lorſque les deux ſubſtantifs ſont de divers
genre, & il n'y a perſonne qui pût ſouf-

frir cette fin de lettre, *je suis avec toute l'ardeur & le respect possible* ; il faut dire indispensablement, *avec toute l'ardeur & tout le respect possible.*

Voici une autre façon de parler, qui peut causer du scrupule. Dans la remarque qui a pour titre, *des negligences sur le style*, M. de Vaugelas a dit, *la naïveté est une des premieres perfections & des plus grands charmes de l'eloquence.* Ce mot *une* s'accommode fort bien avec *perfection* qui est féminin, mais il ne peut s'accommoder avec *charme* qui est masculin. Je sai que la répétition d'*un*, blesseroit davantage que celle de *tous*, & qu'il seroit mal de dire, *la naïveté est une des premieres perfections, & un des plus grands charmes de l'éloquence*, mais peut-être seroit-il mieux de choisir deux noms substantifs du même genre, pour les accorder avec *un* ou avec *une*, que l'on ne répete point, ou de ne mettre qu'un seul substantif.

DXL.
Crainte *dans le prétérit.*

CE mot employé avec le verbe auxiliaire dans les préterits, a si mauvaise grace, qu'il le faut éviter, y ayant peu d'endroits où l'on s'en puisse servir. L'exemple le va faire voir. *C'est une chose que j'ai toujours crainte.* Qui ne fent point la rudeffe de ce mot ? fans doute elle provient (1) de l'équivoque de ce participe qui fert aux préterits de fon verbe, avec le fubftantif *crainte*, lequel étant un mot que l'on oyt dire à toute heure en cette fignification, fait trouver l'autre étrange & fauvage, dans un ufage different. Il y a pourtant quelques endroits, où il ne fonneroit pas mal, comme fi l'on difoit, *plus crainte qu'aimée*, ce qui arrive en cet exemple, tant parce que le *plus*, qui va devant, ôte l'équivoque du nom, qu'à caufe de l'oppofition, *qu'aimée*, qui lui donne & lumiere & grace tout enfemble.

NOTE.

Il eft aifé d'éviter *crainte* dans le prétérit, en difant, *c'eft une chofe que j'ai toujours apprehendée*, mais il me femble qu'on peut dire, *que j'ai toujours crainte*, fans qu'il y ait ni rudeffe dans le mot, ni équivoque du participe *craindre* avec *crainte* fubftantif. Cette phrafe ne peut recevoir un double fens.

(1) *Sans doute elle provient de l'équivoque.*] Cette raifon y peut aider, mais elle

ne conclut pas ; car il y a beaucoup de verbes dont les participes paſſifs ſont ſemblables
à des ſubſtantifs de même ou de differente
ſignification, qui néanmoins gardent la règle
dont il eſt parlé en la remarque 184. Car
il faut dire, *C'eſt à quoi elle a été contrainte :
C'eſt à quoi on l'a contrainte : c'eſt le lieu où
on l'a priſe, où elle a été priſe : c'eſt en quoi
elle s'eſt mépriſe (abuſée) c'eſt la figure ou
image du Roi qui y eſt empreinte.*

D X L I.

*De certains noms que nous avons en
notre Langue, qui ont tout enſemble une ſignification active,
& une paſſive.*

NOus avons déja remarqué de
certains mots qui ont la terminaiſon active & la ſignification paſſive, & d'autres qui ont la terminaiſon paſſive & la ſignification active :
mais en voici d'autres, qui ont un
double uſage, & une ſignification
active & paſſive tout enſemble. Par
exemple, *eſtime* eſt un mot qui ſe dit
avec le pronom poſſeſſif, & de *l'eſtime
que l'on a de moi*, & de *l'eſtime que
j'ai d'un autre.* Voici comment. *Mon*

K k iiij

estime n'est pas une chose dont vous puissiez tirer grand avantage. Ici, estime, est dans une signification active, eu égard à moi, car il veut dire, l'estime que je fais de vous ; & si je dis, mon estime ne dépend pas de vous, il est dans une signification passive ; car il veut dire l'estime que l'on fait, ou que l'on peut faire de moi. Il en est de même de cet autre mot, aide ; par exemple, mon aide vous est inutile ; car ici il a un usage actif, & veut dire, l'aide que je vous puis donner, & si je dis, venez à mon aide, il a un usage passif, & veut dire, l'aide que l'on me donnera, & non pas celle que je donnerai. Ainsi de secours, mon secours vous est inutile, & venez à mon secours. Ainsi d'opinion, sans le possessif, comme, il est mort dans l'opinion de Copernicus, a un sens actif ; c'est-à-dire qu'il avoit l'opinion de Copernicus,& il est mort dans l'opinion de sainteté, a un sens passif qui veut dire, qu'on a crû qu'il étoit mort saint ; & ainsi de plusieurs autres. Cette observation est curieuse & digne de celui que j'ai nommé un des plus grands Genies

de notre Langue. Je la tiens de lui
avec plusieurs autres choses qui ren-
dront ces Remarques plus utiles &
plus agréables ; & plût-à-Dieu qu'il
les eût pû toutes voir, comme il eût
fait sans doute, si son loisir eût se-
condé sa bonté, & si tout ce que
nous avons d'excellens Hommes en
France pour les belles Lettres &
pour l'exquise érudition, ne parta-
geoient tout son temps avec son He-
roïne, avec ses amis, & l'élite de la
Cour.

N O T E.

Je ferois difficulté d'employer *estime*
autrement que dans la signification active, comme, *son estime est une chose que tout*
le monde recherche avec soin, pour dire,
l'estime qu'il a pour ceux qui ont du merite
est recherchée de tout le monde, mais il me
semble qu'on ne diroit pas fort bien dans
la signification passive, *son estime diminue*
de jour en jour, pour dire, *l'estime qu'on*
avoit pour lui. *Estime* est un mot qui approche de *consideration;* on dit fort bien,
tous les honnêtes gens ont beaucoup d'estime
& de consideration pour lui, mais comme
on ne sauroit dire *sa consideration diminue,*
pour dire, *la consideration qu'on avoit pour*
lui, je ne croi pas que l'on puisse dire,

son estime diminue , dans le même sens qu'on dit, *sa reputation diminue.*

DXLII.
Prendre à témoin..

ON demande s'il faut dire , *je vous prends tous à témoin* , ou *je vous prens tous à témoins* , avec une *s* , au pluriel. Cette question fut faite dans une célébre Compagnie , où tout d'une voix on fut d'avis qu'il falloit dire , *je vous prends tous à témoin* , au singulier. Quelques - uns seulement ajoûterent , qu'ils ne condamneroient pas tout-à-fait le pluriel à *témoins* , mais que l'autre étoit incomparablement meilleur , & plus François. Celui qui proposa le doute trouvant tout le monde d'une opinion , comme d'une chose indubitable , fit bien voir neanmoins qu'il y avoit lieu de douter. Il avoit pour lui la règle ordinaire , qui veut qu'après *tous* , au pluriel , le substantif qui s'y rapporte , soit pluriel aussi. Et de fait , on ne diroit jamais , *je vous reçois tous pour témoin* , mais *pour témoins*. A cela on répondoit , qu'il n'étoit pas ici

queſtion de la règle ni de l'exemple,
mais de l'Uſage qui vouloit que l'on
dît *à témoin*, & non pas *à témoins*.
Sa replique ſembloit encore plus forte ;
car il diſoit que ſi c'étoit l'Uſage il
donnoit les mains ; mais que c'étoit
là le nœud de la queſtion, de ſavoir
ſi c'étoit l'Uſage ou non, parce que
l'*s* finale n'ayant gueres accoûtumé
de ſe prononcer en notre Langue,
& particulierement en ce mot, où
l'on n'apperçoit comme point de difference pour la prononciation entre
le ſingulier & le pluriel, car *un faux
témoin*, & *les faux témoins*, ſe prononcent tous deux également ſans *s*,
on ne pouvoit pas déterminer ſi l'U-
ſage étoit pour *témoin*, ou pour *témoins*, & par conſéquent l'uſage n'é-
tant point déclaré, il s'en falloit tenir
à la Grammaire & à l'analogie, auſ-
quelles on a accoûtumé d'avoir recours dans ces incertitudes ; *in dubiis
vocibus*, dit un grand Homme, *analogiam loquendi magiſtram ac ducem
ſequimur*, & ainſi il falloit dire, *à témoins*,
& non pas, *à témoin*. A cette replique
on repartit qu'*à témoin*, ſe prenoit là

adverbialement, & indéclinablement ;
comme nous en avons plusieurs exemples en notre Langue, qui sont semez
dans ces Remarques, & entre autres
celui-ci, *elle se fait fort de cela*, & *ils
se font fort*, & non pas, *elle se fait
forte*, ni *ils se font forts*. Et pour ne
sortir pas même de la phrase, dont
il s'agit, on allegua pour une preuve
convaincante de cette adverbialité,
s'il faut user de ce mot, que nous
disons, *je vous prends tous à partie*,
au singulier, & non pas, *je vous prends
tous à parties*, au pluriel, & que cela
est si vrai qu'il n'y a personne qui
en doute. On y en ajoutoit encore
une autre, qui est, *je vous prends tous
à garant*, & non pas *à garans*. Sans ces
deux exemples, j'aurois été d'avis
d'une chose dont je ne m'avisai pas
alors ni personne, mais qui m'est tombée depuis dans l'esprit, qui est que
témoin, en cet endroit-là, signifie *témoignage* ; & il ne faut point d'autre
preuve pour faire voir qu'il se prend
quelquefois pour cela, que cette clause
si ordinaire, *en témoin dequoi j'ai signé
la presente*, où l'on ne peut pas dire,

que *témoin* ne fignifie *témoignage*, fi l'on veut que ces mots ayent quelque fens. Mais ces autres deux *à partie*, & *à garant*, me ferment la bouche. Ce mot *témoin*, eſt encore indéclinable, & comme adverbe en cette phrafe, *témoin tous les anciens Philoſophes*, *témoin tous les Peres de l'antiquité*; car affûrement il faut dire *témoin*, & non pas *témoins*, comme l'on dit *excepté*, ou *reſervé cent perſonnes*, & non pas *exceptées*, ou *reſervées cent perſonnes*. Ce qui confirme extrêmement, qu'en cette phrafe, *les prendre tous à témoin*, *témoin* eſt adverbial & indéclinable.

N O T E.

M. Chapelain a raifon de dire que, *un faux témoin* fe prononce avec la derniere fyllabe breve, & *les faux témoins* qui eſt le pluriel, avec la derniere longue, ce qui les diſtingue notablement, mais fuppofé qu'il y eût fi peu de différence pour la prononciation entre le fingulier & le pluriel, qu'on ne pût déterminer fi l'ufage eſt pour, *je vous prends tous à témoin*, ou pour, *je vous prends tous à témoins*, ce ne feroit pas une preuve convainquante, qu'*à témoin* fe dût pren-

dre adverbialement, que d'apporter pour
exemples, *je vous prends tous à partie*, *je
vous prends tous à garant*, puisque la prononciation ne sauroit faire connoître si
l'on dit *à partie* ou *à parties*, *à garant* ou
à garans. Il est certain cependant, comme
l'assure aussi M. Menage, que toutes ces
façons de parler sont adverbiales, & qu'il
faut dire, *je vous prends tous à témoin*, *à
partie*, *à garant*. Il est de même de, *ven-
dre à credit*, *mettre à profit*, *donner de l'argent à interêt*, *prêter à usure*, *pension à vie*,
boutons à queue, *fruits à noyau*. Tous ces
noms joints avec l'article indéfini *à*, se
mettent au singulier, & il n'y en a aucun
au pluriel, que quand on met avec *à*,
quelque pronom possessif qui le rend
article défini, comme, *à mes périls &
fortunes*, *il entreprend cela à ses risques*.
C'est ce qui fait qu'on dit fort bien, *je
vous prends tous pour témoins*, parce que
mes est sousentendu, *je vous prends tous
pour mes témoins*, ce qui n'est pas dans
je vous prends tous à témoin, car que
voudroit dire, *je vous prends tous à mes
témoins* ? J'ai oüi dire *témointe* au féminin.
Elle est témointe de cela, c'est très-mal parler. On dit *témoin* & *garant* dans les
deux genres. *Elle est témoin*, *elle en est
garant*.

DXLIII.

Pardonnable.

ON abuſe ſouvent de ces adjectifs verbaux. Nous avons fait une Remarque d'un de ceux-là, qui eſt *faiſable*, qu'un Auteur célébre a employé pour une choſe qu'on a permiſſion de faire, quoiqu'il n'ait jamais cette ſignification, & qu'il veuille dire ſeulement *ce qui eſt poſſible*, & non pas, *ce qui eſt permis*. J'ai vû un autre Auteur abuſer auſſi d'un autre adjectif verbal, qui eſt *pardonnable*, car il dit, *je ne ſerois pas pardonnable*, pour dire, *je ne ſerois pas digne de pardon*, ou *je ne meriterois point de pardon*. *Pardonnable* ne ſe dit jamais des perſonnes, mais ſeulement des choſes, comme, *cette faute n'eſt point pardonnable, cela ne ſeroit pas pardonnable*, & non pas, *je ne ſerois pas pardonnable.*

Excuſable, ſe dit & des perſonnes & des choſes, comme, *vous n'êtes pas excuſable. Conſolable & inconſolable, & c'eſt une faute qui n'eſt pas excuſable*, ſe diſent & de la douleur & de la perſonne affligée.

NOTE.

Ce qui eſt cauſe qu'*excuſable* ſe dit des perſonnes & des choſes, & que *pardonnable* ſe dit ſeulement des choſes, & non des perſonnes, c'eſt que le verbe *excuſer* veut également les perſonnes & les choſes, à l'accuſatif, & que *pardonner* n'y veut que les choſes. On dit, *excuſer une faute, excuſer un criminel, je vous prie de m'excuſer*; mais quoiqu'on diſe, *pardonner une faute*, on ne dit point, *pardonner un criminel*, il faut dire, *pardonner à un criminel*, & ſi l'on dit, *je vous prie de me pardonner*, auſſi-bien que, *je vous prie de m'excuſer*, il faut prendre garde que dans, *je vous prie de me pardonner*, le pronom poſſeſſif *me* eſt au datif, *je vous prie de pardonner à moi*, & que dans, *je vous prie de m'excuſer, me* eſt à l'accuſatif, *je vous prie d'excuſer moi*. L'adjectif verbal ne doit pas avoir plus de privilege que ſon verbe, & puiſqu'on ne dit point, *pardonner un homme*, on ne ſauroit dire, *cet homme n'eſt point pardonnable*.

On dit ordinairement, *il eſt dans une douleur inconſolable*, quoiqu'on ne diſe guere *conſoler la douleur*, pour, *appaiſer, ſoulager, adoucir la douleur*. Ce qu'il y a de particulier, c'eſt qu'on ne diroit pas bien, *ſon déplaiſir eſt inconſolable*. Il ſemble que ce mot ne ſe puiſſe accommoder qu'avec *douleur*.

M.

M. de Ségrais de l'Académie Françoise, a fait le mot d'*impardonnable*, qui encore que hardi, n'a point été condamné dans sa traduction de l'Enéide.

Sa beauté méprisée, impardonnable outrage.

Il est bien placé dans cet endroit, mais il seroit dangereux de le hazarder après M. de Ségrais, parce que l'usage ne l'a pas autorisé. Il y a beaucoup de mots de cette terminaison qui n'ont point de composez, comme, *aimable, méprisable, faisable, haïssable, stable.* On ne dit point *naïmable, imméprisable, infaisable, inhaïssable, instable,* pour signifier le contraire de leurs simples. Il y en a d'un autre côté qui n'ont point de simples. On dit *implacable, insatiable, indubitable, immancable,* & on ne dit point, *placable, satiable, dubitable, mancable.* On dit *inestimable,* mais ce n'est pas pour signifier le contraire de son simple dans le sens où *estimable* veut dire, *digne d'être estimé,* comme, *un homme estimable par sa probité, une action estimable;* il signifie, *qui est d'une si grande valeur que l'on n'en sauroit fixer le prix. Ce diamant est d'un prix inestimable.* Ainsi il ne s'applique point aux personnes, & l'on ne peut dire, *c'est un homme inestimable,* pour dire, *c'est un homme qui ne mérite point d'être estimé.*

DXLIV.

Qu'il y a une grande différence entre la pureté & la netteté du style. Et premierement, de la pureté.

LA plûpart du monde confond ces deux choses, qui néanmoins sont fort differentes, & n'ont rien de commun. La pureté du langage & du style consiste *aux mots, aux phrases, aux particules, & en la syntaxe*; & la netteté ne regarde que *l'arrangement, la structure, ou la situation des mots, & tout ce qui contribue à la clarté de l'expression.* Examinons maintenant par le menu l'une & l'autre, & pour commencer *par la pureté*, voyons les quatre parties qui la composent; mais auparavant disons, qu'il n'y a qu'à éviter le barbarisme & le solécisme pour écrire purement. Le barbarisme est *aux mots, aux phrases & aux particules*; & le solécisme est *aux déclinaisons, aux conjugaisons, & en la construction.*

DXLV.

Du barbarisme, premier vice contre la pureté.

POur les mots, on peut commettre un barbarisme en plusieurs façons, ou en disant un mot qui n'est point François, comme *pache*, pour *pacte*, ou *paction*, ou un mot qui est François en un sens, & non pas en l'autre ; comme *lent*, pour *humide* ; *sortir*, pour *partir*, ou qui a été en usage autrefois, mais qui ne l'est plus, comme, *ains*, *comme ainsi soit*, & une infinité d'autres, ou enfin un mot, qui est encore si nouveau, & si peu établi par l'usage, qu'il passe pour barbarisme, à moins que d'être adouci par un, *s'il faut ainsi parler, si j'ose user de ce mot*, ou quelque autre terme semblable, comme nous avons dit ailleurs ; ou bien en se servant d'un adverbe pour une préposition, comme de dire *dessus la table*, pour *sur la table* ; *dessous le lit*, pour *sous le lit* ; *dedans le lit*, pour *dans le lit* ; ou en disant au pluriel un nom, qui ne se

dit bien qu'au singulier, comme *bon-*
heurs, ou au contraire, comme *délice*,
pour *délices*.

Pour les phrases, en usant d'une
phrase, qui n'est pas Françoise, comme ; *élever les mains vers le Ciel*, au
lieu de dire, *lever les mains au Ciel ;*
Je m'en suis fait pour cent pistoles,
comme disent les Gascons, pour dire,
j'ai perdu cent pistoles au jeu. Non
pas qu'il ne soit permis de faire quelquefois des phrases nouvelles avec les
précautions que nous avons marquées
en quelque endroit de ce livre, au
lieu qu'il n'est jamais permis de faire
de nouveaux mots, nonobstant cet
oracle Latin.

Licuit, semperque licebit
Signatum præsente nota producere
verbum :

parce que cela est bon en la Langue
Latine, & plus encore en la Grecque, mais non pas en la nôtre, où
jamais cette hardiesse n'a réussi à qui
que ce soit, au moins en écrivant ;
car en parlant on sait bien qu'il y a

de certains mots que l'on peut former fur le champ , comme *brufqueté,*
inaction, impoliteffe , & d'ordinaire les
verbaux qui fe terminent en *ent* ,
comme *criement, pleurement, ronflement,*
& encore n'eft-ce qu'en raillerie. Outre que ce paffage du Poëte ne permet que d'étendre des mots qui font
déja faits , & non pas d'en faire de
tout nouveaux , qui eft ce qui ne
nous eft point du tout permis, témoin le mauvais fuccès qu'ont eu tous
les mots que Ronfard , Monfieur du
Vair & plufieurs autres grands per-
fonnages ont inventez , penfant enri-
chir notre Langue : mais en matiere de phrafes , c'eft un barbarifme
pour l'ordinaire de quitter celles qui
font naturelles & ufitées par tous les
bons Auteurs, pour en faire à fa fan-
taifie de toutes entieres , ou changer
en partie celles qui font de la Langue, & de l'ufage.

C'eft auffi *un barbarifme de phrafe,*
que d'ufer de celles qui ont été en
ufage autrefois , mais qui ne le font
plus , comme vous en pouvez voir un
grand nombre dans Amyot ; & en-

core d'ufer de celles qui ne font prefque que de naître, & que l'ufage n'a
pas encore bien autorifées.

Pour les particules, c'eft un barbarifme de laiffer celles qu'il faut mettre.
Il en faut donner des exemples en toutes les parties de l'oraifon, qui en
font capables, comme aux articles,
aux pronoms, aux adverbes, & aux
prépofitions. Aux articles, fi l'on dit,
les peres & meres font obligez, &c. au
lieu de dire, les peres & les meres font
obligez; fi l'on dit, pour les aimer &
cherir, au lieu de dire, pour les aimer &
les cherir; fi l'on dit, ils font obligez de
faire & dire tout ce qu'ils pourront, au
lieu de dire, ils font obligez de faire
& de dire; fi l'on dit, avant que mourir, au lieu de dire, avant que de
mourir; & ainfi de beaucoup d'autres.

Aux pronoms, fi par exemple l'on
dit, auffi-tôt cette lettre reçûe, ne manquerez de faire telle chofe, au lieu de
dire, vous ne manquerez; fi l'on dit,
fes pere & mere; au lieu de dire, fon
pere & fa mere; fes habits & joyaux,
au lieu de dire, fes habits & fes joyaux;
fi l'on dit, nos amis & ennemis, au lieu
de dire, nos amis & nos ennemis.

Aux adverbes, fi l'on dit par exemple, *il ne manquera de faire fon devoir*, au lieu de dire, *il ne manquera pas*, ou *il ne manquera point de faire fon devoir ;* car c'eft une efpece de barbarifme infupportable en notre Langue, que d'omettre les *pas*, & les *point*, où ils font neceffaires ; fi l'on dit, *il eft fi riche*, & *liberal*, au lieu de dire, *il eft fi riche* & *fi liberal*; fi l'on dit, *il eft plus jufte* & *facile de faire telle chofe*, au lieu de dire, *il eft plus jufte* & *plus facile de faire*, & ainfi de plufieurs autres.

Aux prépofitions, comme fi l'on dit, *par avarice* & *orgueil*, au lieu de dire, *par avarice* & *par orgueil*; fi l'on dit, *fe venger fur l'un* & *l'autre*, au lieu de dire, *fur l'un* & *fur l'autre*, & plufieurs autres femblables.

Mais c'eft une autre forte de barbarifme, de *mettre des particules où il n'en faut point*. Il eft vrai, qu'il n'arrive que très-rarement en comparaifon de l'autre, qui les omet quand il les faut mettre, ce vice étant très-commun parmi la foule des mauvais Ecrivains. Voici quelques exemples des particules, comme fi l'on dit, *dit depuis* pour dire *depuis ; en après*, ou *par après*, pour *après* ; fi l'on dit, *il fupplioit avec des larmes*, au lieu de dire *avec larmes*, & quelques autres femblables. Voilà quant au barbarifme.

NOTE.

Je ne connois point *pache* pour *pacte*, & je n'ai jamais entendu *lent* pour *humide*.

Il eft vrai que quelques-uns difent *fortir* pour *partir*, ce qui eft mal. *Je fortis de Paris à cinq heures du matin, & arrivai le même jour de bonne heure à Orleans.* Comme on ne peut arriver au lieu où l'on veut aller, fans fortir de la Ville d'où l'on part, on abufe du verbe *fortir*, en le mettant au lieu de *partir*.

Outre, *je m'en fuis fait pour cent piftoles*, on dit encore, *je m'en fuis donné pour cent piftoles*, mais fi cela fe permet dans le difcours familier, il n'y a perfonne qui l'écrive. *Brufqueté* ne fe dit point ; quelques-uns emploient *inaction*, & je m'apperçois qu'*impolitesse* commence fort à s'établir. Je n'ai oui dire ni *criement* ni *pleurement*, mais *ronflement* ne me femble pas mauvais ; & je ne croi pas qu'il doive être mis au nombre des barbarifmes. M. de la Mothe le Vayer défend ces deux façons

çons de parler, *je suis obligé de dire & faire ce que je pourrai; se venger sur l'un & l'autre.* La répétition de la particule *de,* dans *je suis obligé de dire & de faire,* & de *sur,* dans, *se venger sur l'un & sur l'autre* me paroît indispensable. Il blâme M. de Vaugelas de condamner, *Supplier avec des larmes,* & dit qu'on parlera très-bien en ces termes, *il le supplioit avec des larmes qui eussent attendri le cœur d'un barbare,* & que le barbarisme seroit plustôt à mettre *avec larmes,* sans *des.* Il est certain qu'on ne sauroit dire, *il le supplioit avec larmes qui eussent attendri,* & qu'il faut necessairement mettre *avec des larmes,* parce que *qui* ne peut être le relatif d'un nom sans article, mais M. de Vaugelas ne condamne point *supplier avec des larmes,* lorsque *larmes* est suivi d'un *qui* relatif. Il condamne *supplier avec des larmes,* dit absolument sans qu'il suive rien, & il a raison de soûtenir qu'il faut dire *supplier avec larmes.*

Quelques-uns se trompent au relatif *leur,* & disent par exemple, *il leurs expliqua ce qu'ils n'entendoient pas,* croyant qu'il faut mettre *leurs* au pluriel, à cause qu'on parle de plusieurs personnes. Il est vrai que *leur* change de nombre, selon qu'il se joint à un substantif singulier ou pluriel, *leur affaire, leurs affaires;* mais lorsqu'il est relatif & qu'il signifie, *à eux,* il faut toujours dire *leur,* & jamais *leurs. Je leur appris; il leur en-*

voya dire, c'eſt-à-dire, *j'appris à eux*, *il envoya dire à eux.* Il y en a qui diſent encore *des ſoins inutils*, pour, *des ſoins inutiles*, comme ſi on diſoit *inutil* au maſculin, & *inutile* au féminin. On dit *inutile* en l'un & en l'autre genre. Il faut dire auſſi *le teint*, & non pas *le tein*, comme j'en voi beaucoup qui l'écrivent.

Tout cela peut-être nommé barbariſme, & c'en eſt un encore que d'employer *faire* en la place d'un verbe paſſif. On dira fort bien, *On l'eſtima d'abord comme on fait toute nouveauté*, parce que dans cette phraſe, *fait* tient lieu d'un verbe actif, *on l'eſtima d'abord comme on eſtime toute nouveauté*, mais on ne peut dire, ainſi que je l'ai trouvé écrit dans un aſſez beau diſcours, *elle fut d'abord eſtimée comme on fait toute nouveauté*, il faut dire neceſſairement, *comme l'eſt toute nouveauté*, ou, *comme on eſtime toute nouveauté*, parce que *fait* qui eſt actif ne peut être mis pour *eſt eſtimée*, qui eſt paſſif. M. de Vaugelas eſt tombé lui-même dans cette eſpéce de barbariſme, en diſant au commencement de la Remarque qui a pour titre, *de la ſituation des gerondifs étant & ayant*; *il faut que les gerondifs étant & ayant, ſoient toujours placez après le nom ſubſtantif qui les régit, & non pas devant, comme fait d'ordinaire un de nos plus celebres Ecrivains.* Il faut dire, *comme les place d'ordinaire*, ou bien, *comme ils ſont placez d'ordinaire dans les ouvrages d'un de nos plus celebres Ecrivains.* Il dit ailleurs, *comme l'écrivoient les anciens, & encore aujourd'hui quelques-uns de nos Auteurs.* Le mot *aujourd'hui* ne sauroit s'accommoder avec *écrivoient*, qui désigne un temps passé, & je croi qu'il falloit répéter le verbe, & dire, *comme l'écrivoient les anciens, & comme l'écrivent encore aujourd'hui quelques-uns de nos Auteurs.*

Le Pere Bouhours rapporte une construction qu'on peut mettre au rang des barbarismes; c'est dans cet exemple. *Il avoit tant de chaleur à la guerre qu'elle l'empêchoit de faire des réfléxions.* Ce relatif *elle* ne se rapporte pas bien à *tant de chaleur*, qui est indéfini. La construction seroit reguliere en mettant *une si grande chaleur* au lieu de, *tant de chaleur*, parce qu'*un* & *une* tiennent lieu d'article. *Il avoit une si grande chaleur à la guerre qu'elle l'empêchoit*, &c. Le Pere Bouhours ajoûte que selon cette Remarque il ne faut pas dire, *j'ai tant de joie qu'elle m'empêche de parler*, mais, *j'ai tant de joie que je ne saurois parler.* Je croi aussi qu'on ne peut pas dire, comme je l'ai vû en quelque endroit. *Tout parut en joie : pour la mieux solemniser*, &c. le relatif *la* ne se rapporte à ce mot *en joie*, qui est indéfini.

Je trouve aussi qu'il y a quelque barbarisme à dire, *cette femme qui n'avoit jamais été saignée, ni pris aucun reméde*, je croi qu'il faut dire, *qui n'avoit jamais été saignée, & qui n'avoit pris aucun reméde,*

Mm ij

parce que *n'avoit* ne peut servir en même temps à un verbe passif & à un verbe actif sans qu'on le répete.

DXLVI.

Du solécisme, second vice contre la pureté.

ET pour le solécisme, qui a lieu *dans les déclinaisons, dans les conjugaisons, & dans la construction*, voici des exemples de tous les trois. *Aux déclinaisons*, par exemple si l'on dit *les éventeaux*, au lieu de dire, *les éventails*, ou *les émails*, au lieu de dire *les émaux*; mais il est très-rare en ce genre, & il n'y en a comme point.

Aux conjugaisons, il a bien plus d'étendue; car combien y en a-t-il qui y pechent en parlant, mettant des *i*, pour des *a*, & des *a*, pour des *i*, comme on fait en plusieurs endroits du préterit simple, quand on dit par exemple *j'alla*, pour *j'allai*; *il allit*, pour *il alla*, & en un autre temps, *nous allissions*, pour *nous allassions*! J'ai dit en parlant; parce qu'en écrivant, je n'ai point encore vû de si monstrueux Ecrivain, qui fasse des fautes si énormes. Combien y en a-t-il qui disent *j'ai sentu*, pour *j'ai senti*, *cueillit* & *recueillit*, pour *cueille*, & *recueille* ; *conduit*, & *réduit*, au préterit défini, pour *conduisit*, & *réduisit* ; *faisions* à l'optatif, & au subjonctif, pour *fassions* ; *vous médites*, pour *vous médisez* ; *il faillira faire*, pour *il faudra faire*! Toute la Normandie dit ce dernier. *Resoudons*, pour *resolvons* ; car le *d*, du verbe *resoudre*, ne se garde point dans la conjugaison, que là où il y a une *r* après, comme *resoudrai*, *resoudrois*, &c. & une grande quantité d'autres de cette nature qu'on trouvera semez par ci, par là, dans mes Remarques.

Tout cela sont des fautes contre la pureté du langage. Quelques-uns disputent s'il les faut appeler solécismes, ou barbarismes ; mais n'étant question que du nom, il importe peu ; car que ce soit l'un, ou que ce soit l'autre, il le faut également éviter pour parler & écrire purement ; quoique selon mon avis on doive plustôt appeller folécifme que barbarifme des fautes dans les déclinaifons, & dans les conjugaifons, puifqu'elles font une partie principale de la Grammaire, contre laquelle il me femble qu'on ne peut pecher, que ce ne foit proprement un folécifme.

Quant au folécifme qui fe fait *dans la conftruction*, il comprend toutes les fautes qui fe commettent contre les règles de la fyntaxe ; *aux articles, aux noms, aux pronoms, aux verbes, aux participes, & aux prépofitions* ; mais il faut noter, que ce n'eft qu'entant qu'un mot a du rapport à un autre, parce qu'étant confideré feul en foi-même, c'eft un folécifme d'un mot, ou mal décliné, ou mal conjugué, & non pas un folécifme de conftruction, ou de fyntaxe.

Aux articles, en les mettant quand il ne les faut pas mettre, comme quand on dit *de là Loire, je n'ai point de l'argent*, au lieu de dire, *je n'ai point d'argent*, ou en ne les mettant pas quand il les faut mettre, comme quand on dit, *j'ai d'argent*, au lieu de dire, *j'ai de l'argent.*

Aux noms, comme de faire mafculin un nom qui eft féminin, par exemple, fi l'on dit, *un grand erreur*, au lieu de dire *une grande erreur*, au de faire féminin un nom qui eft mafculin, comme de dire *la navire*, que l'on difoit autrefois, au lieu de dire *le navire*.

Aux pronoms, de même, comme quand toutes les femmes & de la Cour & de la ville difent à Paris en parlant de femmes, *ils y ont été, ils y font*, au lieu de dire, *elles y ont été, elles y font, & j'irai avec eux*, au lieu de dire, *avec elles*; ou bien quand on met un pronom fingulier avec un pluriel, comme quand on dit, *il faut que ces gens-là prennent garde à foi*, au lieu de dire, *prennent garde à eux*; ou bien quand on fe fert du pronom relatif, *qui*, en certains cas au lieu du pronom *lequel*, comme quand on dit *c'eft un ouvrage à qui l'on donne de grandes louanges*, *c'eft une table fur qui je me couche*, au lieu de dire, *c'eft un ouvrage auquel on donne de grandes louanges*,

c'est une table sur laquelle je me couche, & mieux encore, où je me couche.

Aux verbes, par exemple, quand
le participe passif du préterit ne répond pas au genre & au nombre du
substantif qui le précéde, comme si
l'on dit, *la lettre que j'ai reçû*, au
lieu de dire, *la lettre que j'ai reçûe*,
& *les maux que vous m'avez fait*, au
lieu de dire, *les maux que vous m'a-
vez faits*. Ou quand on manque dans
ces préterits composez en quelqu'u-
ne des façons que j'ai remarquées en
son lieu, j'entends de celles qui ne
sont point contestées, & qui passent
pour fautes sans contredit. Ou quand
on met le verbe au singulier après
un nom collectif, qui est suivi d'un
génitif pluriel, comme si l'on dit *une
infinité de gens se perd*, au lieu de
dire *se perdent*, ou bien au contraire
quand le genitif est singulier, comme
une *infinité de monde se perdent*, au
lieu de dire *se perd*, & en beaucoup
d'autres façons encore, qui seroient
trop longues à mettre ici, & dont
plusieurs ont été touchées dans ces
Remarques.

Aux participes, comme quand on les emploie au lieu des gerondifs, par exemple, si je dis *les hommes ayans reconnu*, au lieu de dire, *ayant reconnu*, au gerondif, qui est indéclinable en François. Ou quand on joint les participes pluriels terminez en *ans*, qui sont masculins avec des feminins, comme *les femmes ayans leurs maris*. En cet exemple *ayans* au pluriel, ne peut convenir avec *femmes*, qui est féminin, & l'on ne peut dire *ayantes*, qui n'est pas François. Il faut dire *ayant*, au gerondif. Il en est de même d'*étant*, car il ne faut pas dire *les hommes étans marris*, mais *étant marris*, ni *les femmes étans marries*, mais *étant marries*. Et aux verbes actifs il ne faut pas se servir pour les féminins, du participe masculin, comme par exemple, il ne faut pas dire, *c'est une femme si ponctuelle & si examinant toutes choses*; car assûrément le participe present actif, comme *examinant*, n'est point du genre commun, mais seulement masculin, & ne convient point à la femme. Voyez la Remarque que j'en ai faite, où l'on trouvera comme il faut dire. Ou enfin ; quand on ne donne pas au participe le regime de son verbe , comme si en ces verbes *prier* , *favoriser* , qui ne regissent plus maintenant que l'accusatif, on faisoit regir le datif à leurs participes , & que l'on dît , par exemple, *priant à Dieu* , & *favorisant à son ami*. Et enfin *aux prépositions* , quand on leur donne des articles qui ne leur conviennent pas, comme quand on dit *au travers le corps* , au lieu de dire, *au travers du corps* , ou *à travers le corps* ; & c'étoit encore un solécisme du temps de M. Coëffeteau de dire *à travers* (1) *du corps* , mais

(1) *De dire à travers du corps.*] Au Traité de Plutarque des Conceptions communes contre les Stoïques pag. 719. art. 34. Amyot dit qu'*un corps passe à travers d'un corps.* Voyez ci-dessus. Au Traité de la face qui paroît au rond de la Lune , art. 291. 851. *à travers des nuées.* Coëffeteau Hist. Rom. liv. 1. pag. 252. dit , *ayant passé à travers de l'armée ennemie*, & pag. 387. *Se passa l'épée à travers du corps.* Il dit le même p. 479. Amyot vie de Pyrrhus n. 15. dit, *il le perça d'outre en outre à travers du corps.* Et Vie de Caton le Censeur n. 7. p. 671. dit, *marchant à travers les Oliviers sauvages;* & p. 679. *se jettoient à travers les détroits.*

aujourd'hui l'Ufage commence à l'autorifer, quoique les meilleurs Auteurs
ne s'en fervent point encore, & que
je ne voudrois pas être des premiers
à m'en fervir. C'eft encore un folécifme dans les prépofitions, de dire
par exemple, *auprès* (2) *le Palais*,
au lieu de dire, *auprès du Palais*.
Mais le plus grand & le plus grof-
fier de tous, c'eft de mettre l'article de l'ablatif pluriel après la prépofition *en*, comme par exemple de
dire, *en les affaires du monde*, au lieu
de dire *aux affaires du monde*, ce qui
eft pourtant familier à un Ecrivain
moderne, qui d'ailleurs eft digne de
recommandation.

N O T E.

On ne dit pas fi ordinairement *évan-*
taux pour *éventails* que *baux* pour *bals*;
il y a eu quantité de baux ce Carneval. Ce
qui fait que l'on s'y trompe, c'eft que
baux, pluriel de *bail*, eft ufité. Je n'ai
rien à dire fur toutes fortes de folécif-
mes marquez par M. de Vaugelas. Il y
a eu des Remarques particulieres fur
chacun, & l'on a fait voir qu'*ayans* &
étans ne s'écrivent point. Il dit, que du
temps qu'il compofoit ces Remarques,

l'Ufage commençoit à autorifer *à travers du corps*. On dit aujourd'hui *à travers le corps*, & il me femble qu'il n'y a perfonne qui parle autrement. On dit auffi *à travers champs*, fans aucun article.

Voici une façon de parler où je croi qu'il y a un folécifme. Plufieurs difent par exemple, *Ce fut moi qui lui donna ce confeil*. Il faut dire *qui lui donnai ce confeil*, parce que *qui* étant relatif de *moi*, ne peut fervir de nominatif qu'à une premiere perfonne. On trouvera dans ce livre une Remarque pour favoir s'il faut dire, *fi c'étoit moi qui euffe fait cela*, ou *fi c'étoit moi qui eût fait cela*.

(2) *Auprès le Palais.*] *Auprès le Palais* fe dit tous les jours. L'autre eft plus régulier, mais celui-ci eft pour le moins auffi ufité.

DXLVII.

De la netteté du ftyle.

APrès avoir parlé *de la pureté*, il refte à parler *de la netteté du ftyle*, laquelle confifte, comme j'ai dit, en l'arrangement des mots, & en tout ce qui rend l'expreffion claire & nette : car je n'entends pas traiter ici de la netteté du raifonnement, qui eft la partie effentielle du difcours, fans la-

quelle avec toute la pureté & la netteté du langage, on est insupportable, la raison n'étant pas moins es-
sentielle au style, qu'à l'homme. Un
langage pur, est ce que Quintilien
appelle *emendata oratio*, & un langage
net, ce qu'il appelle, *dilucida oratio*.
Ce sont deux choses si differentes,
qu'il y a une infinité de gens qui écrivent nettement, c'est-à-dire clairement & intelligiblement en toutes fortes de matieres, s'expliquant si bien,
qu'à la simple lecture on conçoit leur
intention; néanmoins il n'y a rien de
si impur que leur langage. Comme
au contraire, il y en a qui écrivent
purement, c'est-à-dire sans barbarisme, & sans solécisme, & qui néanmoins arrangent si mal leurs paroles
& leurs périodes, & embarrassent tellement leur style, qu'on a peine à les
entendre. Mais le nombre de ces derniers est fort petit en comparaison
de celui des autres, qui est presque
infini. Il est vrai que ceux qui n'é-
crivent pas purement, mais qui écrivent nettement, ont cet avantage sur
les autres, qu'ils peuvent apprendre

la pureté du langage par la lecture
des bons Auteurs ; & par la fréquen-
tation des personnes savantes en cet-
e matiere ; au lieu que ceux qui n'é-
crivent pas nettement, en ce qui est
de l'arrangement des mots, sont presque incorrigibles, soit que ce défaut
de les mal arranger procede du vice
de l'oreille, ou de celui de l'imagination, ou de tous les deux ensemble, qui sont deux choses que l'art
donne rarement, quand la nature les
refuse. Un des plus célébres Auteurs
de notre temps que l'on consultoit
comme l'Oracle de la pureté du langage, & qui sans doute y a extrêmement contribué, n'a pourtant jamais connu la netteté du style, soit
en la situation des paroles, soit en la
forme & en la mesure des periodes,
péchant d'ordinaire en toutes ces parties, & ne pouvant seulement comprendre ce que c'étoit que d'avoir le
style formé, qui en effet n'est autre
chose que de bien arranger ses paroles, & de bien former & lier ses periodes. Sans doute, cela lui venoit
de ce qu'il n'étoit né qu'à exceller

dans la poéfie, & de ce tour incomparable de vers, qui pour avoir fait tort à fa profe, ne laifferont pas de le rendre immortel. Je dois ce fentiment à fa mémoire, qui m'eft en finguliere veneration, mais je dois auffi ce fervice au public, d'avertir ceux qui ont raifon de l'imiter en d'autres chofes, de ne l'imiter pas en celle-ci.

Donnons des exemples de fes tranfpofitions : *fi vous refervez l'honneur de vos bonnes graces à celui qui les defire avec plus d'affection, je ne penfe point qu'il y en ait un, qui plus que lui fe doive juftement promettre la gloire d'y parvenir.* Voyez je vous prie l'embarras de ces dernieres paroles, qui font après le fecond *qui*, *qui plus que lui fe doive juftement promettre la gloire d'y parvenir*, au lieu de dire, *qui doive plus juftement que lui fe promettre la gloire*, &c. ou bien *qui plus juftement que lui fe doive promettre la gloire.* En voici un autre, *ils firent les uns & les autres fi bien*, au lieu de dire, *ils firent fi bien les uns & les autres*, ou *les uns & les autres firent fi bien.* Et encore celui-ci. *C'étoit du bled que les Siciliens en l'honneur de C. Flaminius & de son pere, avoient fait apporter de Rome* ; au lieu de dire, *du bled que les Siciliens avoient fait apporter de Rome, en l'honneur de C. Flaminius & de son pere*. Et celui encore , *entre les personnes que votre bienveillance a par le passé jamais obligées* ; au lieu de dire, *que votre bienveillance a jamais obligées par le passé*, ou bien *entre les personnes que votre bienveillance a jamais oblig.es*, sans ajoûter *par le passé ;* & encore , *où est allée cette crainte de Dieu, qui si exactement vous a toûjours fait conformer à ses volontez* ; au lieu de dire , *qui vous a toûjours fait conformer si exactement à ses volontez ;* car cet *exactement*, ne se rapporte point à *la crainte de Dieu qui vous a toûjours fait* , mais à *conformer*, qui se rapporte à la personne à qui l'Auteur parle,& cependant de la façon qu'il est situé , il ne se peut joindre avec *conformer.*

C'est donc le premier vice opposé à la netteté du style, que la mauvaise situation des mots. Il y en a de deux

fortes : l'une fimple, comme eft celle
de tous les exemples que nous venons
de donner , que j'appelle ainfi, non
pas qu'elle foit la moins vicieufe : car
au contraire, c'eft celle qui l'eft davantage, & qui fe fait le plus remarquer, mais parce que les mots y font
fimplement tranfpofez & confiderez en
eux-mêmes, fans avoir aucun rapport
aux autres mots , & fans bleffer en
rien la conftruction grammaticale ,
comme en l'exemple allegué, *Il n'y en
a point qui plus que lui fe doive juftement promettre la gloire*, &c. Ces mots
plus que lui, qui font fi mal fituez,
ne choquent point pourtant la fyntaxe
ni les règles de la Grammaire , parce
qu'ils n'ont aucun rapport vicieux ni
avec ceux qui précédent, ni avec ceux
qui fuivent , mais feulement ont tout
leur défaut en eux-mêmes; au lieu que
l'autre efpece de mauvaife fituation
n'eft vicieufe que felon le rapport
qu'elle a aux autres mots, comme par
exemple , fi je dis, *il ne fe peut taire ni
parler*, je ne parle pas nettement , il
faut dire , *il ne peut fe taire ni parler*,
parce qu'encore qu'*il ne fe peut taire*,

Tome III. N n

foit bien dit, à s'arrête là, & mieux
dit que ne feroit, *il ne peut fe taire*,
qui pourtant ne feroit pas mauvais,
mais moins bon que l'autre, à caufe
qu'il eft beaucoup moins dans l'ufage ;
cependant étant fuivi d'un autre verbe,
& ne s'arrêtant pas là, il faut arranger
les paroles en forte que le verbe qui
régit les deux infinitifs, ait fa conftruction nette (1) avec l'un & avec l'autre. Ce qui ne fe fait pas en cet exemple ; car *peut* eft le verbe qui régit les
deux infinitifs *taire* & *parler*, & il n'eft
pas poffible qu'il les régiffe comme il
faut, qu'en mettant *fe* après *peut*, &
difant, *il ne peut fe taire ni parler*, parce
que *fe peut* ne s'accorde point ici avec
parler. Que fi le fecond infinitif veut la
même conftruction que le premier,
comme, *il ne peut fe taire ni fâcher*,
alors il faut dire, *il ne fe peut taire*, &
non pas, *il ne peut fe taire*, tant à caufe
que cette façon de parler, *il ne fe peut
taire*, eft meilleure, comme plus ufitée
que l'autre, & que rien n'empêche
qu'on n'en ufe, puifqu'elle convient

(1) *Avec l'un & avec l'autre.*] Avec l'un
& l'autre en cet endroit feroit très-bien
dit.

aux deux infinitifs , que parce que ce feroit mal parler de dire , *il ne peut fe taire ni fâcher* , & qu'il faut dire , *il ne peut fe taire ni fe fâcher*. Je pourrois bien alléguer d'autres exemples ; mais je veux abréger ce difcours , en ajoûtant feulement qu'il y a cette différence entre ces deux efpeces de mauvaife fituation , que la premiere choque l'oreille , & non pas la conftruction grammaticale , & que la derniere au contraire choque la conftruction grammaticale , & non pas l'oreille , fi elle n'eft favante & délicate en ces matieres.

Le fecond vice contre *la netteté du ftyle* , c'eft la mauvaife ftructure , & il y en a de plufieurs fortes. Mais avant que de les dire , on remarquera qu'il y a cette différence entre la mauvaife fituation & la mauvaife ftructure , qu'en la premiere il n'y a rien à ajoûter ni à diminuer , mais feulement à changer , & mettre en un lieu ce qui eft en un autre , hors de fa fituation naturelle ; au lieu qu'en la mauvaife ftructure il y a toûjours quelque chofe à ajoûter , ou à diminuer , ou à changer , non pas fimplement pour le lieu, mais pour les mots. Voyons-en maintenant des exemples de toutes les façons. Et premierement pour *ajoûter*, en voici un beau que je trouvai hier à l'ouverture d'un livre, *selon le sentiment du plus capable d'en juger de tous les Grecs.* Je dis que ce n'est pas écrire nettement, parce que ces mots *de tous les Grecs*, sont trop éloignez de *capable*, duquel ils sont régis, & veulent être mis immédiatement après *capable*, & que si vous disiez, *selon le sentiment du plus capable de tous les Grecs*, *d'en juger*, vous n'écririez pas encore nettement, parce que ces mots, *d'en juger*, veulent être mis immédiatement après *capable*, dont ils sont régis, & comme ils ne peuvent pas tous deux remplir cette même place, il s'ensuit que cette expression ne peut être nette qu'en ajoûtant quelques paroles, & disant ainsi, *selon le sentiment de celui de tous les Grecs qui étoit le plus capable d'en juger.* Pour *diminuer*, en voici un du même Auteur, *en cela plusieurs abusent tous les jours merveilleusement de leur loisir.* Cela n'est pas écrit nettement, il y a trop de mots pour un seul verbe ; car les verbes dans les périodes ou dans les membres , font comme la chaux , & les autres parties de l'oraison comme le fable ; de forte que lorfqu'on environne un verbe feul de plufieurs mots , on peut dire que c'eft du fable fans chaux , *arena fine calce* , comme l'Empereur Caligula appelloit le ftyle de Seneque. Donc pour former cette période , *en cela plufieurs abufent tous les jours merveilleufement de leur loifir* , & la rendre nette , il en faut ôter quelque chofe , & dire , *en cela plufieurs abufent tous les jours de leur loifir*, ou *en cela plufieurs abufent merveilleufement de leur loifir.*

Pour *changer*, non pas de lieu, mais de mot, en voici un exemple ; car pour abréger il fuffit d'en donner un , *il travaille extrémement proprement.* J'entends à la Cour de ces façons de parler , où l'on joint deux adverbes de même terminaifon , & je m'étonne que ceux qui les difent ne s'apperçoivent point d'une fi grande rudeffe. Mais outre cela , c'eft encore un vice contre la netteté qui demande que l'on change un de ces adverbes , & que l'on dife , *il travaille fort proprement.* On peut auffi

fe fervir de *très* fuperlatif, & au lieu
de dire, *il écrit extrémement élégamment*, on dira, *il écrit fort élégamment*,
ou *très-élégamment* ; mais deux adverbes de fuite de cette même terminaifon
font contraires à la netteté.

Mais c'eft encore un autre vice bien
plus grand contre la netteté, de donner un même régime à deux verbes qui
demandent deux régimes différens,
comme de dire, *il a embraffé & donné
le baifer de paix à fon fils* ; car *embraffé*
veut un accufatif, & *donné* un datif.
Il faut donc mettre deux verbes qui
aient même régime, comme, *il a embraffé & baifé fon fils*. Ce même vice fe
peut encore rencontrer dans les divers
genres des noms.

N O T E.

Il eft certain que l'arrangement des
mots, quand on les place dans leur jufte
fituation, contribue beaucoup à la netteté du ftyle. M. de Vaugelas le fait
voir dans plufieurs exemples qu'il recti-
fie. *En cela plufieurs abufent tous les jours
merveilleufement de leur loifir*, eft celui où
l'on peut trouver le moins à redire.
Auffi M. de la Mothe le Vayer ne croit
pas qu'on en doive retrancher aucune

chofe. Il femble qu'il foit indifferent de mettre *il ne fe peut taire*, ou *il ne peut fe taire*. Cependant il eft aifé de connoître qu'on ne peut dire, *il ne peut fe taire ni fâcher*, & qu'on dit fort bien, *il ne fe peut taire ni fâcher*. Il en eft de même d'une autre façon de parler, où la tranfpofition du pronom poffeffif *fe* ne fauroit être permife. On dit, *il va s'achever de peindre*, pour dire, *il va achever de fe perdre*, *de fe ruiner*, & on ne peut dire, *Il va achever de fe peindre*. Du moins cela ne fignifieroit pas la même chofe que *il va s'achever de peindre*, & voudroit dire dans le propre qu'un homme qui auroit commencé fon portrait, va l'achever.

Il me femble que ce n'eft pas écrire nettement, que de dire par exemple, *pour réuffir il employoit l'artifice & l'adreffe qu'il mettoit en ufage le faifoit venir à bout de beaucoup de chofes*. On croit d'abord que la conjonction & joint *adreffe* avec *artifice*, quoi qu'*artifice* foit à l'accufatif, gouverné par *employoit*, & qu'*adreffe* foit le nominatif de, *le faifoit venir à bout*. L'efprit ne fe trouve pas long-temps embarraffé, mais comme on ne parle que pour fe faire entendre, il feroit à fouhaiter que dans le difcours il n'y eût jamais ni ambiguité ni équivoque; que tout y fût clair & facile; qu'en lifant un livre on comprît d'abord ce qu'on lit, fans être obligé de lire deux fois la même chofe pour la comprendre, que rien ne fît de la peine, & que chaque mot d'une période fût si bien placé qu'on n'eût pas besoin d'interprête, ni même de réfléxion pour en démêler le sens. Ce sont les termes dont s'est servi le Pere Bouhours, avant que de rapporter ces exemples où les expressions ne sont pas nettes.

Ayant appris la défaite de ses Généraux par les Juifs, il résolut de marcher contre eux. Il semble qu'il ait appris par les Juifs la défaite de ses Généraux, au lieu qu'on veut dire, qu'il apprit que les Juifs avoient défait ses Généraux.

Il n'y a peut-être point de conseil dans l'Europe, où le secret se garde mieux que celui de la République de Venise. Il semble que *celui* se rapporte à *secret*, qui est le substantif le plus proche, au lieu qu'il se rapporte à *conseil*, & qu'on veut dire que le secret se garde mieux dans le conseil de la République de Venise, que dans aucun autre conseil de l'Europe.

Scipion doit être en cela leur modelle comme en tout le reste. Titelive a remarqué que quand il alla assiéger Carthage. Naturellement *il alla* doit se rapporter à Titelive, quoiqu'il se rapporte à *Scipion*. Ainsi pour écrire nettement, il faut dire, après avoir parlé de Scipion, *Titelive a remarqué que quand ce grand Capitaine alla assiéger Carthage.*

J'ai lû dans une Relation du Siége de Bude, *ils rencontrerent un parti de Hongrois envoyé pour prendre langue de la marche*
des

des ennemis qu'ils taillerent en piéces. Cela
n'est point net., il faut dire, *& ils le taillerent en piéces,* pour faire entendre que
c'est le parti de Hongrois qui a été taillé
en piéces, & non pas les ennemis. Il y
a dans un autre endroit, *un Transfuge fut
amené au Prince Charles de Lorraine, qui lui
apprit que.* Il semble que ce soit le Prince
Charles qui ait appris quelque chose au
Transfuge. Il falloit dire, *on amena au
Prince Charles un Transfuge qui lui apprit
que,* &c. & en général on ne doit jamais
séparer le relatif *qui* du substantif auquel
il se rapporte.

DXLVII.

Des équivoques.

LE plus grand de tous les vices
contre la netteté, ce sont les é-
quivoques, dont la pluspart se forment
*par les pronoms relatifs demonstratifs,
& possessifs.* Les exemples en sont si
frequens dans nos communs Ecrivains, qu'il est superflu d'en donner;
neanmoins comme ils font mieux entendre les choses, j'en donnerai un
de chacun; *du relatif,* comme *c'est le
fils de cette femme, qui a fait tant de
mal.* On ne sait si ce *qui,* se rappor-

Tome III. O o

te à *fils*, ou à *femme*, de forte que fi l'on veut qu'il fe rapporte à *fils*, il faut mettre *lequel*, au lieu de *qui*, afin que le genre mafculin ôte l'équivoque. En l'autre relatif de même. En voici un bel exemple d'un celebre Autheur, *Qui trouverez vous, qui de foi-même ait borné fa domination, & ait perdu la vie fans quelque deffein de l'étendre plus avant?* Au fens on voit bien que *l'étendre* fe rapporte à *domination*, & non pas à *vie*, mais parce qu'*étendre*, eft propre aux deux fub-ftantifs qui le precedent, & que *vie*, eft le plus proche, il fait équivoque & obfcurité. Il y en a encore un au-tre bel exemple dans le même Ecri-vain, *Je voi bien que de trouver de la recommandation aux paroles, c'eft cho-fe que mal-aifément je puis efperer de ma fortune : Voilà pourquoi je la cherche aux effets :* Ce *la* eft équivoque; car felon le fens il fe rapporte à *recom-mandation*, & felon la conftruction des paroles il fe rapporte à *fortune*, qui eft le fubftantif le plus proche, & qui convient à *fortune*, auffi bien qu'à *recommandation*.

Aux pronoms poſſeſſifs, comme , *il a toûjours aimé cette perſonne au milieu de ſon adverſité.* Ce *ſon* eſt équivoque , car on ne ſait s'il ſe rapporte à *cette perſonne* ou à *il qui eſt celui qui a aimé.* Quel remede ? il faut donner un autre tour à la phraſe , ou la changer.

Aux démonſtratifs , comme dans cet exemple tiré d'un celebre Autheur écrivant pour une femme, *Ce ſont deux choſes que mal-aiſément les paroles ſeront capables de vous repreſenter ; toutefois, puiſqu'à faute de mieux , je ſuis contraint de les employer , vous me ferez, s'il vous plaît, cet honneur de les en croire, & vous aſſurer , Monſieur, qu'entre celles que votre bienveillance a par le paſſé jamais obligées, & qu'elle obligera jamais à l'avenir, il n'y en a pas une à qui je ne faſſe avec raiſon ceder la gloire d'être votre bien humble ſervante.* Qui ne voit que ces mots *qu'entre celles* font une équivoque notable , & qu'il n'y a perſonne qui ne les entendît *des paroles*, dont il a toûjours parlé auparavant, & neanmoins elles ne s'entendent de rien moins que de cela, mais *des perſonnes*, c'eſt pourquoi il faut dire *qu'entre les perfonnes.*

Les équivoques fe font auffi quand un mot qui eft entre deux autres, fe peut rapporter à tous les deux, comme en cette periode d'un celebre Autheur, *mais comme je pafferai par deffus ce qui ne fert de rien, auffi veux-je bien particulierement traiter ce qui me femblera neceffaire.* Le *bien,* fe rapporte à *particulierement,* & non pas à *veux-je,* c'eft pourquoi pour écrire nettement, il faloit mettre, *auffi veux-je traiter bien particulierement, &c.* & non pas, *auffi veux-je bien particulierement traiter.*

Les équivoques fe font encore quand on met quelques mots entre ceux qui ont du rapport enfemble, & que neanmoins les derniers fe peuvent rapporter à ceux qui font entre deux. L'exemple le va faire entendre, comme fi l'on dit, *l'Orateur arrive à fa fin, qui eft de perfuader, d'une façon toute particuliere, &c.* L'intention de celui qui parle ainfi, eft que ces mots *d'une façon toute particuliere,* fe rapportent à ceux-ci, *arrive à fa fin,* & neanmoins comme ils font placez, il fem-

ble qu'ils se rapportent *à persuader*. Il
faudroit donc dire, *l'Orateur arrive
d'une façon toute particuliere à sa fin,
qui est de persuader*, & l'on a beau mettre une virgule après *persuader*, elle
ne sert de rien pour l'oreille, & quoique pour la vûe, elle serve de quelque chose, & fasse voir que *d'une façon toute particuliere*, ne se rapporte
pas à *persuader*, car il ne faudroit
point de virgule, si est-ce qu'elle n'est
pas suffisante de lever entierement l'é-
quivoque. Un de nos fameux Autheurs commence ainsi cette belle lettre, qui est le chef-d'œuvre de sa prose. *Ne pouvant aller à S. Germain si-
tost que je désirois pour une affaire qui
m'est survenue*. On ne sait s'il veut
dire, qu'il lui étoit survenu une affaire, pour laquelle il desiroit aller à
S. Germain, ou bien qu'il ne pouvoit
aller à S. Germain, à cause d'une affaire qui lui étoit survenue; si au lieu
de *pour une affaire*, il eût mis *à cause
d'une affaire*, il eût levé l'équivoque.
Neanmoins ce grand Homme avoit
accoûtumé de dire, parlant de la clarté avec laquelle il se faut expliquer,

que ſi l'on reliſoit deux fois l'une de
ſes periodes, où l'un de ſes vers, il
vouloit que ce fût pour les admirer,
& pour le plaiſir qu'il y a de repeter
les belles choſes, & non pas pour
chercher ce qu'il vouloit dire. Certes
il faut donner cette louange à Monſieur Coëffeteau, & je doute qu'on
la puiſſe donner aux meilleurs Autheurs de l'antiquité, qu'en tant de
volumes qu'il a faits, il ne s'y trouvera pas une ſeule periode, qu'il faille
relire deux fois pour l'entendre.

Ce ne ſeroit jamais fait de vouloir
marquer toutes les ſortes d'équivoques, qui ſe peuvent faire en écrivant, & qui ſont autant de fautes
contre la netteté. Quintilien dit que
le nombre en eſt infini. Je ſai bien
qu'il y en a quelques-unes que l'on ne
peut éviter, & que les plus excellens
Autheurs Grecs & Latins nous en
fourniſſent des exemples ; on a accoûtumé de dire pour les excuſer,
que le ſens ſupplée au défaut des paroles, & j'en demeure d'accord pourvû que ce ne ſoit que très-rarement,
& enſorte que le ſens y ſoit tout évi-

dent. Mais à dire le vrai, je voudrois toûjours l'éviter autant qu'il me feroit poffible; car après tout, c'eft à faire aux paroles de faire entendre le fens, & non pas au fens de faire entendre les paroles, & c'eft renverfer la nature des chofes, que d'en ufer autrement. C'eft faire comme à la fête des Saturnales, où les ferviteurs étoient fervis par leurs maîtres, le fens étant comme le maître, & les mots, comme les ferviteurs. Certainement ce grand homme que je viens de nommer, condamne abfolument toutes fortes d'équivoques, puifqu'il ne pardonne pas à celle que vous allez voir ici. Il faut que je mette fes propres termes en Latin parce que les exemples qu'il donne ne peuvent s'accommoder à notre Langue, qui ne fouffre pas les tranfpofitions de la nature de celle-ci. *Vitanda imprimis ambiguitas, non hæc folùm quæ incertum intellectum facit, ut Chremetem, audivi percuffiffe Demeam, fed illa quoque quæ etiam fi turbare non poteft fenfum, in idem tamen verborum vitium incidit, ut fi quis dicat, vifum à fe hominem librum fcribentem; Nam etiam ſi librum ab homine ſcribi pateat, malè tamen compoſuerat, feceratque ambiguum, quantùm in ipſo fuit.* Après cela, il n'y a plus d'équivoque qui se puiſſe défendre, & il ne reſte plus rien à dire qu'une choſe, qui ſeroit bien hardie, & que je ne voudrois pas dire le premier, que Quintilien, s'eſt trompé. Il encherit bien encore dans ce même Chapitre *de ſperſpicuitate,* il veut que l'expreſſion ſoit ſi claire, qu'elle frappe l'eſprit du Juge, je dirai de l'Auditeur, ou du Lecteur, comme le Soleil frappe les yeux des perſonnes qui le voient & le ſentent malgré qu'ils en aient. Enfin il reduit la clarté à ce dernier degré de perfection, qu'il faut tâcher autant qu'il se peut, quand on parle, ou quand on écrit, non ſeulement de se faire entendre, mais de faire enſorte qu'on ne puiſſe pas n'être pas entendu, *non ut intelligere poſſit, ſed ne omnino poſſit non intelligere curandum.*

Il y a encore un autre vice contre la *netteté,* qui ſont certaines conſtructions, que nous appellons *louches,* parce qu'on croit qu'elles regardent d'un côté, & elles regardent de l'autre. J'en ai fait une Remarque, à laquelle je renvoie pour abreger. Il la faut chercher à la table au mot de *construction*.

Et encore un autre, quand le second membre d'une periode, qui est joint au premier par la conjonctive, *&*, en est fort éloigné, à cause d'une autre periode longue, qui est entre deux, comme une parenthese, par exemple, *il y a dequoi confondre ceux qui le blâment, quand on leur aura fait voir que sa façon de chanter est excellente, quoiqu'elle n'ait rien de commun avec celle de l'ancienne Grece, qu'ils louent plustôt par le mépris des choses presentes, que par aucune connoissance qu'ils aient de l'une ni de l'autre, & qu'il merite une grande louange.* Je dis que ce dernier membre *& qu'il merite une grande louange*, est trop éloigné du premier par cette longue parenthese, qui commence *quoiqu'elle n'ait*, &c. & que quand elle n'auroit que le tiers de la longueur qu'elle a comme, *que sa façon de parler est excellente, quoiqu'elle n'ait rien de commun avec la* *nôtre, & qu'il mérite, &c.* la période ne laisseroit pas d'être vicieuse, & de pecher contre la netteté.

La longueur des périodes est encore fort ennemie de la netteté du style. J'entends celles qui suffoquent par leur grandeur excessive ceux qui les prononcent, comme parle Denys d'Halicarnasse, περίοδοι μακραί και άπυπνίγουται τὸς λέγοντας, sur-tout si elles sont embarrassées, & qu'elles n'ayent pas des reposoirs, comme en ont celles de ces deux grands Maîtres de notre Langue, Amyot & Coëffeteau. Il seroit importun & superflu d'en donner des exemples, qui ne sont que trop fréquens dans nos mauvais Ecrivains. *Les longues & fréquentes parentheses* y sont contraires aussi.

Il y a bien d'autres vices sans doute contre *la netteté ;* mais il suffit d'en avoir marqué les principaux, & de dire pour la gloire de la France, qu'elle n'a point encore porté tant d'hommes qui aient écrit purement & nettement, qu'elle en fournit aujourd'hui en toutes sortes de styles.

A la pureté & à la netteté du style ;

il y a encore d'autres parties à ajoûter *la propriété des mots & des phrases, l'élégance, la douceur, la majesté, la force*, & ce qui résulte de tout cela, *l'air & la grace*, qu'on appelle *le je ne sai quoi*, où *le nombre, la briéveté & la naïveté de l'expression*, ont encore beaucoup de part. Mais ce n'est pas à moi à traiter de tant de belles choses qui passent ma portée, & qui ne demandent pas moins qu'un Quintilien François. C'est bien assez, si j'apprens que ce petit travail n'est pas inutile ni desagréable au public.

NOTE.

Les équivoques qui embarassent le plus sont celles qui se forment des pronoms relatifs, démonstratifs & possessifs. On remedie aux équivoques du relatif *qui*, en mettant *lequel* ou *laquelle*. *C'est le fils de cette femme lequel a fait tant de mal*, mais le moyen d'y remedier dans les pronoms possessifs, si l'on ne change la phrase ? En voici des exemples rapportez dans le livre des doutes du Pere Bouhours. *Telle fut la fin de cette malheureuse Princesse, qui fut un grand instrument de la justice de Dieu pour purifier ses serviteurs par ses violences*. Le premier *ses* se rapporte à *Dieu*, & le second *à cette*

malheureuse Princesse. Il y auroit moins
d'obscurité si on disoit, *pour purifier ses
serviteurs par les violences qu'elle commet-
toit.*

*Samuel offrit son holocauste à Dieu, & il
lui fut si agréable qu'il lança au même moment de grands tonnerres contre les Philistins.*
Selon la construction ordinaire & naturelle, quand un nom propre a servi de
nominatif au verbe, tous les *il* qui suivent dans la même période se rapportent
à ce nom propre. Cependant dans cette
phrase aucun des deux *il* ne se rapporte
à Samuel qui est le nominatif du premier
verbe de la période. Le premier *il* se
rapporte à *holocauste,* & le second se rapporte à *Dieu.* Ainsi l'équivoque ne peut
être ôtée entierement qu'en répétant les
deux divers noms ausquels ces *il* se rapportent. *Samuel offrit son holocauste à Dieu,
& cet holocauste lui fut si agréable que Dieu
lança au même moment, &c.* Il faut tâcher
d'éviter de mettre dans la même période
deux *il,* ou deux *lui,* de suite, lorsqu'ils
se rapportent à diverses choses.

Voici deux exemples de constructions
louches, tirez aussi du livre des Doutes.
*Vous me commandez d'approcher de vous
avec confiance, si je desire d'avoir part avec
vous, & de recevoir la nourriture d'immortalité, si je veux acquerir une vie, qui dure
éternellement.* Il n'y a personne qui ne
croie que, *de recevoir la nourriture d'immortalité* est gouverné par *si je desire,* au

lieu que dans le sens de l'Auteur il est gouverné par, *vous me commandez*. Comme *desirer* ne demande point *de* après *soi*. Il n'y auroit point d'équivoque en mettant, *si je desire avoir part avec vous*, & on verroit aisément que le sens seroit, *vous me commandez d'approcher de vous avec confiance, & de recevoir, &c.*

On ne doit pas éviter avec moins de soin la construction de cet autre exemple. *Lorsque le combat se donna Moïse s'adressa à Dieu en tenant ses mains étendues, & formant ainsi la figure de la Croix, qui devoit être un jour si salutaire, & si redoutable à nos ennemis.* La conjonction & fait que *si salutaire* se rapporte à *nos ennemis*, aussi-bien que *si redoutable*, ce qui n'est pas le sens de l'Auteur, & on remedie à cet inconvenient, en disant selon la correction du Pere Bouhours, *qui devoit être un jour si salutaire aux fidéles, & si redoutable à leurs ennemis.*

Pour les longues périodes, il n'y en a presque point qui n'embarassent l'esprit. Plus elles font courtes, plus elles contentent le Lecteur ou l'Auditeur. Il faut qu'elles aient des reposoirs, comme dit M. de Vaugelas, & on n'aime point à être conduit trop loin, sans qu'on trouve où s'arrêter.

F I N.

TABLE DES MATIERES.

Pr. *indique la Préface*, I. *le premier Volume*, II. *le second*, III. *le troisiéme*, * *les Notes de T. Corneille*, ** *celles de Monsieur Patru.*

A

TABLE DES MATIERES.

TABLE

TABLE

TABLE

TABLE

B

C

DES MATIERES.

DES MATIERES.

Sf ij

TABLE

H

TABLE

DES MATIERES.

S iiij

TABLE

L

TABLE

DES MATIERES.

M

Tome III.

T t

N

DES MATIERES.

V v ij

TABLE

TABLE

Q

DES MATIERES.

TABLE

S

TABLE

TABLE

DES MATIERES.

DES MATIERES.

TABLE

Y

Z

Fin de la Table des Matieres.

De l'Imprimerie de la Veuve DELATOUR.
1738.